职业教育·城市轨道交通类专业教材
国家职业教育城市轨道交通专业教学资源库配套教材

U0649858

城市轨道交通电梯系统运行与维护

魏宝举　郜　娜　主　编
梁世升　姜　坤　杨欣庚　副主编
张惠勇　主　审

（第2版）

人民交通出版社
北　京

内 容 提 要

本教材为职业教育城市轨道交通类专业教材、国家职业教育城市轨道交通专业教学资源库配套教材。全书依据 2025 年修订的《职业教育专业教学标准》并结合城市轨道交通运营企业对机电部门员工的核心能力要求,选取以下内容编写:城市轨道交通电梯及自动扶梯基础知识,城市轨道交通车站电梯及自动扶梯的特点;自动扶梯的结构,自动扶梯的常规操作、维护及常见故障处理;电梯的结构,电梯的日常维护,电梯的操作、常见故障处理及应急处理。

本教材采用"校企双元,课证融通"的编写模式,组织具有丰富城市轨道交通岗前培训经验的教师和城市轨道交通一线的工作人员联合编写。本教材设计了"教学引导""书证融通""案例链接"等内容,系统阐述了城市轨道交通企业电梯维修工和综合机电检修工日常工作中所涉及的有关电梯及自动扶梯的典型工作任务。

本教材可作为职业院校城市轨道交通机电技术专业的教学用书,也可供电梯安装施工及维护人员参考。

* **本教材配套实训工作手册及数字资源便于读者学习,PPT 课件可通过加入"职教轨道教学研讨群"**(教师专用 QQ 群号:129327355)获取。

图书在版编目(CIP)数据

城市轨道交通电梯系统运行与维护/魏宝举,郜娜

主编.—2 版.—北京:人民交通出版社股份有限公司,

2025.5.—ISBN 978-7-114-20026-7

Ⅰ.U239.5

中国国家版本馆 CIP 数据核字第 20255DS799 号

职业教育·城市轨道交通类专业教材
国家职业教育城市轨道交通专业教学资源库配套教材
Chengshi Guidao Jiaotong Dianti Xitong Yunxing yu Weihu

书　　　名:	城市轨道交通电梯系统运行与维护(第 2 版)
著 作 者:	魏宝举　郜　娜
责任编辑:	杨　思
责任校对:	龙　雪
责任印制:	张　凯
出版发行:	人民交通出版社
地　　址:	(100011)北京市朝阳区安定门外外馆斜街 3 号
网　　址:	http://www.ccpcl.com.cn
销售电话:	(010)85285911
总 经 销:	人民交通出版社发行部
经　　销:	各地新华书店
印　　刷:	北京武英文博科技有限公司
开　　本:	787×1092　1/16
印　　张:	16.5
字　　数:	390 千
版　　次:	2021 年 6 月　第 1 版 2025 年 5 月　第 2 版
印　　次:	2025 年 5 月　第 2 版　第 1 次印刷　总第 6 次印刷
书　　号:	ISBN 978-7-114-20026-7
定　　价:	49.00 元(含实训工作手册)

(有印刷、装订质量问题的图书,由本社负责调换)

第 2 版
前言

修订背景

近年来,我国城市轨道交通正处于高质量发展阶段,城市轨道交通网络四通八达,在改变人们生活方式的同时,对城市轨道交通行业高技术技能人才的需求量也显著增长。

为了适应我国城市轨道交通行业的高质量发展,为行业培养岗位知识丰富、技能过硬,同时具备高素质和高职业道德水平的人才,各地职业院校纷纷开设了城市轨道交通相关专业。但是,城市轨道交通相关专业对师资力量和实训室建设的人力、物力、财力都有较高的要求,这些都成为城市轨道交通行业欠发达地区职业院校发展的瓶颈。为了打破城市轨道交通专业建设发展不平衡、不充分的局面,在全国城市轨道交通职业教育集团和全国交通运输职业教育教学指导委员的指导下,由北京交通运输职业学院作为主持院校,联合武汉铁路职业技术学院、云南交通职业技术学院、广东交通职业技术学院和辽宁省交通高等专科学校等十余所院校,在北京市地铁运营有限公司、北京京港地铁有限公司等行业龙头企业鼎力相助下,共同完成了国家职业教育城市轨道交通专业教学资源库建设,"城市轨道交通电梯系统运行与维护"是课程之一。

城市轨道交通行业高质量发展,对于高素质技能人才的需求日趋旺盛。城市轨道交通电梯系统高效运行,对于实现"人享其行"的美好愿景,持续增强群众出行的获得感、安全感和幸福感意义重大。此次修订基于如下思路:

(1)修订过程中,秉承编写一本校企联合开发、产教融合特征明显、体现协同育人、彰显类型特色的现代职业教育优质教材的理念。

(2)坚持正确的政治方向和价值导向,增强学生的专业认同和职业自信,达到培根铸魂、启智润心的效果。

(3)紧跟产业升级和技术变革趋势,对于教材涉及的规范和标准进行全面更新。

1

(4)更加贴合新时代学生成长和发展规律,配套了实训工作手册。

教材特色

(1)发挥"校企双元"的优势。本教材编写过程中充分利用校企合作,聘请具有多年一线工作经验的城市轨道交通从业人员参与编写、审稿。

(2)突出职业教育特点。本教材围绕职业能力的形成组织课程内容,侧重于实际工作岗位操作技能的培养。同时,本教材重视理论知识学习,符合认知规律。

(3)体现"书证融通"要求。本教材深度对接《电梯安装维修工国家职业技能标准(2018年版)》,将学习目标、技能目标与电梯安装维修工初级工、中级工、高级工考核要求进行对应。

(4)配套丰富实用的课程资源。本教材可与国家级城市轨道交通专业教学资源库的在线课程配套使用,该课程开发建设了3万余条包括专业标准、行业标准、工程录像、教学动画、虚拟仿真和企业案例等在内的各种类型的课程资源,辅助教师开展信息化教学,方便学生或读者进行线上线下学习。如对内容有更深层次的需求,推荐读者直接登录智慧职教官网(http://www.icve.com.cn)访问"城市轨道交通电梯系统运行与维护"课程进行在线学习。

在线课程链接

编写组织

本教材共分为三大模块,九个单元,具体编写分工如下:北京铁路电气化学校杨欣庚老师负责模块一及模块二的理论单元的编写;北京铁路电气化学校魏宝举老师负责模块二的实践单元一和实践单元三的编写;北京市就业促进中心的邰娜老师负责模块二的实践单元二的编写;上海交通职业技术学院的梁世升老师负责模块三的理论单元和实践单元二的编写;北京铁路电气化学校的姜坤老师负责模块三的实践单元一的编写。全书由魏宝举老师担任主编并统稿,邰娜老师担任第二主编,梁世升、姜坤、杨欣庚担任副主编;北京市地铁运营有限公司原高级工程师张惠勇老师担任主审。

致谢

本教材在编写过程中得到了北京交通运输职业学院曲秋莳老师的大力支持,在此表示衷心感谢。

由于编者水平有限,书中难免有不足之处,敬请读者批评指正。

作　者
2024年12月

配套资源索引

序号	资源名称	序号	资源名称
1	附加制动器工作原理	9	自动扶梯检查②
2	自动扶梯下部梳齿板保护开关介绍及作用	10	自动扶梯主驱动链条介绍及作用
3	自动扶梯的开启操作	11	自动扶梯扶手带驱动轮介绍及作用
4	自动扶梯的关闭操作	12	电气控制系统——微机控制
5	自动扶梯应急操作及处理方法	13	限速器安全钳联动试验
6	自动扶梯应急处理方法	14	限速器安全钳联动工作原理
7	自动扶梯应急处理注意事项	15	电梯困人
8	自动扶梯检查①		

注:更多资源可进入 www.icve.com.cn,访问"城市轨道交通电梯系统运行与维护"课程进行在线学习。

目录

课程导学

1. 本课程面向的职业及概况

【职业名称】

电梯安装维修工。

【职业定义】

使用工具、夹具、量具、检测仪器及设备，安装、调试、维修、改造电梯的人员。

【职业环境条件】

室内、常温。

【职业能力特征】

具有一般智力，手指、手臂灵活，动作协调，听力正常，色觉正常，无妨碍从事本职业的疾病。

【职业技能等级】

本职业共设 5 个等级，分别为五级（初级工）、四级（中级工）、三级（高级工）、二级（技师）、一级（高级技师）。

城市轨道交通企业维修项目部电梯维修部共设 6 个级别职位，分别为电梯作业部维修员、电梯作业部三级维修师、电梯作业部二级维修师、电梯作业部一级维修师、电梯作业部副主任和电梯作业部主任。

2. 岗位分析

【任职基本条件】

学历：中专、技校及以上学历。

技能等级：持有公司认定的电梯及自动扶梯初级工及以上等级证书，且取得电工操作证。

【隶属部门】

地铁机电分公司维修项目部电梯维修部、地铁机电分公司大修项目部电梯作业部。

3. 岗位基本要求

【职业道德】

(1)遵纪守法，爱岗敬业。

（2）工作认真,团结协作。

（3）爱护设备,安全操作。

（4）遵守规程,执行工艺。

（5）保护环境,文明生产。

【基础知识】

（1）土建和机械制图

①设备安装与建筑物土建图基本知识。

②零件图和装配图基本知识。

（2）电梯的结构与原理

①电梯的基本机械结构。

②电梯部件的工作原理。

（3）机械基础

①机械结构基本知识。

②机械传动基本知识。

（4）电气基础

①直流电路基本知识。

②交流电路基本知识。

③电工读图基本知识。

④电力变压器基本知识。

⑤常用电动机基本知识。

⑥常用低压电器基本知识。

（5）安全防护

①现场安全文明生产要求。

②安全操作与劳动保护知识。

③触电急救知识。

④电气安全装置及电气安全操作规程。

⑤环境保护知识。

⑥施工消防安全知识。

（6）相关法律、法规

①相关法律。

a.《中华人民共和国劳动法》。

b.《中华人民共和国民法典》。

c.《中华人民共和国安全生产法》。

d.《中华人民共和国特种设备安全法》。

②相关技术规范、标准。

a.《电梯监督检验和定期检验规则》（TSG T7001—2023）。

b.《特种设备生产和充装单位许可规则》（TSG 07—2019）。

c. 现行《电梯制造与安装安全规范》(GB/T 7588)。

d.《自动扶梯和自动人行道的制造与安装安全规范》(GB 16899—2011)。

e.《安装于现有建筑物中的新电梯制造与安装安全规范》(GB/T 28621—2023)。

f.《电梯技术条件》(GB/T 10058—2023)。

g.《电梯试验方法》(GB/T 10059—2023)。

h.《电梯安装验收规范》(GB/T 10060—2023)。

i.《电梯、自动扶梯、自动人行道术语》(GB/T 7024—2008)。

4. 教学实施建议

本教材将学习目标、技能目标与《电梯安装维修工国家职业技能标准(2018 年版)》中的五级(初级工)、四级(中级工)以及三级(高级工)的标准一一对应,利用丰富的数字资源辅助教学,帮助学生达成学习目标的同时,对标考证要求,充分体现"书证融通"的要求。

模块一

城市轨道交通电梯及自动扶梯系统基础知识

理论单元一　电梯及自动扶梯概况

教学引导

本单元主要介绍电梯和自动扶梯的起源、技术发展、分类和功能。

学习目标

（1）了解电梯和自动扶梯的发明和起源。

适用岗位：电梯维修工初级工。

（2）了解电梯和自动扶梯的技术发展历程。

适用岗位：电梯维修工初级工。

（3）了解电梯和自动扶梯的分类。

适用岗位：电梯维修工初级工。

（4）树立安全质量意识，提升团队组织协调、语言表达和沟通能力。

适用岗位：电梯维修工初级工。

◇ 知识点一　电梯及自动扶梯的发展历程

一　电梯

1. 电梯的起源

电梯(图1-1)的定义:服务于建筑物内若干特定的楼层,其轿厢运行在至少两列垂直于水平面或与铅垂线斜角小于15°的刚性导轨运动的永久运输设备[①]。习惯上,不论电梯驱动方式如何,人们都将其作为建筑物内垂直交通运输工具的总称。

1)电梯结构的演变

电梯是现代多层及高层建筑物中不可缺少的垂直运输设备。

图 1-1　电梯

人类利用升降工具解决垂直运输问题的历史非常悠久,曾出现过以人力、畜力、蒸汽、水压为动力的垂直升降工具。但长期以来,当升降工具提升缆绳断裂时平台必将坠毁的安全问题一直没有解决。直到奥的斯在纽约举行的第二届世界博览会上展示了能够在缆绳断裂时防止平台下坠的电梯安全装置(图1-2),标志着人类历史上第一部具有安全保护功能的升降机诞生了。

现代电梯兴盛的根本在于采用电力作为动力来源。1889 年,用电力拖动的电梯由美国奥的斯公司首先推出,安装在美国纽约的戴纳斯特大厅,由直流电动机带动蜗轮蜗杆传动,通过卷筒升降电梯。

早期电梯用卷筒强制驱动的形式居多,随着技术的发展,卷筒驱动结构的缺点日益明显,如耗用功率大、行程短、安全性差等。1903 年,奥

图 1-2　奥的斯展示安全升降机

的斯电梯公司将卷筒驱动结构的电梯改为曳引驱动结构,为今天的长行程电梯奠定了基础。自此,在电梯的驱动方式上,曳引驱动结构占据了主导地位。曳引驱动结构不仅使传动机构体积大大减小,而且使电梯曳引机在结构设计上有效提高了通用性和安全性。

从 20 世纪初开始,交流感应电动机进一步完善和发展,开始应用于电梯拖动系统,使电

---

① 摘自《电梯、自动扶梯、自动人行道术语》(GB/T 7024—2008)。

梯拖动系统结构简化,同时促进了电梯的普及。直至今日,电梯多采用交流感应电动机来拖动。

2)电梯控制技术的演变

早期电梯几乎全部由司机在轿厢内开关控制,电梯的启动、运行、减速、平层、停梯等的判断均靠司机,操作起来很不方便。1894年,奥的斯公司开发了一种由层楼控制器自动控制平层的技术,成为电梯控制技术发展的先导。

1915年,奥的斯公司又发明了由两个电动机控制的微驱动平层控制技术。其中一个电动机专门用于启动和快速运行,另一个电动机则用于平层停梯,从而得到了16∶1的减速范围,运行较为舒适,平层较准。

为了解决乘客等候电梯时间长的问题,1925年出现了一种集选控制技术。它能将各层站上下方向的召唤信号和轿厢内的指令集中,并与电梯轿厢位置信号比较,从而使电梯合理运行,缩短了乘客候梯时间,提高了电梯运行效率。该技术大大简化了司机的操作,不再需要司机对电梯的运行方向和停层选择做出判断,司机仅需按层楼按钮及关闭层门按钮。这种控制技术如今仍在广泛使用,被公认为电梯控制技术的一大进步。

20世纪30年代,交流感应电动机因价格低、制造和维修方便而广泛应用于电梯,其用改变电动机极对数的方法达到了双速控制的目的,使拖动系统结构简化,可靠性大大提高。

随着20世纪30年代高层建筑的发展,人们对电梯额定运行速度的要求日益提高。于是早期的直流调速拖动电梯发展到交流单、双速拖动后,产生了直流调速控制的直流电动机拖动的高速电梯。这一系统从最初的开环、有级、有触点控制发展到今天的闭环、无级、无触点控制,是电梯控制技术的又一次进步。

随着电子技术的发展,20世纪60年代末到70年代初,人们开始发展应用交流电动机的交流调速拖动,它从交流调压调速系统发展到变频变压调速系统,以其突出的节能效果在一定范围内(速度≤4m/s)取代了直流调速拖动系统。这被认为是电梯拖动技术的一次飞跃。

微电子技术的飞速发展使微型计算机用于电梯的控制,全面替代了有触点的继电器控制方式,从而使电梯的拖动控制、信号操作及自动调速控制达到了一个新的高度。如今,微型计算机的大量应用及大功率半导体元件技术的发展使得电梯控制系统日益自动化、智能化,交流调频调压技术也正向大功率、高速度方向发展。

2. 电梯技术的现状

1)国内电梯生产概况

我国电梯事业发展的历史较短,在1949年之前,只有上海、天津、北京有美国奥的斯电梯公司的维修服务站,但也只能修配电梯零件,根本不能制造电梯。1952—1954年,我国先后在上海、天津、沈阳建立了3家电梯生产厂。20世纪60年代,我国又在西安、广州、北京等地建立了电梯厂。截至1972年,全国有电梯定点生产厂家8家,年产电梯近2000台。在我国经济增长和基建规模扩大的情况下,电梯市场在1985年完全由卖方市场支配和占领,这一形势大大刺激了电梯生产。

迈入建设社会主义现代化强国的新征程,在城镇化持续发展、新基础设施投资建设和旧楼加装电梯等动力推动下,我国电梯需求量不断提高,产量逐渐增多。

电梯的操纵方式也从手柄开关控制发展到按钮信号控制和集选控制,直到多台电梯的梯群控制。电梯的运行速度从 0.25m/s 提升至 2.5m/s 及以上,并由交流调速拖动全面取代了 4m/s 以下的直流调速拖动。

2)国外电梯生产现状

当今世界电梯生产发展迅速,竞争激烈,世界上主要电梯生产厂商均为跨国公司。其中,美国奥的斯电梯公司和瑞士迅达电梯公司历史最长,它们都有着百年以上的电梯生产历史。自日本三菱电机公司推出变频变压调速的新型交流调速拖动系统以来,世界交流调速拖动控制技术水平大大提高。在此推动下,各大电梯生产厂商纷纷行动,在这一技术领域展开了激烈竞争。

在电子技术飞速发展的今天,高性能的电子元器件不断出现,价格也不断下降。电梯的控制系统广泛采用微型计算机控制,使电梯的运行性能有了飞跃式的发展和提高,提高了可靠性,减少了故障停梯,降低了设备投资,减少了能耗。目前,世界电梯技术的提高主要表现在以下几个方面:

(1)微型计算机在电梯控制系统中得到日益广泛的运用,取代了传统的数量众多的继电器有触点控制系统,大大缩小了控制柜的尺寸,减小了机房占地面积,这在高层电梯上体现得尤为显著。除电梯安全规范规定的安全保护回路必须由有触点的电气元件组成外,其余大部分控制电路都是采用微电子固态电路,提高了电梯的运行性能和使用效率,减少了乘客的等候时间,使得乘用电梯变得更方便、更快捷。

(2)应用交流感应电动机的交流调速电梯得到了广泛应用,在很大范围内取代了消耗能量大的直流电动机拖动的电梯。自 20 世纪 80 年代初日本三菱公司推出变频变压调速系统以来,该技术日益成熟。这种拖动技术可降低电梯所在建筑的电源容量,减少机房载荷,降低能耗,运行可靠。此外,奥的斯公司还研制了交-交调频调速拖动的交流高速电梯。

(3)为了简化电梯的驱动控制系统,提高电梯运行性能,当今国际上各主要电梯生产厂商都专门设计、制造了适用于电梯拖动特性的交流感应电动机,以满足电梯工作状态的需要,尤其对电动机的机械特性、启动力矩、单位时间启动次数等都有特殊要求。尤其以永磁同步电动机发展最为迅速。

(4)曳引机结构性能正不断得到改进。曳引机的体积逐渐减小,曳引机制动器的性能不断提高。高效盘式制动器的应用不仅使电梯曳引机实现了多点独立制动,大大提高了制动机构的安全性、可靠性,还使制动器具备了磨损监控、故障报警控制等功能。

(5)永磁材料的技术进步使永磁同步电动机得到了飞速发展。采用这一技术的无机房曳引电梯对传统电梯技术规范提出了挑战。具有环保、节能、占用空间小等优点的无机房曳引电梯正在不断发展。

(6)现代建筑形式的多样化要求电梯结构有更强的适应性。为了使电梯能在不同环境中满足不同结构的建筑物中垂直运输的需要,各电梯生产厂商不断对电梯结构部件进行改进,如减小轿厢架高度以适应低层距、低顶层的建筑结构,以无机房的结构设计提高建筑物顶部结构设计的灵活性,降低液压缓冲器的高度以减小底坑深度,加强轿厢、曳引绳、底坑部件的防护性以满足露天工作的要求,等等。

(7)在电梯轿厢结构和装饰方面发展了双层及多层轿厢的客梯与各种外形的观光电梯。电梯轿厢内外装饰日益多样化,电梯安全规范修订中允许采用非金属材料(如玻璃等)制造轿厢等部件,使轿厢结构更显豪华个性,使乘用电梯成为一种舒适的体验。

3. 电梯技术发展趋势

在科学技术发展的推动下,电梯技术将产生各种新的变化、新的功能。其发展趋势有以下几点:

(1)电梯的控制系统将广泛采用先进的大容量微型计算机和多微机并行处理的技术,以提高电梯的控制性能。在多台电梯协调运行的高层建筑中,每台电梯的控制系统都将具备操纵控制整个梯群的运行调度能力。这使电梯信号系统具有更可靠、更灵活、更高效率的运行协调性能和更强的安全保障能力。在电梯信号传输中将采用总线技术和光传输技术的数据处理系统,这种技术可大量减少井道布线量,避免外界电磁干扰,提高信号传输的可靠性。

在采用高性能微型计算机后,电梯的服务应答方式将全面智能化。在电梯运行中,利用计算机对日常信号和客流量进行分析,对各层站客流变化的规律做出定量总结,不仅能预测和自动调整梯群运行的调度程序,使乘客的等待时间缩到最短,还能提高运行效率。

(2)交流调速拖动控制理论的深化和技术水平的提高将继续向高效率、高速度、高精度方向发展。

(3)绿色环保概念将成为21世纪技术发展的方向。电梯业将在绿色环保方面大力拓展,节能、无污染、低噪声、良好的电磁兼容性能、高可靠性、长寿命以及低维护要求的电梯新产品将不断涌现。

(4)新型液压电梯不断出现。采用有对重推拉缸结构的液压电梯将一改高能耗的问题;以电控调速代替调速阀将大大减少液压元件数量,提高运行效率,节能降噪,在老建筑物的改造中大有用武之地。

(5)电梯的安全保障功能将进一步强化。由于电梯操作日趋自动化,电梯安全保障系统必须能在电梯本身发生故障或在乘客受到灾害威胁时保证乘客的安全。电梯控制系统将具有故障自诊断、故障预警、冗余避错、遥控监测等功能。

(6)在电梯轿厢中营造艺术氛围,给人以耳目清新、心旷神怡的感官享受已成为各国工业装潢界探索的课题。电梯轿厢内部装潢将发展为多种艺术形态,其主要特点是着重改善轿厢空间狭小所带来的压抑感,致力于与所在建筑的工作环境产生互补和协调作用,使乘客在乘用电梯时神经得到调节,疲劳的肌体得到放松,促进人们的身心健康。这一要求成为提高电梯乘用舒适感的重要一环,为此可在轿厢内安装大屏幕显示器,在风光艺术电视的背景上以字幕显示运行方向和层站信号,以语音提示报站,以音乐减小电梯运动噪声的影响。

展望未来,超高层建筑将需要发展更高运行速度的电梯。同时,随着信号光控传输或无线传输、超导磁力悬浮拖动、轿厢气压自动调节及其他新技术的发展,电梯工业产品将更加五彩纷呈。在千米以上高度的建筑中将不再采用钢丝绳曳引驱动方式,而是需要发展其他驱动方式。例如,取消钢丝绳悬挂曳引,采用多轿厢同井道分区运行,从而提高井道利用率,使电梯能像地铁一样具有高效的输送能力。

二 自动扶梯

1. 自动扶梯的起源

自动扶梯(图1-3)是一种带有循环运行梯级且用于向上或向下倾斜运输乘客的固定电力驱动设备。其特点是能连续运送乘客,与电梯相比,具有更强的运输能力,被广泛用于商业大楼和各种公交场站等人流集中的场所。

奥的斯电梯公司于1899年在纽约州制造出第一台有水平梯级、活动扶手和梳齿板的自动扶梯,并在1900年举行的巴黎博览会上,以自动扶梯(Escalator)为名展出。但此时的自动扶梯还没有上下曲线段和上下水平移动段,梯级是用硬木制成的。其后约十年间,奥的斯电梯公司进一步完善了自动扶梯的设计,为自动扶梯的实际应用打下了基础。

图1-3 自动扶梯

1935年,上海市南京路大新公司购入奥的斯公司生产的自动扶梯(图1-4);直到1949年,它仍是中国唯一的自动扶梯。

图1-4 上海市南京路大新公司安装的自动扶梯

2. 自动扶梯的使用与生产情况

1940年以前,自动扶梯只有美国奥的斯等少数生产制造厂商生产。第二次世界大战后,由于自动扶梯需求量的增加及新技术的应用,出现了很多新的生产制造商。

1970年后,自动扶梯产品发展成较为标准的产品,全球市场的竞争开始变得激烈。国际上较为著名的自动扶梯厂商有美国奥的斯,瑞士迅达,德国克虏伯蒂森,法国CNIM,芬兰通力(并购德国O&K、美国Montgomery等公司),日本日立、三菱等。

1959年,中国上海电梯厂生产了第一批双人自动扶梯,并用于北京新火车站。

20世纪80年代,随着我国改革开放,通过引进国外先进技术,国内成立了多家合资电梯制造公司,如中国迅达,上海三菱、日立(中国),中国奥的斯等。

20世纪90年代后,我国的自动扶梯生产快速发展,除日益成熟的国际、国内知名品牌外,大量民族自动扶梯制造厂商如雨后春笋般蓬勃发展,其中年产量达到1000台及以上的就有数十家。

3. 自动扶梯技术发展历程

自动扶梯技术发展的历程一直围绕着以下几个核心点。

1)驱动方式

自动扶梯的运输功能是通过牵引链条技术驱动载人的梯级来实现的,而组成这个移动梯级系统的基本机构如同电梯的曳引钢丝绳传动系统一样,历经百年仍然没有突破。虽然有齿条驱动的自动扶梯配以中间驱动方式,但主流仍然是牵引链条驱动。

2)可乘性

改善可乘性是自动扶梯技术发展的首要问题。早期的自动扶梯从地面到扶梯之间没有过渡段,乘客在进出扶梯时需要集中精神,搭乘既不方便也不安全。后来设计出水平移动段,并在水平段与倾斜段之间设置圆弧过渡段,有效地提高了自动扶梯的可乘性。

3)安全性

在实现自动扶梯运输功能的同时,不断提高乘载安全性始终是自动扶梯技术发展的前提条件。

如何防止乘客在搭乘自动扶梯时滑倒是一个必须妥善解决的重要问题。早期的木制梯级防滑性能不好,后来人们采用金属材料来制造梯级,并改进了梯级踏面上的凹槽设计,提高了梯级防滑性能,同时有效地提高了扶梯的安全性。

自动扶梯是开放式的运输设备,其梯级与梯级之间、梯级与楼层板之间、梯级与围裙板之间存在相对运动的间隙。据统计,超过50%的扶梯意外伤害事故均由间隙造成。经过长期努力和持续改进,技术人员提出了很多防止或减少间隙夹物的安全设计。例如,梳齿板的发明,能使梳齿与梯级凹槽啮合,降低了上下端出入口处异物被夹住的风险;梯级踢面由最初的弧形光面发展成带齿槽的设计,减少了相邻梯级因相对运动夹住异物的可能;围裙板毛刷的发明,可防止乘客过于靠近围裙板边而鞋子或衣物被夹住;等等。

随着电子技术的飞速发展,自动扶梯控制系统在经历早期的继电器式控制之后,步入了可编程逻辑控制器(PLC)和微处理器时代,使引入复杂的安全监控系统成为可能。很多安全监控和辅助部件已被大量应用在自动扶梯产品上。此外将自动扶梯的速度、方向、扶手带的速度、链条的工作状态等纳入安全监控的范围,还可以使自动扶梯的安全性能得到更大的提升。

课后思考

1. 电梯和自动扶梯有哪些发展的核心技术?

2. 中外古代人使用的曳引系统有哪些?请举两个事例加以说明。

◇ 知识点二 电梯的功能及分类

一 电梯的功能

1. 安全保护功能

(1)应急照明。当电梯在运行过程中发生故障导致电源被切断或中途停电时,应急照明将自动开启,照明时间大于1h。

(2)安全停靠。当断电或电梯发生故障停止在非停靠位置时,电梯将自动进行故障诊断,以自动平层至最近层站,开门放人。

(3)门光幕保护。以装在轿门上的红外线光幕作为关门安全保护,光幕线数不低于48线。

(4)超载保护和满载直驶。当轿厢超载时,电梯不能启动,并在轿厢操纵箱上以声光信号警示;当轿厢满载运行时,不应答层门信号。

(5)五方通话。可实现轿厢内、轿顶、井道底坑、控制柜及车站综合控制室之间的五方通话。

（6）警铃。按下轿厢内的警铃，安装在轿厢外顶部的警铃鸣响，并与对讲电话联动。

（7）过载保护。电梯设有灵敏的称量装置，当工作载荷达到 100% 时，电梯处于满载直驶状态；当载荷达到 110% 时，电梯会发出声光警示，不能关门及运行，直至载荷降至额定载重以下为止。

2. 控制和操作功能

（1）电梯除具有自动平层、自动开/关门、顺向截停、层站召唤等集选控制电梯的一般运行控制操作功能外，还应有如下功能：偏差大于 10mm 时，在开门前自动以低速找正至偏差不大于 5mm；按下轿厢操纵箱上的开门按钮，能使正在关的门转为开门；按住开门按钮，能使电梯（在一定时间内）保持开门状态；按下操纵箱上的关门按钮，能使门提前关闭；按下层门上的呼梯按钮，能使正在关的门重开。

（2）显示功能。在轿厢内操纵箱上或在门楣上能够显示电梯运行方向和位置（层楼）信息，在各层召唤盒上能够显示电梯的运行方向和位置。召唤盒安装位置在层门右侧，轿厢到站时，在开门前，能对层站和轿厢内发出报站语音（中、英文）。

（3）自动开/关门功能。电梯除具有平层自动开门、预设定时间自动关门等集选控制电梯的一般自动开/关门功能外，还应当具有以下功能：正在开/关的门受到外力阻止时，自动转为反向运动或保持静止并报警；等待维修电梯到站平层后门打不开时，自动运行至另一层站开门放人，之后停止运行。

3. 电梯运行控制方式

（1）正常情况下，电梯对外操作模式是完全开放的，由使用者进行操作。

（2）在紧急情况下，电梯接收火灾自动报警系统（Automatic Fire Alarm System，FAS）信号自动运行到基站（一般设在站厅），开门后停止运行。此时，电梯所有按钮功能都已失效，同时将信号反馈给 FAS，只有在 FAS 将紧急情况解除的信号发送给电梯后，电梯才能重新投入使用。

二 电梯的分类

根据建筑高度、用途及客流量（物流量）的不同，可以设置不同类型的电梯。电梯的基本分类方法如下。

1. 按用途分类

（1）乘客电梯（图 1-5）：为运送乘客设计的电梯，要求有完善的安全设施及一定的轿厢内装饰。

（2）载货电梯：主要为运送货物而设计，通常为有人伴随的电梯。

（3）杂物电梯（图 1-6）：为图书馆、办公楼或饭店运送图书、文件或食品等设计的电梯。

（4）医用电梯（图 1-7）：为运送病床、担架、医用车而设计的电梯，其轿厢具有长而窄的特点。

图 1-5 乘客电梯

图1-6 杂物电梯

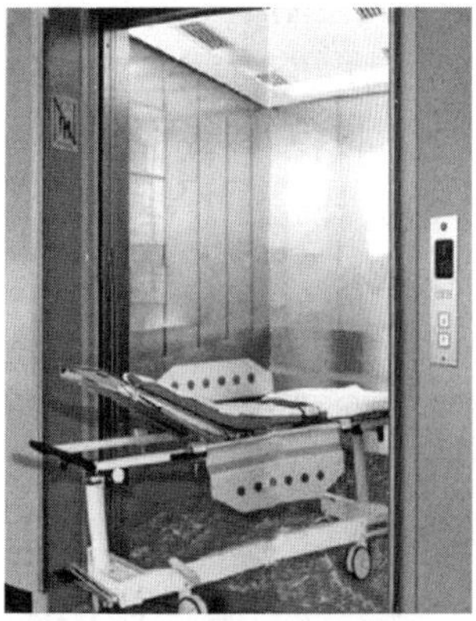

图1-7 医用电梯

图1-8 观光电梯

(5)观光电梯(图1-8):轿厢壁透明,供乘客观光用的电梯。

(6)车辆电梯:用于装运车辆的电梯。

(7)船舶电梯:船舶上使用的电梯。

(8)建筑施工电梯:建筑施工与维修用的电梯。

(9)其他类型的电梯:除上述常用电梯外,还有一些特殊用途的电梯,如冷库电梯、防爆电梯、矿井电梯、电站电梯、消防员用电梯等。

2. 按驱动方式分类

(1)交流电梯:用交流感应电动机作为驱动力的电梯。根据拖动方式不同,交流电梯又可分为交流单速电梯、交流双速电梯、交流调压调速电梯、交流变压变频调速电梯等。

(2)直流电梯:用直流电动机作为驱动力的电梯。这类电梯的额定速度一般在2m/s以上。

(3)液压电梯:利用电动泵驱动液体流动,由柱塞驱动轿厢升降的电梯。

(4)齿轮齿条电梯:将导轨加工成齿条,轿厢加装与齿条啮合的齿轮,电动机带动齿轮旋转使轿厢升降的电梯。

(5)螺杆式电梯:将电梯导轨加工成矩形螺纹,再将带有推力轴承的大螺母安装于油缸顶,然后电动机经减速器(皮带)带动螺母旋转,从而使螺杆顶升轿厢上升或下降的电梯。

3. 按速度分类

电梯无严格的速度分类,我国习惯上按下述方法分类:

(1)低速梯:速度低于1m/s的电梯。

(2)中速梯:速度为1~2m/s的电梯。

(3)高速梯:速度大于2m/s的电梯。

(4)超高速:速度超过5m/s的电梯。

随着电梯技术的不断发展,电梯的速度越来越快,各级速度电梯的速度限值也在相应地提高。

4. 按电梯有无司机分类

(1)有司机电梯:电梯的运行由专职司机来操纵完成。

(2)无司机电梯:乘客进入电梯轿厢,按下操纵盘上所需要去的层楼按钮,电梯自动运行至指定的层楼。这类电梯一般具有集选功能。

(3)有/无司机电梯:这类电梯可变换控制电路,平时由乘客操纵,如客流量大或必要时改由司机操纵。

5. 按操纵控制方式分类

(1)手柄开关操纵电梯:电梯司机在轿厢内控制操纵盘手柄开关,实现电梯的启动、上升、下降、平层、停止。

（2）按钮控制电梯：一种简单的自动控制电梯，具有自动平层功能；有轿厢外按钮控制和轿厢内按钮控制两种控制方式。

（3）信号控制电梯：一种自动控制程度较高的有司机电梯，除具有自动平层、自动开门功能外，还具有轿厢命令登记、层站召唤登记、自动停层、顺向截停和自动换向等功能。

（4）集选控制电梯：一种在信号控制基础上发展起来的全自动控制电梯，它与信号控制电梯的主要区别在于能实现无司机操纵。

（5）并联控制电梯：2～3台电梯的控制线路并联起来进行逻辑控制，共用层站外召唤按钮，电梯本身都具有集选功能。

（6）群控电梯：用微机控制和统一调度多台集中并列的电梯，有梯群程序控制、梯群智能控制等形式。

6. 其他分类方式

（1）按机房位置分类：机房在井道顶部的电梯、机房在井道底部旁侧的电梯以及机房在井道内部的电梯。

（2）按轿厢尺寸分类：经常使用"小型""超大型"等抽象词汇表示；此外，还有双层轿厢电梯等。

7. 特殊电梯

（1）斜行电梯：轿厢在倾斜的井道上沿着倾斜的导轨运行，是集观光和运输功能于一体的输送设备。特别是由于土地紧张而将住宅移至山区后，斜行电梯发展迅速。

（2）立体停车场用电梯：根据不同的停车场可选配不同类型的电梯。

（3）建筑施工电梯：一种采用齿轮齿条啮合方式（包括齿轮传动与链传动，或采用钢丝绳提升），使吊笼做垂直或倾斜运动的机械，用于输送人员或物料。它主要应用于建筑施工与维修，也可以作为垂直运输机械供仓库、码头、船坞、高塔、高烟囱等长期使用。

课后思考

请将电梯的分类总结在表1-1中。

电梯分类表　　　　　　　表1-1

序号	特征	分类名称
1	按用途分类	
2	按驱动方式分类	
3	按速度分类	
4	按电梯有无司机分类	
5	按操纵控制方式分类	
6	按机房位置分类	
7	按轿厢尺寸分类	
8	特殊电梯	

◇ 知识点三　自动扶梯的功能及分类

一　自动扶梯的功能

自动扶梯由一系列梯级与两根牵引链条连接在一起,在沿一定方向布置的导轨上运行即形成自动扶梯的梯路。牵引链条绕过上牵引链轮、下张紧装置并通过上、下分支的若干直线、曲线区段构成闭合环路。这一环路的上分支中的各个梯级(梯路)应严格保持水平,以供乘客站立。上牵引链轮(主轴)通过减速器等与电动机相连以获得动力。扶梯两旁装有与梯路同步运行的扶手装置,以供乘客扶手之用。扶手装置同样由上述电动机驱动。为了保证自动扶梯上乘客的绝对安全,要求装设多种安全装置。

1. 自动扶梯的优、缺点

自动扶梯与电梯相比,具有以下优、缺点。

1)优点

(1)生产率(输送能力)大。

(2)人流均匀,能连续运送人员。

(3)自动扶梯可以逆转,即能向上和向下运转。

(4)当停电或重要零件损坏需要停用时,可作为普通扶梯使用。

2)缺点

(1)自动扶梯结构有水平区段,有附加的能量损失。

(2)提升高度较大的自动扶梯,人员在其上停留时间过长,容易出现安全事故。

(3)造价较高。

自动扶梯的规格见表1-2。

自动扶梯的规格　　　　　　　　　　　　　　　表1-2

项目	输送能力 （人/h）	运行速度 v （m/s）	提升高度 H （m）	梯级宽度 W （mm）	倾斜角度	装饰板特点	排列方式
规格	6000～9000	0.50～0.75	3～8	800～1200	30°～35°	全透明、有/无支承	平行或交叉

2. 自动扶梯的排列方式

在城市轨道交通车站中,自动扶梯的作用主要是解决乘客的快速疏散问题,即列车到达后,将大量乘客从候车站台向地面站厅疏散。由于车站的候车站台一般离地面5～7m(浅埋式),甚至7～10m(深埋式),乘客上下多依赖楼梯,而自动扶梯则提供了一种自动输送乘客的功能,可以满足乘客对乘降舒适度的要求。车站配有多部自动扶梯(图1-9)时,其布置排列方式有平行排列、连续交叉排列、连贯排列和"X"小交叉排列四种。

3. 自动扶梯的控制方式

1)正常情况下自动扶梯就地控制方式

自动扶梯一般采用就地控制方式,在上下梯头的位置,用设置钥匙开关直接启动和停止自动扶梯。同时,自动扶梯设有正常运行和节能运行两种模式可供选择。正常运行模式是指自动扶梯以额定的速度恒定运行;节能运行模式是指自动扶梯在无人时以低速运行,以达到节能的目的。

此外,自动扶梯还有一种维修模式,即自动扶梯进行正常维修时的低速运行模式,一般通过插接专门的检修控制盒(又称维修操纵开关盒或维修盒)进行人工控制。

2)紧急情况下自动扶梯运行方式

紧急情况下,一般通过安装在车站综控室的远程紧急停止按钮来控制自动扶梯。对所有出入口的自动扶梯设置一个紧急停止按钮,在紧急情况下可以停止所有出入口自动扶梯。对于站内的自动扶梯,每台自动扶梯设置一个紧急停止按钮,根据需要停止相应的自动扶梯。一般上行的自动扶梯保持上行,

图1-9 某地铁站内自动扶梯布置图

下行的自动扶梯停止;同时,根据需要将停止的下行自动扶梯开上行。

3)远程操作模式

远程操作模式指在车站及运营控制中心(OCC)控制自动扶梯的运行。这种控制模式要求比较严格,一般很少采用。国家技术规范中要求:一般自动扶梯的启动和停机需保证扶梯上方无任何人或物,如需采用这种模式,可以在扶梯周边加装摄像头,监视整个扶梯的情况,实现远程控制。

二 自动扶梯的分类

自动扶梯可以按照驱动装置位置、载荷能力及适用场所、安装位置、机房的位置、护栏种类、倾斜角度等加以区分(表1-3)。

自动扶梯分类   表1-3

序号	特征	分类名称
1	按驱动装置位置分类	端部驱动自动扶梯、中间驱动自动扶梯
2	按载荷能力及适用场所分类	普通型自动扶梯、公共交通型自动扶梯、重载型自动扶梯
3	按安装位置分类	室内型自动扶梯、室外型自动扶梯
4	按机房的位置分类	机房上置式自动扶梯、机房外置式自动扶梯
5	按护栏种类分类	玻璃护栏型自动扶梯、金属护栏型自动扶梯
6	按倾斜角度分类	30°自动扶梯、35°自动扶梯、27.3°自动扶梯
7	特殊自动扶梯	圆弧形自动扶梯、带轮椅运送功能的自动扶梯、变坡度自动扶梯
8	自动人行道	踏板式人行道、胶带式人行道等

1. 按驱动装置位置分类

自动扶梯按驱动装置分为以下两种。

1)端部驱动自动扶梯

端部驱动自动扶梯的驱动装置位于自动扶梯的头部,并以链条为牵引构件。

2)中间驱动自动扶梯

中间驱动自动扶梯的驱动装置位于扶梯中部,它是以齿条为牵引构件的自动扶梯。一台自动扶梯可以装多组驱动装置,也称多级驱动组合自动扶梯。运行时电动机通过减速器将动力传递给两侧传动链条,每侧的传动链条之间铰接一系列轮轴,轮轴与牵引齿条的牙齿啮合,驱动自动扶梯运行。

中间驱动自动扶梯(图1-10)的驱动装置安装在自动扶梯桁架的倾斜段内,这种结构的自动扶梯以多级齿条代替传统的梯级链条,以推力驱动梯级,减少了动力损耗。由于可以将扶梯做成标准节,每节配置一个标准的驱动装置,按照高度需要加以组合,而不需要将桁架和驱动装置做得很大,因此又称为多级驱动自动扶梯。这种驱动方式在大高度传动中有一定的优势,但也存在结构较复杂、驱动装置的调试和维修不方便、存在摩擦传动等缺点。

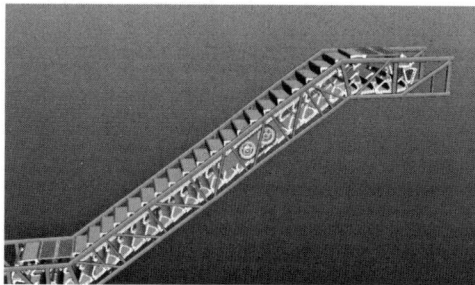

图1-10 中间驱动自动扶梯

2. 按载荷能力及适用场所分类

自动扶梯按载荷能力及适用场所分为普通型自动扶梯、公共交通型自动扶梯、重载型自动扶梯。这是自动扶梯的一种基本分类,也是自动扶梯的梯种。其中,重载型自动扶梯在城市轨道交通等大客流公交场所已被广泛使用,它在结构、性能、寿命等方面与普通型自动扶梯和公共交通型自动扶梯有明显区别。

1)普通型自动扶梯

普通型自动扶梯,也称商用扶梯,一般安装在百货公司、购物中心、超市、酒店、展览馆等商用楼宇内,是使用最广泛的自动扶梯。普通型自动扶梯的载客量一般都比较小,因此又称为轻载荷自动扶梯。

商业场所每天的营业时间通常约为12h,因此,在设计中,一般对普通自动扶梯做这样的设定:每周工作6d,每天运行12h,以约60%的制动载荷作为额定载荷,主要零部件设计工作寿命为70000h。

2)公共交通型自动扶梯

公共交通型自动扶梯安装在公共交通的出口和入口处。其使用强度高,每周运行时间140h,且在任何3h间隔内,其载荷达100%,制动载荷的持续时间不少于0.5h。

公共交通型自动扶梯主要应用于高速铁路、火车站、机场、过街天桥、隧道及交通综合枢纽等人流较集中且使用环境较复杂的场所。公共交通型自动扶梯的载荷大于普通型自动扶梯的载荷,但又小于重载型自动扶梯的载荷。

在上述公共场所,自动扶梯每天需要工作20h及以上,因此,在设计中,一般对公共交通型自动扶梯有这样的设定:每周工作7d,每天运行20h,以约80%的制动载荷作为额定载荷,主要零部件的设计工作寿命为140000h。

3）重载型自动扶梯

重载型自动扶梯在任何 3h 间隔内，其载荷达到 100% 制动载荷的持续时间在 1h 以上，即在公共交通型自动扶梯的基础上做重载设计，因此，重载型自动扶梯又称公共交通型重载自动扶梯。这种扶梯主要用于以地铁为代表的大客流城市轨道交通。

中国人口众多，且当前正处于城市化进程之中，城市轨道交通车站需要面对大量客流，自动扶梯必须具有承受超高强度载荷的能力。在上下班高峰时段，其持续运行时间一般都在 1 ~ 2h。

在大客流的公共场所，自动扶梯每天需要工作 20h 甚至更长。在设计中，一般对重载型自动扶梯有以下要求：每周工作 7d，每天运行 20h，以 100% 的制动载荷作为额定载荷，主要零部件的设计工作寿命为 140000h。

3. 按安装位置分类

1）室内型自动扶梯

室内型自动扶梯是指只能在建筑物内工作的自动扶梯，使用最广泛，其设计不需要考虑日晒雨淋和风沙的侵袭，如图 1-11 所示。

2）室外型自动扶梯

室外型自动扶梯是指能在建筑物外部工作的自动扶梯（图 1-12），又可以细分为全室外型自动扶梯和半室外型自动扶梯两种。

图 1-11　室内型自动扶梯

图 1-12　室外型自动扶梯

（1）全室外型自动扶梯安装在露天场所，具有抵御各种恶劣气候环境侵蚀的能力，能承受直接作用于扶梯的雨水、飘雪、冰冻、高温、潮湿、盐雾、沙尘、紫外线等自然界的各种不利因素。全室外型自动扶梯通常根据实际安装使用地点的气候状况，配备防水、加热、防冻、防尘、防锈等保护措施，以延长扶梯的使用寿命。

（2）半室外型自动扶梯（图 1-13）安装在室外，但其上部盖有檐篷，可抵御部分雨、雪、阳光等不利因素的直接侵蚀，配备的气候保护措施相对全室外型自动扶梯要少一些。

说明：普通型自动扶梯、公共交通型自动扶梯及重载型自动扶梯都可以按室内或室外加以设计。

图 1-13　半室外型自动扶梯

但室外型自动扶梯部件的工作寿命会明显短于室内型自动扶梯,特别是露天工作的全室外型自动扶梯,机件的磨损和报废都会比较快,维修费用也相当高,因此,自动扶梯一般不主张做露天布置。

4. 按机房的位置分类

机房是安装驱动装置的地方,按机房的位置,自动扶梯可分为机房上置式自动扶梯、机房外置式自动扶梯等。

1)机房上置式自动扶梯

机房上置式自动扶梯的机房设置在扶梯桁架上端部水平段,驱动装置和电控装置都安装在机房内,具有结构简单、紧凑的优点,是自动扶梯最为常见的机房布置方式。但这种结构的扶梯机房内空间比较窄,为了方便检修,有的扶梯将电控柜做成可移动式的,必要时可以将电控柜提拉到地面进行检修。

2)机房外置式自动扶梯

机房外置式自动扶梯的机房设置在自动扶梯桁架之外的建筑空间内,因此,又称为分离式机房。分离式机房的结构、照明、高度和面积等都必须符合专门的要求。

对于大提升高度扶梯,由于驱动装置较大,机房通常安置在桁架的外面,这样可以减少桁架的受力和振动,且方便检修;对于室外型自动扶梯,机房的外置还具有保护机房设备不受外界环境干扰的优点。但采用分离式机房会增加建设投资,所以,一般应用在城市轨道交通等大客流或需要大提升高度的场所。相关人员可以进入机房工作,并不影响自动扶梯正常工作。

5. 按护栏种类分类

按护栏种类,自动扶梯可分为玻璃护栏型自动扶梯和金属护栏型自动扶梯两种。

1)玻璃护栏型自动扶梯(图1-14)

护栏的主体(护壁板)采用玻璃制造。普通自动扶梯一般采用玻璃护栏型。根据需要,玻璃板采用全透明或半透明工艺,或者采用不同的颜色,或者在扶手带下加装照明和其他的灯光装饰。玻璃护栏型自动扶梯苗条型(无灯光)结构显得更加简洁、明快和美观,广泛应用于购物中心、酒店等场所。

2)金属护栏型自动扶梯(图1-15)

图1-14　玻璃护栏型自动扶梯

图1-15　金属护栏型自动扶梯

护栏的主体采用金属板材制造。公共交通场所的自动扶梯多采用金属护栏结构,原因是金属护栏的强度高、防破坏能力强。护壁板多采用不锈钢板制作,结构牢固,适合交通复杂且客流密集的公共交通场所,特别是地铁站的环境。另外,室外型自动扶梯也多采用金属护栏。

6. 按倾斜角度分类

自动扶梯的常用倾斜角度(简称倾角)有 30°、35° 和 27.3°,对应的自动扶梯有以下三种。

1)30°自动扶梯

30°自动扶梯使用最广泛,其空间占用适中,乘客感觉安全舒适,适用于各种提升高度。

2)35°自动扶梯

35°自动扶梯占用空间较少,制造扶梯所需材料相对较少,但乘客感觉较陡,容易产生畏惧和紧张的不安全感。此类自动扶梯提升高度不应大于6m,且速度不应大于0.5m/s。

3)27.3°自动扶梯

27.3°自动扶梯需要占用较大的安装空间,但较平的扶梯倾角能增强乘客的安全感。在美国的公共交运输系统中,当提升高度大于10m时,为了增强安全性,推荐采用27.3°的自动扶梯。

在商业场所应采用27.3°自动扶梯,有利于老年人搭乘;在一些老龄化程度较高的国家,27.3°自动扶梯得到了广泛应用。

另外,27.3°自动扶梯的倾角与固定楼梯的倾角接近,在建筑物内显得协调、美观。

7. 特殊自动扶梯

在自动扶梯的家族中,还有一些特殊设计的自动扶梯,称为特殊自动扶梯。特殊自动扶梯因为造价很高,所以很少被使用。

1)圆弧形自动扶梯

自动扶梯被做成圆弧形,布置在酒店、宾馆的大堂显得别具风格,如图1-16所示。圆弧形自动扶梯的外周与内周梯级的线速度是不一样的,需要有专门的机构加以实现,因此造价昂贵。

2)带轮椅运送功能的自动扶梯

带轮椅运送功能的自动扶梯能在需要时用来运送坐轮椅的残疾人。它的某三个梯级是经过特殊设计的,当需要运送轮椅时停下扶梯,按动扶梯的专用

图1-16 圆弧形自动扶梯

开关,扶梯上的这三个梯级就能合成一个平台,供运送轮椅使用。

3)变坡度自动扶梯

变坡度自动扶梯的中间段或某一段是水平运行的。这种扶梯采用27.3°倾角时可以与相邻的固定楼梯的坡度一致,具有建筑艺术的美感。

8. 自动人行道

自动人行道(图1-17)是一种变化设计的自动扶梯。将自动扶梯的梯级改为踏板或胶带,形成一条平坦的路面,扶梯就变成了自动人行道。自动人行道的倾斜角为0°~12°。自

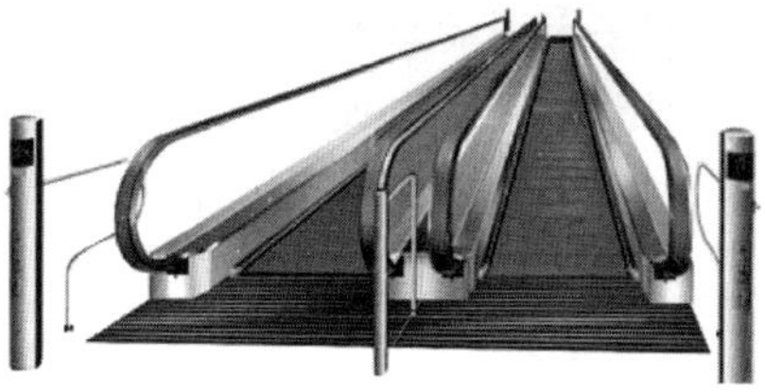

图1-17 自动人行道

动人行道的踏面是平坦的,因此,允许婴儿车和行李车等在上面运输。自动人行道主要应用在超市、机场等场合。其分类如下:

(1)按结构分类,自动人行道可分为踏板式和胶带式两种,踏板式自动人行道是最常见的形式。

(2)按使用场所分类,自动人行道可分为普通型和公交型两种。普通型自动人行道用于超市等购物场所,公交型自动人行道用于机场等公交场所。

(3)按倾斜角度分类,自动人行道可分为水平型和倾角型两种。安装在机场的多数是水平型自动人行道,安装在超市的多是倾角型自动人行道。

(4)按安装位置分类,自动人行道可分为室内型和室外型两种。室内型自动人行道只能在建筑物内工作;室外型自动人行道又分为半室外型和全室外型,全室外型自动人行道可露天工作。

(5)按护栏分类,自动人行道可分为玻璃护栏型和金属护栏型。大多数自动人行道都采用玻璃护栏,只有室外型自动人行道和公交型自动人行道才采用金属护栏。

课后思考

自动扶梯的控制方式有哪些?

理论单元二 认知地铁车站电梯及自动扶梯

教学引导

本单元主要以地铁车站为研究对象,介绍专用的电梯和自动扶梯,包括技术规范、应用场景和技术发展方向。

学习目标

(1)了解电梯常用技术规范。

适用岗位:电梯维修工初级工。

(2)了解自动扶梯常用技术规范。

适用岗位:电梯维修工初级工。

(3)了解自动扶梯设计原则。

适用岗位:电梯维修工初级工。

(4)熟悉《地铁设计规范》(GB 50157—2013)对电梯和自动扶梯的要求。

适用岗位:电梯维修工中级工。

（5）树立安全质量意识，提升团队组织协调、语言表达和沟通能力。

适用岗位：电梯维修工初级工。

◇ 知识点一　地铁车站电梯及自动扶梯设计规范

一　电梯常用技术规范

1. 电梯常用规范

（1）《电梯技术条件》（GB/T 10058—2023）。

（2）《电梯主参数及轿厢、井道、机房的型式与尺寸　第 1 部分：Ⅰ、Ⅱ、Ⅲ、Ⅵ类电梯》（GB/T 7025.1—2023）。

（3）现行《电梯制造与安装安全规范》（GB/T 7588）。

（4）《电梯安装验收规范》（GB/T 10060—2023）。

（5）《电梯试验方法》（GB/T 10059—2023）。

（6）《城市轨道交通工程项目建设标准》（建标 104—2008）。

（7）《城市轨道交通工程项目规范》（GB 55033—2022）。

（8）《低压配电设计规范》（GB 50054—2011）。

（9）《电力工程电缆设计标准》（GB 50217—2018）。

（10）国际电工委员会（IEC）标准。

2.《城市轨道交通工程项目规范》（GB 55033—2022）中与电梯相关的条文摘录

（1）电梯的配置应方便残障乘客使用。

（2）电梯的操作装置应易于识别，便于操作。

（3）当车站发生火灾时，电梯接收到消防指令后应能自动运行到设定层，并打开电梯轿门①和层门。

（4）电梯轿厢内应设有专用通信设备，保证内部乘客与外界的通信联络。

（5）电梯轿厢内应设视频监视装置。

（6）电梯应具备停电紧急救援功能。

（7）电梯井道内不应布置与电梯无关的管线。

二　自动扶梯技术规范

1. 自动扶梯常用规范

（1）《自动扶梯和自动人行道的制造与安装安全规范》（GB 16899—2011）。

---

①　本书根据 GB/T 10058—2023 等规范用词，选择使用"轿门"不用"轿厢门"。

（2）《城市轨道交通工程项目建设标准》（建标104—2008）。

（3）《城市轨道交通工程项目规范》（GB 55033—2022）。

（4）《低压配电设计规范》（GB 50054—2011）。

（5）《电力工程电缆设计标准》（GB 50217—2018）。

（6）国际电工委员会（IEC）标准。

2. 与自动扶梯相关的规定

（1）地铁车站应采用公共交通型自动扶梯和自动人行道。

（2）事故疏散用自动扶梯,应按一级负荷供电。

（3）自动扶梯和自动人行道连续运行时间,每天不应少于20h,每周不应少于140h,每3h应能以100%制动载荷连续运行1h。

3. 对自动扶梯的站厅层公共区布置要求

（1）车站内自动扶梯位于付费区,乘客通过自动扶梯在站厅与站台之间乘降。

（2）自动扶梯选用重载公共交通型,倾角30°,站内选择室内型。

（3）当提升高度大于6m时设上行扶梯,大于10m时设上、下行扶梯。为提高服务标准,国内新建车站多数均设有下行扶梯。

（4）自动扶梯在车站内以上、下工作点为距离定位。工作点前方8m范围内不得有障碍物,当与楼梯对布时,间距要求大于12m。

图1-18　车站出入口提升高度超过15m时加设备用扶梯

（5）出入口自动扶梯位于车站出入口内。除承担车站乘客站厅到地面的乘降外,还兼顾市政过街功能。当提升高度大于6m时设上行扶梯,大于10m时设上、下行扶梯。当提升高度超过15m时,建议加设备用扶梯(图1-18)。

4. 车站自动扶梯设计的主要原则

（1）车站站台设置的自动扶梯数量和人行楼梯宽度的通过能力,应根据该站远期超高峰小时客流量确定,并具有乘客紧急疏散能力。

（2）在紧急情况下,上行扶梯能继续上行参与疏散。

（3）扶梯布置应避开结构变形缝。

（4）采用重载型。

5. 自动扶梯的主要参数

（1）载荷条件为在任何3h间隔内,持续重载时间达1h。

（2）运行条件:全年365d,每天连续运行20h。

（3）额定速度:$v = 0.65 \text{m/s}$,维修和节能速度为0.1～0.15m/s,采用全变频或旁路变频。

（4）梯级宽度:1m。

（5）倾斜角度:30°。

（6）输送能力:7300人/h。

(7)上、下端部水平梯级数量:上端4块、下端3块。导向行程水平段距离应分别为上端1.6m、下端1.2m。

(8)整机寿命:40年。

课后思考

1.电梯的常用技术规范有哪些?请列举出3个。

2.《地铁设计规范》(GB 50157—2013)对电梯的要求有哪些?

3.自动扶梯的设计原则有哪些?

◇ 知识点二　地铁车站电梯及自动扶梯的应用和发展

一　概述

地铁是城市交通的重要载体,电梯、自动扶梯系统是城市轨道交通系统的一个重要组成部分,每天担负着运送大量乘客的任务。电梯、自动扶梯系统作为地铁车站内疏散乘客的重要工具,对客流的及时疏散和满足乘客对乘降舒适度的需求起到了至关重要的作用。电梯、自动扶梯系统由电梯、自动扶梯及楼梯升降机组成。车站应根据预期客流量及提升高度配备足够数量的上、下行自动扶梯,以保证车站的正常运作。为保证残疾人乘客或其他行动不便者(如携带大型行李人员)的正常出行,车站内还应设置电梯、楼梯升降机,以满足特殊人群的需要。

电梯是以电动机为动力的垂直升降机,装有箱状吊舱,用于多层建筑乘人或运载货物。自动扶梯以台阶式踏步板装在履带上连续运行,主要设置于站厅与站台间/出入口。楼梯升降机是设置于出入口与站厅间,方便行动不便的乘客乘坐的电梯。电梯、自动扶梯属于特种设备,直接面对乘客,是地铁车站乘客经常使用的交通工具。自动扶梯作为地铁车站内集散乘客的主要运输工具,可以将乘坐地铁的乘客安全、快捷、舒适地送入或送出车站,是地铁车站建筑设计中非常重要的一个环节。

自动扶梯作为主要的大运载工具,有效地满足了地面至站厅、站厅至站台不同高程间乘客的乘降需要,改善了乘客乘车条件,提高了乘车舒适度。

二　电梯及自动扶梯的革新方向

当前技术发展日新月异,地铁车站电梯及自动扶梯的主要革新方向如下。

1.节能优化

电梯和自动扶梯作为人员、设备垂直运输的主要工具,能耗一直是运营费用的管理重点,技术发展主要体现在以下几方面。

1)机械方面——节能

(1)采用新型材料,可以大大减轻自动扶梯的自重。

(2)采用斜齿轮或星齿轮等新型传动技术来代替传统的蜗轮蜗杆传动。

（3）我们也要清醒地认识到，机械传动发展已经非常成熟，所能够获得的节能效果有限，因此，现在很大一部分节能效果是通过电气方面的改进获得的。

2）电动机星角自动变换

自动扶梯在以星形接法启动时，不再是根据时间原则切换成三角形接法运行，而是在检测到有乘客在使用自动扶梯之前，一直都是在星形接法下运行，如果有乘客使用自动扶梯，就会自动切换成三角形接法运行；如果自动扶梯上没有乘客，就会自动切换成星形接法运行，进行不断的循环往复。根据测算，电动机三角形接法运行方式如果改为星形接法运行方式，能够节省30%的电能，但缺点是不能减少机械磨损，而且需要加装人员探测传感器。

3）自动启停

自动启停是在自动扶梯的控制柜中加装附加的检修控制盒，附加检修控制盒主要由PLC主控器、自动扶梯入口传感器等组成，通过检修控制盒对人工操作自动扶梯的启动与停止进行模拟。当有人乘梯时就会自动启动；若无人乘梯，在经过一段足够的时间（至少为预期乘客输送时间加10s）后，自动扶梯会自动停止运行。自动启停理论上空载时的节能效果能够达到100%，但是这种方法的缺点在于频繁启停会使电气与机械系统承受过多的冲击并产生过多的噪声，使得自动扶梯本身的机械磨损增加，并且这种方法不适用于11kW以上电动机的频繁启动。这是因为启动时所产生的启动电流过大会对电网产生影响，并且这种方法不但不能延长自动扶梯机械系统的使用寿命，反而会缩短自动扶梯的使用寿命。需要注意的是，在使用这种方法时必须在入口处设置清晰可见的提示标志。

2. 变频伺服技术

通过变频驱动装置不仅能够获取良好的节能效果，还能够保持良好的速度、位置和力矩控制等运行性能。这里所说的变频驱动装置指的是高性能的变频器。变频器在主电路中的使用方法与其他电子变流装置基本相同，在不同运行模式下的切换原则与其他电子变流装置的切换原则也是相同的。因为采用变频器，所以能够较容易地通过极低的频率、电压给电动机供电，这样能让自动扶梯在空载时以非常低的速度"蠕动"运行；如果是轻载，变频驱动装置可以进行降压节能运行。通过变频器的使用，自动扶梯能够以"蠕动＋降压"的运行方式在空载与轻载的情况下提高运行效率。

驱动电动机主要有交流异步电动机和直流电机两种。交流异步电动机由于转速较高、调速和位置控制复杂，必须带有链传动、带传动或齿轮传动等中间减速传动机构，以达到减速的目的。因此，机构复杂、维修困难、噪声大，并且效率低，减速性能也差。直流电机虽然调速方便，但仍需要多级复杂的传动机构将旋转运动转换成直线运动，转换过程中能量损失较严重，不仅结构复杂、成本高，而且维修比异步电动机困难。因此，借鉴数控机床传动系统，用交流伺服电动机作为电梯门机驱动电动机，用滚珠丝杠作为电梯门机传动机构的新型驱动方案，各项性能基本满足电梯门机的要求，运行精度较高、可靠性好、响应快。

3. 接口管理

随着地铁集中控制要求的日益提高，电梯、自动扶梯系统与地铁车站其他相关设备的协同配合也越发重要。从单个设备就地控制到远程控制、车站一体化控制、线路控制乃至轨道交通网络控制和管理,接口管理一直是技术发展的重点。

电梯、自动扶梯系统的相关接口主要有以下几个:

(1)与环境与设备监控系统(Building Automatic System,BAS)的接口。BAS 监测电梯、自动扶梯系统的运行状态,但不进行控制。

(2)与通信系统的接口。

①电梯轿厢内安装求救电话或可与车站综控室通话的紧急对讲装置。

②电梯轿厢内安装监视摄像头,可在车站综控室或控制中心进行视频观察。

③楼梯升降机具有连接到对讲主机和各个分机的视频对讲系统。

(3)与 FAS 的接口。

①电梯。在火警情况下可控制所有电梯自动返回基站。

②自动扶梯。当监测到火警信号后,可根据视频监视系统确定此时扶梯是否载有乘客。当扶梯上无乘客时,通过急停开关发出停梯指令,扶梯接到指令立即停梯。

课后思考

1.电梯及自动扶梯节能优化有哪些方法?请列举出 3 种。

2.地铁车站电梯、自动扶梯系统的常用接口有哪些?

模块二

自动扶梯的运行与维护

理论单元　自动扶梯基础知识

教学引导

本单元主要以地铁车站自动扶梯为教学对象,讲解自动扶梯的主要参数、使用环境、机械电气结构和安全系统,介绍自动扶梯的基础操作。

学习目标

(1)了解自动扶梯的构造和原理。

适用岗位:电梯维修工初级工。

(2)熟悉地铁车站自动扶梯的控制方式。

适用岗位:电梯维修工初级工。

(3)掌握自动扶梯的日常巡检内容。

适用岗位:电梯维修工初级工。

◇ 知识点一　自动扶梯主要参数

一　概述

地铁车站使用的是重载型自动扶梯,是一种主要用于大客流公共交通系统的自动扶梯。重载型自动扶梯的特点是能够在高频率重载使用条件下或恶劣的交通环境中,提供安全、可靠的服务。

　　重载型自动扶梯能够有效降低维护成本,提高乘客搭乘时的安全性、满意度和便利性。重载型自动扶梯在性能上不仅有制动距离的要求,而且有制动减速的规定,还对运动制动和噪声有较高的要求;同时有明确的防火指标,并具有火灾状态下的稳定性。

　　自动扶梯主要设备寿命要求如下:

　　(1)40年内能正常工作的部件:桁架。

　　(2)25年内能正常工作的部件:驱动主机、梯级、梯级链、主驱动轴、梯级链张紧装置、导轨、导轨支架、扶手带驱动装置、电缆。

　　(3)12年内能正常工作的部件:梯级链滚轮、梯级滚轮。

　　(4)10年内能正常工作的部件:微机板、变频器。

　　(5)8年内能正常工作的部件:扶手带。

　　(6)对全露天工作的室外梯,梯级链、主驱动轴、梯级链张紧装置、导轨、扶手带驱动装置的工作寿命允许有合理的降低。

二　设备本体主要参数要求

1. 载荷

　　一般自动扶梯以80%的制动载荷作为额定载荷计算电动机的功率,最大载荷运行的连续时间为0.5h;重载型自动扶梯则以100%的制动载荷作为额定载荷计算电动机功率,允许自动扶梯以制动载荷连续运行。

2. 强度设计

　　(1)重载型自动扶梯的桁架挠度一般要求不大于支承距离的1/1500。我国香港地铁采用1/2000的桁架,也有的地铁采用1/2500的桁架。其主要目的是提高桁架的工作寿命,扶梯在大修时不需要更换桁架。

　　(2)一般自动扶梯所有驱动元件按$5000N/m^2$静力计算的安全系数不应小于5,而地铁车站使用的重载型自动扶梯要求梯级链、驱动链、扶手带驱动链的安全系数不小于8。

3. 安全

　　(1)为了提高人员进出扶梯时的安全性,在结构几何尺寸上,重载型自动扶梯采用比较长的水平移动段、比较大的倾斜段至上下水平段的曲率半径。

　　(2)除《自动扶梯和自动人行道的制造与安装安全规范》(GB 16899—2011)规定的保护外,还应增设扶手带断带保护、梯级运行安全保护等安全保护装置。同时,对附加制动器、超速检测等装置增加功能要求,以使自动扶梯具有更高的安全性。

　　不同场合自动扶梯本体主要参数要求见表2-1。

不同场合自动扶梯本体主要参数要求 表2-1

参数	商用型自动扶梯	公共交通型自动扶梯	公共交通型重载自动扶梯
电机功率	小	大	大
空载制动距离(m)	0.2～1	0.3～1.3	0.3～1.3

续上表

参数	商用型自动扶梯	公共交通型自动扶梯	公共交通型重载自动扶梯
制动器(个)	1	2	2
扶手护板	玻璃	不锈钢	不锈钢
扶手带结构	U形	U形	推荐采用T形
负载条件	持续载重时间,3h中有0.5h满载		3h中有1h满载
寿命(年)	没有规定		40
额定速度(m/s)	0.5	0.5~0.65	0.65~0.75
水平梯级数量(块/级)	2	3	上4/下3(4)
桁架挠度	≤1/2500	≤1/1000	≤1/1500
防锈措施	油漆	油漆或热镀锌	热镀锌
导轨 R(mm)	上1000/下1000	上2600/下2000	上2600(10m以上3500)/下2000
梯级链滚轮(mm)	ϕ76(内置)	ϕ76(内置)	ϕ100(外置)
安全系数	5	5	8

三 土建环境参数要求

地铁车站自动扶梯应采用公共交通型重载自动扶梯,站内选择室内型自动扶梯。自动

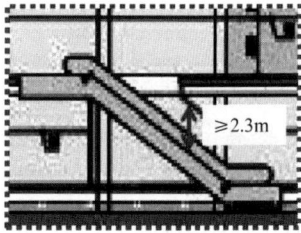

图2-1 自动扶梯的踏面至顶部建筑物底面垂直净高度示意图

扶梯应采用30°倾角,梯级有效宽度为1m,输送速度宜采用0.65m/s,上、下两端水平运行梯级数不得少于3块平梯级。用于事故疏散的自动扶梯,应采用一级负荷供电。

自动扶梯的踏面至顶部建筑物底面垂直净高度不应小于2.3m,如图2-1所示。

1. 自动扶梯布置的有关规定

自动扶梯布置示意图如图2-2所示。

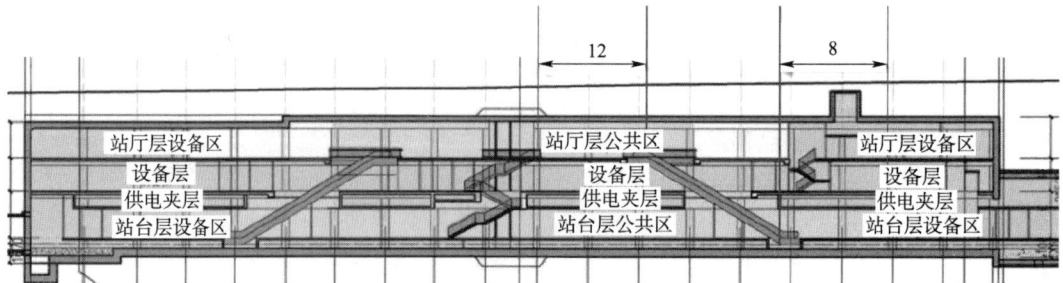

图2-2 自动扶梯布置示意图(尺寸单位:m)

(1)自动扶梯相对布置时,两自动扶梯工作点间距离不小于16m。

(2)自动扶梯工作点至前面影响通行的障碍物的间距不得小于8m。

（3）自动扶梯与楼梯相对布置时，自动扶梯工作点至楼梯第一级踏板的间距不得小于12m。

2. 自动扶梯设置

（1）当车站出入口的提升高度超过6m时，应设上行自动扶梯；当车站出入口的提升高度超过12m时，应考虑上、下行均设自动扶梯。出入口的自动扶梯除承担车站乘客站厅到地面的乘降外，还兼顾市政过街功能。

（2）站厅与站台间应设上行自动扶梯，高差超过6m时，上、下行均应设自动扶梯（图2-3）。站内自动扶梯位于付费区，乘客通过自动扶梯在站厅与站台间乘降，为提高服务标准，国内多数地铁车站均设上下行扶梯。

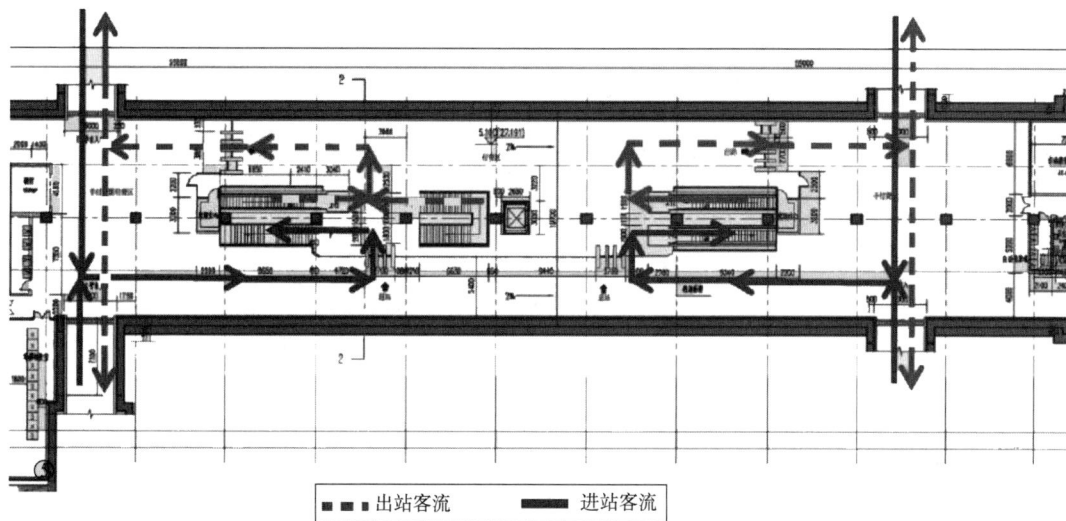

■■■ 出站客流　　　━━━ 进站客流

图2-3　地铁车站内扶梯设置图

自动扶梯的设置应参考提升高度（H，单位为m）而定。其中，当$12m < H \leq 19m$时应设置上下行自动扶梯；当$H > 19m$时，还要有备用扶梯。

自动扶梯设置原则见表2-2。

自动扶梯设置原则　　　　　　　　　　　　　　　　　　　表2-2

提升高度（m）	上行	下行	备用
$H \leq 6$	自动扶梯	—	—
$6 < H \leq 12$	自动扶梯	△	—
$12 < H \leq 19$	自动扶梯	自动扶梯	△
$H > 19$	自动扶梯	自动扶梯	自动扶梯

注："△"表示重要的车站也可设置自动扶梯。

课后思考

在地铁车站，自动扶梯设置在哪里？

◇ 知识点二　自动扶梯机械构造

自动扶梯的整体结构(图2-4)主要由支承部分(包括桁架)、驱动系统(包括驱动装置)、运载系统(包括梯级、梯级链、导轨、梳齿板等)、扶手系统(包括扶手带、扶手带驱动装置、扶手转向端、护栏、围裙板等)、电气控制系统(包括控制器、控制开关、速度监控显示器、围裙板照明)和安全保护系统(包括扶手带入口保护装置、梯级运行保护装置等)组成。

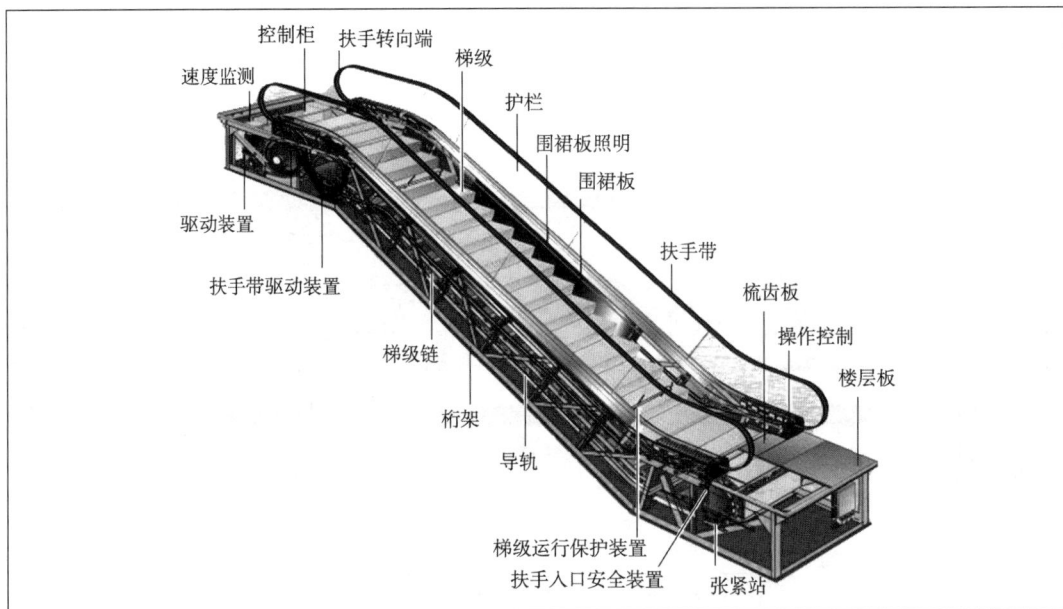

图2-4　自动扶梯的整体结构(部分结构未标示)

下面就重要的构造展开介绍。

一　桁架

桁架(图2-5)是自动扶梯的支承结构。桁架是自动扶梯其他构件的载体。桁架按照自动扶梯的设计至少分为3段;根据提升高度的不同,需要再分段。自动扶梯桁架具体分段情况如图2-6所示。此外,由于每个地铁车站的埋深不同,自动扶梯的提升高度也不同,特别是在一些换乘站,提升高度很大。另外,还要求有额外的土建支承结构,即中间支承,用于承担自重和乘客载荷,几何空间上将建筑物两个不同层高的楼面和不同的部分连接起来。桁架要求具有不低于40年的工作寿命,在紧急情况下作为固定楼梯使用时,必须能承受人员在梯级上奔跑的冲击。因此,桁架必须具有很高的强度、刚度和耐蚀性。重载型自动扶梯一般要求桁架挠度不大于支承距离的1/1500。

桁架的主要材料为碳素结构钢,连接方式主要是焊接。焊接时,必须采用连续双面焊,以保证焊缝的强度,防止桁架在工作中发生焊缝开裂。此外,连续双面焊还能保证焊缝完整密闭,防止型材搭接部分发生锈蚀。

图 2-5 自动扶梯桁架

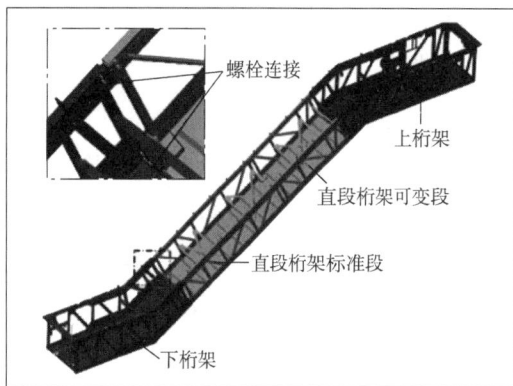

图 2-6 自动扶梯桁架具体分段情况

桁架焊接完成后,采用耐蚀性能优良的整体热镀锌。锌层厚度不小于 100μm。热镀锌层与钢构件之间有一个合金层,因此,热镀层具有很强的结合力。镀锌工艺完成后,不允许采取火焰校正等对桁架有损伤的校正方法,并且不允许在镀锌后的桁架上加焊任何机件,以防破坏锌层。

重载型自动扶梯一般配有专用的清扫工具,用于清扫桁架内的垃圾。清扫工具安装在其中一个梯级位置上(梯级上),以梯级的运行来清扫桁架内的垃圾。

地下车站由于空间小,特别是在进入地下通道时需考虑通道的转角,对桁架的长度有限制,一般不具备整梯运输、吊装和安装的条件。因此,自动扶梯在工厂完成组装后需要做分段。一般上桁架、下桁架各一段,中间桁架根据需要分成一段、两段或三段。分段运输时,还需要考虑运输台车的高度,其运输总高度不能超过隧道的高度。

二 驱动装置

驱动系统是自动扶梯的核心系统,由驱动主机、主驱动轴、主驱动链、扶手带驱动链、扶手带驱动轴、工作制动器、辅助制动器等组成,如图 2-7 所示。

重载型自动扶梯一般采用端部驱动型电动机。驱动主机(图 2-8)安装在自动扶梯的上端部机房中,通过驱动链条或齿轮组向主驱动轴传递动力。其中,驱动链条是自动扶梯传统型结构;由于齿轮组传动不存在断链的可能性,安全性更高。

图 2-7 自动扶梯的驱动装置

图 2-8 安装在自动扶梯的上端部机房中的驱动主机

重载型自动扶梯都采用连续工作制的封闭式笼型感应电动机,对该电动机一般有如下技术要求。

1. 转差率

电动机的转差率应不大于 4%,且具有较硬的机械特性。由于存在客流高峰时段,一天中的载荷变化比较大,如采用较小转差率的电动机,在载荷变化的情况下,扶梯的运行速度不会发生明显变化。

2. 功率因素与传动效率

电动机的功率因素应不小于 0.8,传动效率应不小于 90%(采用不低于 IE2 能效等级的电动机)。

3. 绝缘等级

电动机应采用 F 级绝缘等级。此时,电动机具有良好的绝缘保护,最高允许温度为 155T,能适应复杂的运行环境。

4. 外壳保护等级

一般要求室内梯外壳保护等级不小于 IP54,室外梯不小于 IP55(电动机的端子保护等级应不小于 IP65)。

IP54 等级的电动机能防止灰尘进入,并可防止任何方向的溅水。

IP55 等级的电动机能防止灰尘进入,并可防止任何方向的喷水。由于室外梯是按露天工作设计的,电动机的防水需要考虑大雨和暴雨。虽然并不是全部室外梯都是露天工作的,但必须考虑两方面:一方面,出入口的棚盖不能在大雨或暴雨时完全挡住雨水;另一方面,在地铁建设中,具体某一个出入口是否有棚盖具有不确定性。

重载型自动扶梯减速器一般采用蜗轮蜗杆传动,结构简单、造价较低,但传动效率低,一般在 80% 左右;全齿轮传动效率可在 95% 左右,传动效率提高了 10% 以上,具有可观的节能效果,得到了广泛使用。

重载型自动扶梯一般采用弹性联轴器(又称弹性自位式联轴器),允许电动机轴与减速器输入轴之间有少量综合位移,装配和维修方便,并能在传动中吸收振动和冲击,因此得到了广泛使用。

大多数重载型自动扶梯采用驱动链作为主机与主驱动轴之间的传动部件。这是一种简单、传统的结构,但存在驱动链断裂的风险,也是安全管理的重点。因此,近年来在一些重载型自动扶梯上尝试用齿轮传动替代滚子链,以消除链条断裂的风险。

三 运载系统

运载系统由梯级、梯级链、楼层板和梳齿板等组成,其功能是运送乘客。

1. 梯级

自动扶梯梯级(图 2-9)是一种在桁架上循环运行、供乘客站立的部件,是直接与乘客接触的运动部件,是乘客站立的移动平台。它是一种特殊结构形式的四轮小车,有两只主轮和两只辅轮,主轮的轮轴与牵引链条铰接在一起,而辅轮的轮轴不与牵引链条链接。梯级具有耐磨防蚀的特点,通常由铝合金锻压铸制而成。梯级高度应不小于$0.24m$,深度应不小于$0.38m$。

(1)梯级踏板:梯级上供乘客站立的地方。

(2)梯级踢板:梯级的垂直部分。

(3)梯级安全标志线:梯级两侧的黄线,用来警戒正确的站立区域,防止乘客接触围裙板而被绊倒。

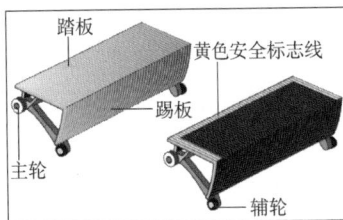

图2-9　自动扶梯梯级

2.梯级链

梯级链是指位于自动扶梯两侧的链条,连接梯级并由梯级链轮驱动。梯级链将主机的动力传递给梯级,使梯级沿着导轨运动,如图2-10所示。

3.楼层板及梳齿板

(1)楼层板:具有防滑图案的可拆卸钢板,通常位于登梯和出梯区域的自动扶梯桁架结构上方。

(2)梳齿板(图2-11):楼层板上安装梳齿的部分。

(3)梳齿:带有梳齿的部分或钢板,在登梯和出梯区域与踏板齿啮合,防止乘客的手指、脚或其他异物被夹到移动梯级和楼层板之间。

a)

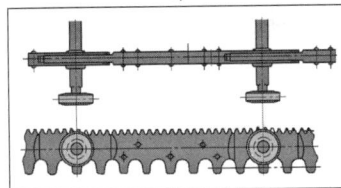

b)

图2-10　自动扶梯梯级链

四　扶手系统

扶手系统主要由扶手带、扶手带驱动装置(图2-12)等组成。扶手系统主要供乘客乘坐扶梯时扶手用,同时起到护栏的作用。

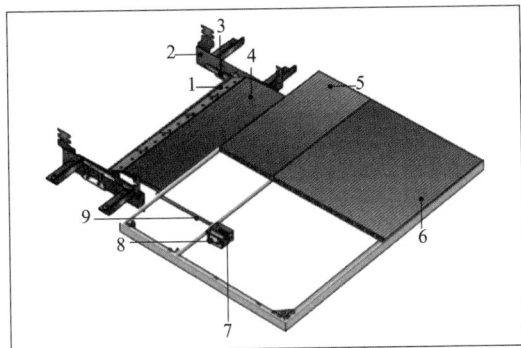

图2-11　梳齿、梳齿板和固定梳齿板

1-梳齿;2-梳齿板支架;3-梯级导向;4-可移动梳齿板;5-固定梳齿板(前沿板);6-盖板;7-压缩弹簧;8-安全开关;9-推杆

图2-12　扶手带驱动装置

扶手带是供乘客扶手的运动部件。扶手带的速度一般比梯级的速度稍快（0%～2%）。扶手带必须用高强度、在使用中几何形状稳定、耐老化及具有阻燃性的材料制成。扶手带破断力应不小于2500N。扶手带应采用在工厂接驳好的成品，并提供本批扶手带的强度证明。扶手带的接驳处是强度薄弱点，因此，在做破断试验时应选择接驳处。

扶手系统还包括不锈钢扶手装置，具体包括护壁板、围裙板和内外盖板等，如图2-13所示。

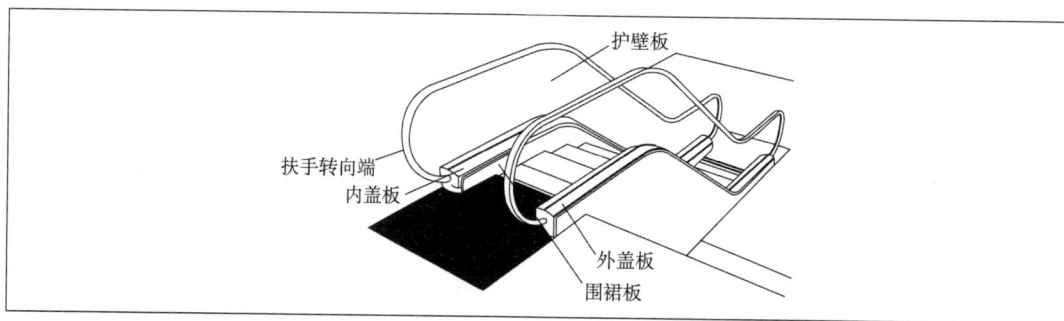

图2-13　扶手系统其他装置

课后思考

请标注出图2-14中自动扶梯各部分结构的名称。

图2-14　自动扶梯的整体结构

1-_____;2-_____;3-_____;4-_____;5-_____;
6-_____;7-_____;8-_____;9-_____;10-_____

◇ 知识点三　自动扶梯电气系统

自动扶梯运行时状态变化不多，但由于它是运送人的设备，因此设计中首先应考虑系统是否安全及部件异常时是否可以防止事故的发生，在确保安全的前提下，再进行功能设计。电气控制系统由控制柜、控制按钮、电气元件等组成，它主要具有对电动机实行驱动控制、对

运行实行安全监测和安全保护、对关停和运行方式实行操控等功能,具体如下:

(1)给自动扶梯供电。

(2)控制自动扶梯的运行速度、运行方向及停止。

(3)监测异常事件,及时使自动扶梯停止。

(4)与其他设备和系统一起控制自动扶梯的状态或者接受远程控制。

(5)控制自动扶梯的检修操作。

(6)控制自动扶梯的照明。

(7)早期自动扶梯采用继电器控制,系统稳定可靠,但是功能单一。目前自动扶梯都采用微机 + PLC 的控制模式。

一 电动机驱动

按电动机的驱动方式可将自动扶梯的电控系统分为直接驱动方式和变频驱动方式两种。

1. 直接驱动方式

通过接触器,将电网的 380V 电源直接接入电动机进行扶梯驱动。在直接驱动方式下,自动扶梯只能以额定速度运行。

2. 变频驱动方式

通过变频器对电动机进行速度控制。在变频驱动方式下,自动扶梯可以以多种速度运行。例如,在无人的时候以节能速度运行,以达到节能的目的。

二 安全回路

自动扶梯是直接面向乘客的设备,直接关系到乘客的安全。自动扶梯有很多安全装置,将这些安全装置串接在一起,就形成了自动扶梯的安全回路,也就是安全保护系统。它可以直接对自动扶梯的电动机、接触器电源进行控制。即使控制微机出现了问题,系统也能安全制动。安全保护系统的作用是当自动扶梯处于不安全状态时,使其自动停止。最常见的安全保护系统有主驱动链破断保护、扶手带入口保护、梯级链安全保护、梳齿板安全保护、防逆转保护、急停按钮等。自动扶梯的电气安全装置如图 2-15 所示。

1. 制动系统

自动扶梯应设置制动系统,该制动系统使自动扶梯和自动人行道有一个接近匀减速的制停过程直至停机,并使其保持停止状态。制动系统在使用过程中应无故意延迟,同时《自动扶梯和自动人行道的制造与安装安全规范》(GB 16899—2011)对制动系统的电路有相关要求:供电中断应至少由两套独立的电气装置来实现,这些电气装置可以是切断驱动主机供电的装置。当自动扶梯或自动人行道停机时,如果这些电气装置中的任何一个未断开,自动扶梯就不能重新启动。

2. 附加制动器

不论自动扶梯的提升高度为多少,都应有附加制动器。附加制动器的结构应保证在单独制动自动扶梯时，重载下行的自动扶梯能可靠制停上行的自动扶梯，在制停前不会出现倒转。在自动扶梯提升高度超过 6m 时，或在公共交通型自动扶梯中，必须按照《自动扶梯和自动人行道的制造与安装安全规范》（GB 16899—2011）的要求设置附加制动器。附加制动器是在主制动器外设置的一个紧急制动器，在工作制动器失效或特别需要时制停自动扶梯。

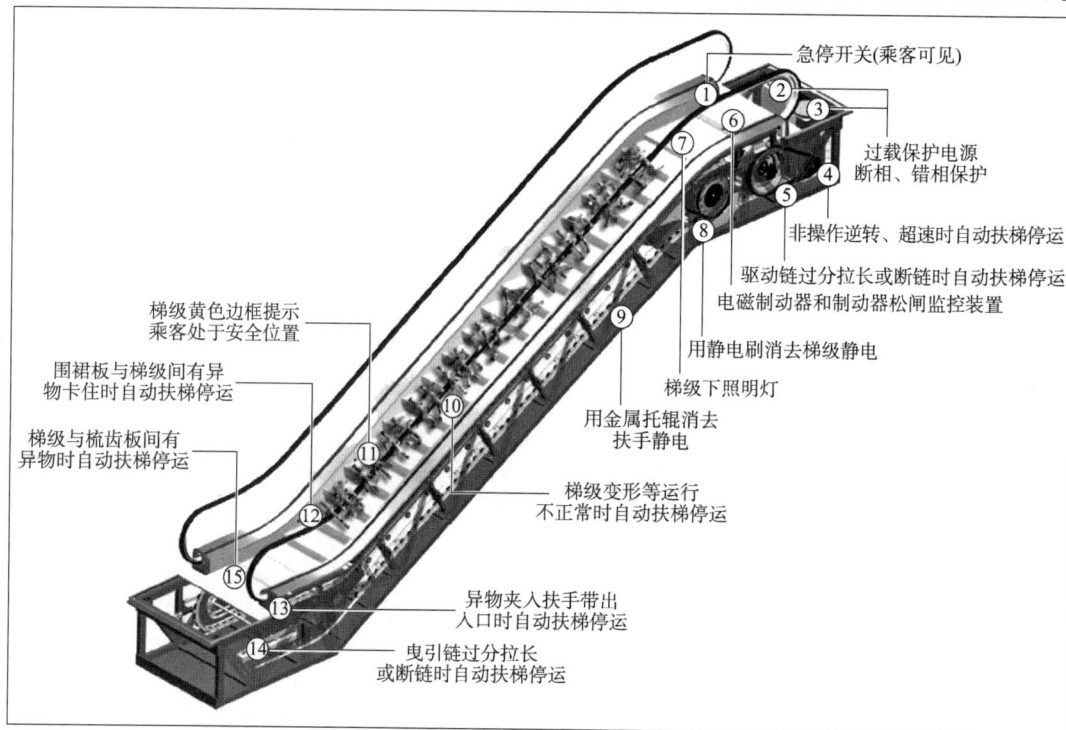

图 2-15　自动扶梯的电气安全装置

附加制动器在下列任意一种情况下都应起作用：

（1）在实际速度超过名义速度 1.4 倍之前。

（2）在梯级、踏板或胶带改变其规定运行方向时。

（3）驱动链断裂时（因为此时主制动器即使动作也不起制动的作用）。

一般情况下，附加制动器并不和主制动器一起动作（除上述三项外），这样可以避免自动扶梯减速度过大，造成乘客受伤。

3. 超速保护装置

从安全的角度出发，应考虑配置超速保护装置。当自动扶梯超速至 1.2 倍时，工作制动器动作；当自动扶梯超速至 1.4 倍时，附加制动器动作。其目的是防止自动扶梯在发生驱动链断裂、电动机损坏等情况时超速下滑。

4. 意外逆转保护

从安全的角度出发，应考虑配置意外逆转保护装置。在自动扶梯速度降低至额定速度的 20% 时，工作制动器动作；当自动扶梯逆转方向运行时，在速度为 0 前，附加制动器动作。即使扶手带的破断力大于 2500N，也应配置安全保护装置；当扶手带发生破断时使扶梯停止运行。

5. 扶手带速度检测装置

对于重载型自动扶梯,由于其客流大、速度快、提升高度大,配置扶手带速度检测装置,以控制扶手带的速度偏差是十分必要的。当扶手带速度超出允许偏差2%时,应发出报警信号;当扶手带速度超出设定值时(可设定为 −5% ~ +5%,并持续5s以上),停止自动扶梯运行。

6. 围裙板安全保护

由于围裙板与梯级间存在缝隙,必须防止脚或裤子被夹入缝隙。虽然在围裙板后面安装有围裙板开关,但这个开关只是安装在自动扶梯上下转弯处。当两对开关之间的距离超过10m时,才在倾斜段加装一对,但开关只能保护有限的位置,一旦在远离开关的地方被夹,开关就起不到保护作用了。因此,必须在围裙板上安装毛刷等作为防护,防止乘客无意接触围裙板。

三 常用设备介绍

1. 钥匙开关

钥匙开关的主要作用是正常启动和停止自动扶梯,因此,一般的钥匙开关配有上行和下行的操作指引。为了提高安全性,有的厂家的钥匙开关还带有警鸣器。自动扶梯钥匙开关设置在自动扶梯的上下端部,由专人进行操作。一般的钥匙开关是弹簧式的自复位开关,有以下两种:

(1)自动复位型:当钥匙旋到指定位置后,自动回复关断状态,对于电信号而言,输出的是脉冲信号。

(2)锁定型:当钥匙旋到指定位置后,保持开通状态,对于电信号而言,输出的是电平信号。

2. 急停按钮

急停按钮位于自动扶梯两端出入口处的围裙板上(图2-16),乘客在遇到紧急情况时,可按下急停按钮,制停自动扶梯。按照《自动扶梯和自动人行道的制造与安装安全规范》(GB 16899—2011)的要求,在自动扶梯的两端必须设置一个急停装置,装置之间的距离不应超过30m。也就是说,在高扬程的自动扶梯上,如果两端的距离超出了上述要求,需要在自动扶梯中部增加一个急停按钮。

图2-16 急停按钮

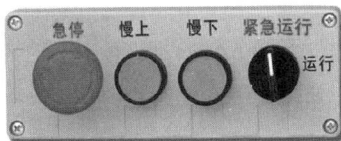

3. 检修控制盒

检修控制盒(图2-17)用于有维修速度配置的自动扶梯,由维修人员在检修时对自动扶梯实行操控。桁架内设两个检修控制盒插座,上、下水平段各设一个,当插入检修控制盒时,自动扶梯上的钥匙开关将失效,自动扶梯只能由检修

图2-17 检修控制盒

控制盒进行操纵。

（1）检修控制盒盒体上的4个按钮。

检修控制盒盒体上有4个按钮，分别是"急停""慢上""慢下"和"运行"，其中后3个按钮是自动复位式按钮开关。按下"运行"与"慢上"（"慢下"）按钮，便能使自动扶梯以维修速度运行。"急停"按钮是符合《机械安全　急停功能　设计原则》（GB/T 16754—2021）要求的安全触点，是非自动复位的，按下后自动扶梯不能启动，只有将其手动复位后，才能使用其他3个按钮让自动扶梯以维修速度上行或下行。

（2）检修控制盒与操作开关的相互制约关系。

为保证自动扶梯维修时的安全性，检修控制盒与操作开关不能同时使用，并有如下制约关系：

①当检修控制盒插上时，自动扶梯只能用检修控制盒操纵，操作开关失效。

②当自动扶梯上两个检修控制盒插座都插上检修控制盒时，两个检修控制盒同时失去作用。

4. 限位开关

在自动扶梯上，一般的安全开关都会使用限位开关，其主要的选型参数有额定电流、额定电压、操作行程、动作力等。限位开关既属于机电部件，又属于安全部件，因此，其在电气、机械等方面的配合都要仔细确认。如果用在室外，限位开关需要采用较高的外壳防护等级，一般选择 IP65 以上的防护等级比较合适。

5. 检修插座

检修插座有以下两种：

（1）检修操作用的插座：室外自动扶梯的检修操作用的插座，由于需要防水，其插座是有盖的。检修操作用的插座专用于检修控制盒。

（2）检修电源用的插座：在自动扶梯中，一般会提供 10A 的检修电源（220V），该检修电源与自动扶梯的动力电源通过两个不同的断路器分别控制。

6. 人员探测器

大部分自动扶梯是通过漫反射型光电传感器或压电电缆传感器进行有无乘客探测的，传感器类型有以下两种：

（1）漫反射型光电传感器。该类型传感器属于自发自收类型，传感器发出红外线，经物体反射后返回传感器，通过该方式进行乘客探测。漫反射型光电传感器的探测范围较大，其探测距离是可调的，在自动扶梯上一般有效水平距离设置约为 1500mm，有效高度约为 650mm。当人体进入这个范围时，缓慢行驶的自动扶梯开始加速。在人员达到梳齿与踏板相交线时，自动扶梯应以不小于额定速度 0.2 倍的速度运行，然后以不小于 $0.5m/s^2$ 的速度加速。

（2）压电电缆传感器。压电电缆传感器安装在楼层板下面，当有乘客走上楼梯板时，传感器受到压力产生信号。这种传感器反应比较灵敏，不受光线和灰尘的影响。

课后思考

自动扶梯设置哪些电气安全装置？（至少列举出6个）

◇ 知识点四 自动扶梯安全保护装置

自动扶梯是与人有接触的运输机器,可能发生的安全事故涉及两方面的人员:乘客和操控者(如安装、调试、维修等人员)。针对可能发生的安全事故,自动扶梯除在结构设计上提高安全性外,还设置了各种安全保护装置,并以电气控制的方式对自动扶梯的运行实行安全控制。安全保护(监测)装置和电气安全设计构成了自动扶梯的安全系统。

《自动扶梯和自动人行道的制造与安装安全规范》(GB 16899—2011)中列出了重大危险清单,并提出了相应的安全措施。通过风险评估的方法,识别出涉及人员的所有重大危险、危险状态和事件。

一 四类核心安全问题

重大危险清单较全面地覆盖了自动扶梯上的各种安全风险,包括机械危险、电气危险、辐射危险、火灾危险等。建立自动扶梯安全系统主要就是围绕这些安全风险制定措施,达到监控、消除或减少危险的目的。通过进一步对这些自动扶梯中的重大危险进行深入的分析和总结,可以归纳出自动扶梯中最典型的四类核心安全问题,即惯性滑行失控、挤夹、跌倒及坠落。因此,透彻地研究自动扶梯中这些安全问题的机理,对自动扶梯整体安全设计及使用有着重要的意义。为此,有必要针对这类安全问题做进一步论述。

1. 惯性滑行失控

惯性滑行失控是指自动扶梯处于制动失控状态,或梯级在载荷作用下处于自由下滑状态。通俗地讲,就是当自动扶梯系统或部件发生异常情况时,制动功能不起作用,使站立在梯级上的乘客,或由正常上行变成向下逆行,或由正常下行变成超速向下滑落,使乘客失去重心而发生跌倒、互相踩踏和堆叠,甚至造成严重伤亡。

防止惯性滑行失控的主要安全装置有工作制动器、附加制动器、超速保护装置、防逆转保护装置、梯级链保护开关等。

1)工作制动器

工作制动器,也称主制动器,是自动扶梯正常制停时使用的制动器。工作制动器多采用鼓式(又称块式)、带式或盘式设计,一般安装在电动机高速轴上,可使自动扶梯以接近匀减速度停止运转,并能保持停止状态。工作制动器在动作过程中应无故意延迟现象。

工作制动器的制动力必须由有导向的压缩弹簧或重锤产生。工作制动器应不能自激。自动扶梯的工作制动器常使用块式制动器(图2-18)、带式制动器或盘式制动器等。

工作制动器都采用常闭式。所谓常闭式,是指工作制动器在不工作期间是闭合的,即处于制动状态。在自动扶梯运行时,通过持续通电,由释放器将工作制动器释放(或称打开、松闸),使之运转。《自动扶梯和自动人行道的制造与安装安全规范》(GB 16899—2011)对工作制动器有以下三个方面的明确要求:

松闸扳手

a)

制动电磁铁
制动弹簧

制动臂
制动瓦

b)

图2-18　块式制动器

a)不动作

b)动作

图2-19　附加制动器

附加制动器
工作原理

（1）制动载荷规定。规定各种规格自动扶梯在制动时每个梯级上的最大允许载荷。

（2）制停距离规定。根据自动扶梯运转速度的不同,制停距离必须在一定的范围内。例如,名义速度是0.5m/s的扶梯,制停距离要求在0.2～1m范围内。

（3）制动减速度规定。自动扶梯向下运行时,制动器制动过程中沿运行方向的减速度不应大于$1m/s^2$。

2）附加制动器

驱动主机与驱动主轴间的传动元件多使用传动链条进行连接,如果传动链条突然断裂、驱动主机的输出轴或电动机与减速器之间的联轴器发生破断,工作制动器与主驱动轴之间就失去了联系。此时,即使有安全开关使电源断电,电动机停止运转,也无法使自动扶梯停止运行;特别是在有载上行时,自动扶梯将突然反向运转并超速向下运行,导致恶性事故的发生。应对这种情况的方法是:在驱动主轴上装一个机械摩擦式制动器,直接对主驱动轴实行制动。这个制动器称为附加制动器(图2-19)或辅助制动器。(附加制动器工作原理相关资源请扫描二维码)

《自动扶梯和自动人行道的制造与安装安全规范》(GB 16899—2011)规定,自动扶梯在下列情况下应设置附加制动器:

（1）工作制动器与梯级、踏板或胶带驱动装置之间不是用轴、齿轮、多排链条或多根单排链条连接的。

（2）工作制动器没有使用机电式制动器。

（3）提升高度大于6m。

3）超速保护装置

自动扶梯如发生超速,应使其在速度超过名义速度1.2倍之前自动停止。超速只发生在自动扶梯下行时。造成超速的原因有驱动链断链,传动元件断裂、打滑(存在摩擦传动时),电动机失效等,是难以通过自动扶梯结构设计完全避免的问题,因此,自动扶梯一般都需要设置超速保护装置。自动扶梯的超速保护装置有电子式和机械式两种。

4）防逆转保护装置

自动扶梯的逆转是严重事故,轻则使乘客受到惊吓,重则造成伤亡事故。因此,自动扶梯和倾角≥6°的自动人行道应设置防逆转保护装置,使其在梯级、踏板或胶带改变规定运行方向时自动停止运行。

5)梯级链保护开关

梯级链保护开关,又称梯级链张紧开关,通常在梯级链张紧装置的左右张紧弹簧两端部各设置一个梯级链保护开关。当张紧装置的前、后移位超出 20mm 时,自动扶梯自动停止运行。其检测内容包括如下:

(1)梯级链磨损。当梯级链因磨损伸长超出允许范围时,张紧装置后移,间隙减小,触发开关动作,使自动扶梯停止运行。梯级链的异常磨损不仅会导致两个相邻梯级的间隙超过规定的要求,而且会使梯级链的强度下降。如果梯级链发生断裂,将会出现无法制止的下滑,因此,必须对梯级链的伸长加以检测。当梯级链的伸长使相邻梯级间隙超出安全规定时,必须加以更换。

(2)梯级链断裂。当自动扶梯左右两侧其中一条梯级链发生断裂时,张紧装置也会突然后移,使开关动作。一般极少发生两条梯级链同时断裂的情况,当一条梯级链断裂时,自动扶梯尚可实现有效制动,应防止另一条梯级链也发生断裂而使自动扶梯发生恶性下滑。

(3)梯级运动受阻。当自动扶梯发生意外(如梯级碰撞梳齿)不能正常进入回转段时,梯级链将受到影响,张紧装置会突然前移,使空隙减小,也使开关动作。出现这种情况时,如不及时使自动扶梯停止,将会严重损坏设备。

2. 挤夹

物体被夹在自动扶梯运动部件的间隙中称为挤夹现象。在自动扶梯结构中,有四个挤夹事故多发区域,具体如下:①梯级与围裙板之间的间隙是自动扶梯最危险的部位。梯级在运行中与围裙板之间存在相对运动,放置在相对运动部件之间的物体,如鞋子、衣物、人的手指或脚趾等,在摩擦力的作用下会被扯入其间隙中而产生被夹住的意外。②两相邻梯级之间梯级踏面的前端与相邻梯级踢面,在运行到上下弯转部形成水平踏面的运动过程中,存在垂直方向的相对运动,容易对人的脚或物体产生挤夹,特别是行李箱的轮子和婴儿车的滚轮。③梯级进入梳齿板处在设计中要求梯级与梳齿之间以齿相啮合,不允许存在连续间隙,但扶手带处易发生事故。④由于扶手带与入口箱间存在间隙,儿童常常会用手指插入,从而造成伤害。

防挤夹保护装置主要有梳齿板保护装置、扶手带入口保护装置、围裙板安全毛刷、围裙板安全开关等。

1)梳齿板保护装置

梳齿板保护装置的作用:当梳齿板与梯级之间发生挤夹时,以梳齿板支承板的后移或上弹产生缓冲,减小挤夹力对人体、机件的损害,并立即使自动扶梯停止。梳齿板保护装置是自动扶梯必须安装的安全装置。

梳齿板安装并固定在梳齿支承板上,梳齿支承板采用可活动的结构,平时在压缩弹簧的作用下处于工作位置;当梳齿板受到冲击时,梳齿支承板在外力作用下发生移动,触动安装在活动结构上的微动开关,安全回路切断,自动扶梯停止运行。通过调整弹簧的长度(压紧),实现触动压力的调整。(自动扶梯下部梳齿板保护开关介绍及作用相关资源请扫描二维码)

自动扶梯下部梳齿板
保护开关介绍及作用

2）扶手带入口保护装置

一般情况下，成年人不会用手主动碰触扶手带的出入口，可天性好动的儿童则有可能用手去触摸这个危险的地方，导致手和手臂被移动的扶手带扯入而受到伤害。扶手带入口保护装置是自动扶梯必须安装的安全保护装置，由入口套、微动开关、托架等组成。入口套是一个有一定硬度的弹性体（如橡胶），与扶手带保持很小的间隙作为封闭保护。在入口套后面装有一个微动开关。扶手带入口保护装置的工作原理：当有异物或人手推压入口处时，入口套受力变形后触发微动开关，使自动扶梯停止。一般 30 ~ 50N 的外力就能使微动开关动作。

3）围裙板安全毛刷

围裙板安全毛刷安装在自动扶梯两侧围裙板的全长上，目的是将乘客与围裙板隔开，防止乘客的鞋和衣服等被夹入梯级与围裙板之间的间隙。自动扶梯必须安装围裙板毛刷。围裙板毛刷有单排和双排之分。双排毛刷保护作用更强。

4）围裙板安全开关

围裙板安全开关一般安装在上下弯转部位。当自动扶梯提升高度较大时，可在中间位置加装一个围裙板安全开关。当异物进入围裙板和梯级之间的间隙时，围裙板发生变形，开关动作，自动扶梯停止运行。但由于围裙板开关只是装在围裙板全长的某几个位置，当挤夹的位置离开关较远时，就难以起到保护作用。因此，这种装置的配置不是强制性的，而是一种辅助性的安全装置。

3. 跌倒

多数自动扶梯上的危险状态是由人员的滑倒和跌倒所致。乘客在自动扶梯上跌倒是十分危险的，可能造成严重的伤害事故。跌倒的主要原因是乘客在自动扶梯的运行中失去重心。因此，在自动扶梯上应安装防跌倒保护装置。

防跌倒保护装置主要有扶手带断带保护装置、扶手带速度监控装置、梯级下陷保护装置、梯级缺失监测装置、梯级运行安全装置、楼层板安全开关和制动距离监测装置等。

1）扶手带断带保护装置

扶手带如果在运行中发生断裂，断带一侧的乘客会失去扶手。如果自动扶梯继续运行，则可能导致乘客失稳跌倒。因此，当扶手带发生断裂时，让自动扶梯立即停止是必须采取的一项安全措施。因此，尽管《自动扶梯和自动人行道的制造与安装安全规范》（GB 16899—2011）没有规定必须安装扶手带断带保护装置，但多数自动扶梯都安装有扶手带断带保护装置。

2）扶手带速度监控装置

扶手带正常工作时的速度应与梯级的速度同步。如果相差过大，特别是当扶手带速度过慢时，会将乘客的手臂向后拉而导致乘客摔倒。为此，可设置扶手带速度监控装置，用于监测梯级与扶手带速度的同步状态。扶手带与梯级的速度允许偏差是 0% ~ 2%，超过这个偏差范围属于不正常状态。

3）梯级下陷保护装置

梯级下陷指的是梯级滚轮破损、梯级轴断裂或梯级体破损等导致梯级离开正常运行平面发生倾斜、下沉。此时若不能使自动扶梯及时停止运行,将会导致梯级上的乘客跌倒,并使梯级无法正常通过梳齿板。因此,当梯级的任何一个部分发生下陷而不能保证与梳齿板啮合时,应有一个装置使自动扶梯停止,这个装置被称为梯级下陷保护装置。

4)梯级缺失监测装置

自动扶梯在梯级缺失的情况下(如在维修时没有及时装上被拆卸的梯级)启动运行带来的后果将是十分严重的——乘客有可能因踩上没有梯级的缺口而跌入桁架。因此,自动扶梯应在驱动站和转向站(上、下水平段内)安装梯级缺失监测装置,在缺口处梳齿板出现之前使自动扶梯停止。

5)梯级运行安全装置

当梯级运行到上下弧段时,两个相邻梯级之间在垂直方向因相对运动产生高度差的变化。此时,如果有物品(如婴儿车的轮子、鞋、玩具球等)卡到两个梯级之间,梯级就会因被卡住而不能完成平梯级过程,就会碰撞梳齿板,造成人员失稳跌倒和设备损坏。当梯级运动受力异常时,梯级副轮运动到缺口处就会顶开梯级运行安全装置的开关,使自动扶梯停止。

6)楼层板安全开关

楼层板是供人员出入自动扶梯行走与站立的地方,如没有盖好或发生缺失,则有可能使乘客踩入缺口,发生严重事故。因此,自动扶梯在上、下水平段端部都必须安装楼层板安全开关,只要一打开楼层板,或没有完整地安装好楼层板,自动扶梯就停止运行或不能启动。同时,在楼层板的设计上,只允许从端部第一块开始打开,以确保安全开关的动作准确性。

7)制动距离监测装置

若制动距离过小,则会引起电梯上的乘客的惯性前冲,使其跌倒;若制动距离过大,则表明自动扶梯不能及时制动。解决此问题常用的方法是在主机或主驱动轴上安装一个制动距离监测装置,检查自动扶梯在收到停梯信号后到实际停止的时间,以计算出实际的制动距离。当发现制动距离超过设定值的1.2倍后,及时报警和检修。

4.坠落

坠落主要是由乘客使用自动扶梯不当造成的。常见的坠落原因有青少年、儿童在自动扶梯上嬉戏、翻越护栏、在护栏外侧沿外盖板攀爬,甚至骑在扶手带上。这些危险动作都极易造成坠落事故。

因此,对扶手护栏的尺寸有一定的要求,扶手带外顶面与梯级前缘之间的垂直距离应为900~1100mm。扶手护栏设置过低起不到有效的防护作用,过高则不便于不同身高的乘客把握扶手带。在自动扶梯护栏外侧沿外盖板攀爬存在着非常大的坠落风险,因此,必须采取适当的措施阻止乘客爬上扶手护栏外侧,扶手护栏在结构设计上需要确保没有任何部位可供人员正常站立,以达到阻碍攀爬行为的目的。

1)梯级间隙照明

在梯路上、下水平区段与曲线区段的过渡处,梯级在形成阶梯或在阶梯的消失过程中,乘客往往因脚踏在两个梯级之间而发生危险。为避免上述情况的发生,可在上、下水平区段的梯级下面各安装一对绿色荧光灯,使乘客经过该处时能清晰地看清相邻梯级的边界,及时调整在梯级上站立的位置。

2）梯级上的黄色边框

在梯级上喷制（安装）黄色边框，以告知乘客，只能踏在非黄色边框区域，避免因站立不稳失去重心而跌倒。

二 附加安全装置与设施

附加安全装置与设施是指与自动扶梯安装位置有关的安全措施，作用是防止人员从护栏外部攀登自动扶梯、被自动扶梯与建筑物间的夹角位剪切、在水平外盖板上滑行等。

1. 防爬装置

防爬装置是用安全玻璃或有机玻璃制造的，与自动扶梯的外观协调。在自动扶梯的护栏外侧安装防攀登板可阻止乘客从该处攀登自动扶梯。

防爬装置的位置应位于地平面上方（1000±50）mm处（图2-20），下部与外盖板相交，平行于外盖板方向上的延伸长度应不小于1000mm，并应确保在此长度范围内无踩脚处。该装置的高度应至少与扶手带表面平齐。

2. 阻挡装置

图2-20 防爬装置

应在两台自动扶梯之间或自动扶梯与相邻墙之间设置阻挡装置（图2-21），以防止乘客在此空隙从护栏外盖板攀爬自动扶梯。当自动扶梯与墙相邻且外盖板的宽度大于125mm时，在上、下端部应安装阻挡装置，防止人员进入外盖板区域。当自动扶梯为相邻平行布置且共用时，也应安装这种阻挡装置，该装置应延伸到和扶手带平齐的高度。

3. 防滑行装置

当自动扶梯和相邻墙之间装有接近扶手带高度的扶手盖板，且墙和扶手带中心线之间的距离大于300mm时，应在扶手盖板上装设防滑行装置（图2-22）。该装置应包含固定在扶手盖板上的部件，与扶手带的距离不应小于100mm，并且防滑行装置的间距应不大于1800mm，高度应不大于20mm。

图2-21 阻挡装置

图2-22 防滑行装置

4. 垂直防护板

当自动扶梯和建筑物楼板之间或者与任何障碍物之间形成了夹角,且扶手带外缘和外部障碍物的间距小于400mm时,应设置垂直防护板(图2-23),防止乘客受伤。为了醒目,还需要增加警示标志。

5. 警示标志

自动扶梯出入口处应张贴警示标志(图2-24),以提醒乘客需要注意的事项。

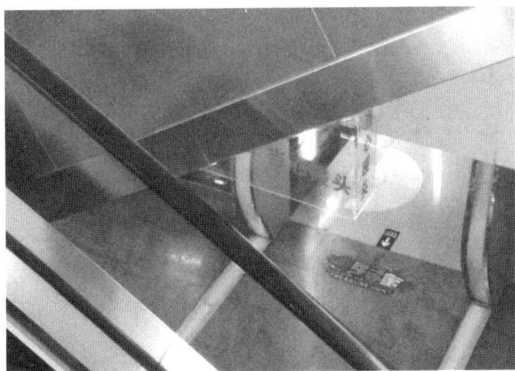

图2-23 垂直防护板

图2-24 警示标志

课后思考

1. 附加安全装置与设施有哪些?(请至少列举3条)
2. 跌倒风险应对措施有哪些?请列举3条。

实践单元一 自动扶梯的常规操作

教学引导

在学习了自动扶梯的安全操作规程与使用管理知识后,本部分要求掌握自动扶梯的开启、关闭,运行方向转换以及紧急停梯的规范操作流程。这些自动扶梯的常规操作贯穿地铁车站自动扶梯每日运行,掌握以上操作可为今后走上相关工作岗位打下坚实的基础。

技能目标

(1)掌握自动扶梯的安全操作规程和使用管理知识。

适用岗位:自动扶梯安全管理人员、自动扶梯安装维修工初级工。

（2）能够正确规范地完成自动扶梯的开启操作。

适用岗位：运营类岗位、自动扶梯安全管理人员、自动扶梯安装维修工初级工。

（3）能够正确规范地完成自动扶梯的运行方向转换。

适用岗位：运营类岗位、电梯安全管理人员、自动扶梯安装维修工初级工。

（4）能够在紧急情况下完成自动扶梯的紧急停梯操作。

适用岗位：运营类岗位、自动扶梯安全管理人员、自动扶梯安装维修工初级工。

◇ 任务一　掌握自动扶梯安全操作规程

任务导入

自动扶梯是特种设备，作为自动扶梯操作人员，对于自动扶梯安全操作规程必须牢记于心，并且严格遵守。

任务内容：

（1）明确自动扶梯操作人员的资质要求。

（2）掌握自动扶梯的安全操作规程。

（3）掌握自动扶梯的钥匙管理要求。

任务实施

一　自动扶梯操作人员资质要求

自动扶梯必须由经过培训的专业操作人员进行操作。

图2-25　检查异物示意图

二　自动扶梯操作需要遵守的规程

（1）操作自动扶梯之前，必须清除自动扶梯上、下楼层板平台和梯级（踏板）上的异物（图2-25）。

（2）自动扶梯必须是空载启动。

（3）若需改变自动扶梯的运行方向，必须在自动扶梯完全停止运行后才能转换。

（4）正常情况下，在进行启动、停止、换向操作前，必须确保梯级和扶手带上无人、无物。

（5）自动扶梯运行期间，操作人员应经常巡查设备状况。若发现问题应及时报告；如无把握可先关停设备，询问专业维修人员后再进行处理。

（6）停运后必须清洁自动扶梯外观，特别是梯级周边和扶手带周边。

（7）清洁时，标贴和警示牌板只需轻轻擦拭即可，尽可能保护字体及底色。

三 自动扶梯的钥匙管理

（1）自动扶梯的钥匙是车站内所有扶梯通用的。

（2）自动扶梯专用钥匙必须由专人严格保管，除操作人员、维修人员及相关责任人授权人员外，不得借出。

（3）自动扶梯控制箱钥匙及自动扶梯三角钥匙只有专业维修人员可以借用，特殊情况下应由相关责任人授权后方可借出。

（4）必须使用专用钥匙对自动扶梯进行开关操作；操作完毕后，钥匙不得留在自动扶梯开关上。

书证融通

自动扶梯和自动人行道安装、维修作业工地现场的安全要求有哪些？

◇ 任务二 自动扶梯的开启操作

任务导入

每天地铁运营开始前或者维护结束后，都需要对自动扶梯进行开启操作。

任务内容：

(1) 自动扶梯启动前的准备工作，即"一检查，五确认"。

(2) 自动扶梯的启动操作。

(3) 自动扶梯启动后试运转检查。

任务实施

自动扶梯的开启操作请扫描二维码。

自动扶梯的开启操作

一 自动扶梯开启前的准备工作

自动扶梯开启前的准备工作概括来说，即"一检查，五确认"。

1."一检查"

"一检查"是指对自动扶梯的外观进行检查（图2-26），包括检查自动扶梯的梯级、扶手带、梳齿板和围裙板以及围裙板与梯级的间隙。

2."五确认"

（1）确认上下出入口踏板及不锈钢装饰板位置，应正确，无破损。

图2-26 检查扶梯外观示意图

（2）确认梳齿板和梯级无缺齿，梯级凹槽内及梯级周边缝隙内无杂物，如有夹在里面的

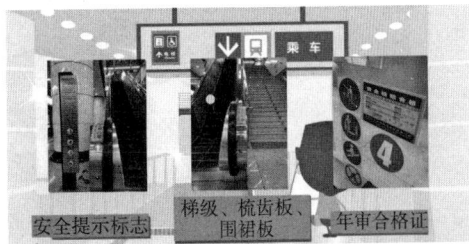

碎纸、小石子、口香糖等,必须除去。

(3)确认自动扶梯周围的安全设施(如三角区的护板、防止进入的围栏、隔板及防护网等)有无破损等异状。

(4)确认粘贴在自动扶梯出入口处的年审合格证未过期,使用说明(示意图)清晰明确、无破损,警示标志牌应完好且位置正确。

(5)确认紧急按钮处于正常状态,如果处于被按压状态,则必须将其恢复到正常状态。

二 蜂鸣示警

将钥匙插入报警开关,使蜂鸣器鸣响数秒,发出信号提示附近的人自动扶梯即将开始运转。

三 转换运行方向

确认自动扶梯周围或扶梯踏板上没有人后,插入钥匙启动开关,向希望的运行方向(上行或下行)旋转,自动扶梯开始工作。待稳定运行后放手,钥匙回到中央位置,监视一会儿自动扶梯,如无异常响动或者振动,即可拔出钥匙(若有异常情况,则立即按下“紧急停止”按钮)。

四 试运转

对自动扶梯试运转一周,再乘坐试用,检查自动扶梯踏板和扶手是否有异常。一旦有异响或振动,应立即按“紧急停止”按钮,使自动扶梯停止运行。

五 恢复使用

确认无异常后,撤掉防护栏,乘客可正常使用。

六 自动扶梯开启注意事项

(1)开启前自动扶梯两端应有防护栏,此防护栏是自动扶梯关闭时设置的。

(2)在开启自动扶梯时,应一只手拧钥匙,另一只手置于“紧急停止”按钮处。若开启过程中发生有人突然走入自动扶梯等突发情况,必须第一时间按下“紧急停止”按钮。

任务评价

自动扶梯开启操作见配套实训工作手册实训1。

书证融通

1.简述自动扶梯开启操作过程中“一检查,五确认”的具体内容。

2.简述自动扶梯开启操作规程。

◇ 任务三　自动扶梯的关闭操作

任务导入

在以下三种情况下,必须对自动扶梯进行关闭操作:

(1)每天地铁站运营结束之后。

(2)改变自动扶梯运行方向之前。

(3)在对自动扶梯进行维护或者检修之前。

任务实施

自动扶梯的关闭操作请扫描二维码。

自动扶梯的关闭操作

一　做好防护措施

为防止自动扶梯停止时被当作楼梯使用,需要在自动扶梯两端设置防护栏(图2-27),防止乘客进入自动扶梯口。

二　检查

关闭自动扶梯前,观察自动扶梯外观及运行情况有无异常。

三　蜂鸣示警

图2-27　自动扶梯两端设置防护栏

将钥匙插入蜂鸣器,将停止开关转至蜂鸣器侧,使蜂鸣器鸣响数秒,发出"自动扶梯即将停止运行"的提示。

四　停梯操作

确认自动扶梯上无人后,将钥匙转至停止侧,使自动扶梯停止运行,并将钥匙拔出。

五　检查及清扫

在自动扶梯正常运行结束后,必须认真检查并清扫扶梯踏板、扶手带、梳齿板、围裙板及自动扶梯机房。

六　关闭自动扶梯的注意事项

(1)当扶梯上有人时,除发生紧急情况外绝不能停止。

(2)当自动扶梯运行时,一定要将钥匙拔出。

（3）大雨等致使自动扶梯泡水或进水时，可能会发生触电危险，因此，应将电源切断并中止运转。

（4）恢复运转前，必须由专业人员确认后方可启动。

任务评价

自动扶梯关闭操作见配套实训工作手册实训2。

书证融通

对自动扶梯进行关闭操作时有哪些注意事项？

◇ 任务四　自动扶梯运行方向的转换

任务导入

自动扶梯的运行方向可以选择"上行"或"下行"，正常情况下自动扶梯的运行方向是确定的。如遇重大节假日等情况，可以根据客流量和客运组织需要，改变自动扶梯的运行方向。

通过本任务的实施，能够正确规范地按照要求完成自动扶梯运行方向的转换。

任务实施

重要提示：只有在自动扶梯完全停止运行后，才能转换运行方向。

一　停止自动扶梯运行（详细过程参见本模块任务三）

（1）确认自动扶梯上无人、无物，在自动扶梯的上、下两端设置防护栏，防止乘客进入。

（2）利用通知停止的警报开关鸣响警笛，发出"自动扶梯即将停止运行"的提示。

（3）再次确认自动扶梯踏板上无人后，将钥匙转至停止侧，使自动扶梯停止运行。

二　转换运行方向

待自动扶梯完全停止后，再重新启动自动扶梯，使自动扶梯向希望的方向运行（详细过程参见本模块任务二）。

（1）钥匙转向蜂鸣器侧，使蜂鸣器鸣响数秒，发出信号提示附近的人自动扶梯即将开始运转。

（2）将钥匙从蜂鸣器和停止开关处拔出，插入启动开关，选择运行方向（上行或下行），待稳定运行后放手，使钥匙回到中央位置。观察一会儿，若自动扶梯无异常响动或振动，即可拔出钥匙。（注意：整个启动过程中，应一只手持钥匙，另一只手置于"紧急停止"按钮处。若有异常情况，则立即按下"紧急停止"按钮。）

（3）启动自动扶梯试运转一周，再乘坐试用，检查自动扶梯踏板和扶手有无异常。

三　变更引导文字或标志

（1）若乘降口有引导文字表示运行方向，一旦转换运行方向，引导文字及标志应做相应的变更。

（2）确认无异常后，撤掉防护栏，完成自动扶梯运行方向转换，乘客可正常使用。

任务评价

自动扶梯运行方向转换见配套实训工作手册实训3。

书证融通

简述自动扶梯运行方向转换的操作规程。

◇ 任务五　自动扶梯的紧急停梯操作

案例链接

仅用5s！地铁内老人乘自动扶梯摔倒，他毫不犹豫地纵身一跃……

某年5月17日早上，在安徽合肥轨道交通3号线鸭林冲地铁站，一名老人在自动扶梯上不慎摔倒。当班辅警徐扬光翻越栏杆赶往电梯口按下"紧急停止"按钮，仅用时5s。另一名辅警发现情况也立即赶来帮助。所幸处置及时，老人并无大碍。网友纷纷为两位辅警竖起大拇指。

任务导入

在自动扶梯运行过程中，如果发生乘客摔倒、乘客推挤、行李物品滚落、夹人夹物事故或者其他威胁乘客人身和财产安全的情况，需要按下自动扶梯旁的紧急制动按钮，对自动扶梯进行紧急停梯操作。

任务实施

自动扶梯应急处理相关资源请扫描二维码。

自动扶梯应急操作及处理方法　　自动扶梯应急处理方法　　自动扶梯应急处理注意事项

一　明确自动扶梯的紧急停止装置位置及状态

常见自动扶梯一般设有上、下两个紧急停止装置，位于上、下平台右侧扶手带旁

图 2-28　自动扶梯紧急停止装置

（图 2-28），下方贴有红色的醒目标志。对于较长的自动扶梯，紧急停止装置间距不应超过 30m，需要在自动扶梯的中部设置紧急停止装置。

紧急停止装置的三种状态：

（1）正常状态：平时红色罩呈向外膨胀凸起状。

（2）操作时的状态：用手指按压红色罩后，凸起状态变为塌陷状态。

（3）操作后的状态：用手指按压红色罩的周围，使其中部恢复正常状态。

二　大声示警

在使用紧急停止装置前，一定要大声通知乘客"紧急停止自动扶梯，请抓好扶手"，再进行操作。

三　按下紧急停止装置

用手指按下红色罩，使其由凸起状态变为塌陷状态。

四　事后恢复

事故处理完后，用手指按下红色罩的周围，使其中部恢复正常状态，解除紧急停止，然后再次开启自动扶梯。

五　注意事项

正常情况下必须使用钥匙开关自动扶梯，严禁非紧急情况下使用紧急停止装置停梯。

书证融通

简述自动扶梯紧急停梯的操作规程。

实践单元二　自动扶梯的日常维护

教学引导

地铁车站是人流量比较集中的场所，地铁车站中运行的自动扶梯承担着输送乘客的任务,具有连续工作时间长的特点,一旦发生故障,极易引起严重后果。做好地铁车站自动扶梯的维护工作,使自动扶梯始终保持良好的工作状态,可以减少故障发生,保障乘客的生命和财产安全。这就需要维护人员根据维护制度对自动扶梯的驱动装置、梯级相关装置和扶手带系统进行日常维护和定期维护。

技能目标

(1)熟悉自动扶梯维护的有关制度规定。

适用岗位:电梯安全管理人员、电梯安装维修工初级工。

(2)能够根据需要选择并正确使用自动扶梯维护工具。

适用岗位:电梯安装维修工初级工。

(3)能够做好自动扶梯维护前的准备工作和维护后的收尾工作。

适用岗位:电梯安装维修工初级工。

(4)能够正确规范地维护自动扶梯的驱动主机、机座、螺栓、减速器、主驱动链及制动器。

适用岗位:电梯维修工高级工。

(5)能够正确规范地检查与调整自动扶梯制动器间隙、梯级间隙及梯级与梳齿板、梯级与围裙板、梳齿与梯级踏板面齿槽的间隙。

适用岗位:电梯维修工中级工。

(6)能检查与调整扶手带系统、驱动链系统、梯级链轴衬、梯级链润滑装置。

适用岗位:电梯维修工中级工。

(7)能进行自动扶梯空载、有载向下运行制动距离试验并判断制动性能。

适用岗位:电梯维修工中级工。

(8)能检查与调整梯级滚轮和导轨、主驱动链及梯级链张紧装置、附加制动器、制动器动作状态监测装置。

适用岗位:电梯维修工中级工。

(9)能检查与调整扶手带托轮、滑轮群、梯级传动装置。

适用岗位:电梯维修工中级工。

(10)能调试扶手带的运行速度。

适用岗位:电梯维修工高级工。

◇ 任务一　认知自动扶梯的维护制度

任务导入

随着城市化进程的加快,自动扶梯数量与日俱增。与其他设备不同,自动扶梯需要根据使用环境进行及时维护。

《特种设备安全监察条例》第三十一条规定:"电梯应当至少每15日进行一次清洁、润滑、调整和检查。"

作为自动扶梯维护人员,必须熟悉自动扶梯维护的有关制度规定,主要包括:

(1)自动扶梯维护制度。

(2)自动扶梯维护工作内容。

(3)自动扶梯维护注意事项。

任务实施

一 建立严格的自动扶梯维护制度

自动扶梯和自动人行道的正常维护周期分为半月、月、季度、半年、年。维护人员应按计划按时保质保量地对自动扶梯和自动人行道进行清洁、检查、润滑、调整、更换等维护工作。

维护人员应按维护计划每15天对自动扶梯或自动人行道的主要机构和部件做一次维护、检查,并进行全面的清洁除尘、润滑工作。

维护完成后的自动扶梯和自动人行道应处于良好的、安全的运行状态,各部位符合相应的国家标准及企业标准。

1. 日检查维护制度

每天开机前进行清扫和巡视性检查,及时发现和排除各种不正常现象;保持电气开关机械设备的清洁卫生;应设有自动扶梯检查工作日记,填写交接班记录。自动扶梯检查相关资源请扫描二维码。

自动扶梯检查①　自动扶梯检查②

2. 月检查维护制度

每月检查、维护控制柜各种部(配)件,如变频器、交流接触器、热继电器等,其工作必须准确、可靠。保持主控制柜内清洁卫生,避免在主控制柜附近堆放杂物。每月检查故障检测开关、控制开关的工作情况,其信号必须能被计算机准确检测和处理。

3. 季度检查维护制度

对各安全装置进行必要的调整,如电磁制动器或液压制动器和各种故障检测点的限位开关。对电气控制系统进行工作情况检查,包括各种接触器、继电器、熔断器等元件及印刷电路板和各接线端子。

4. 年检查维护制度

每年组织一次全面性的技术检查,包括主机的外壳接地及电气耐压等,并对自动扶梯工作状态做出评价,制订年维护计划,修理及更换磨损或损坏的主要部件。

二 自动扶梯日常维护工作内容

自动扶梯的日常维护是指对自动扶梯进行的清洁、润滑、调整和检查等日常维护性工作。

1. 清洁

清洁的对象包括上、下机舱,上、下端活动前沿板的缝隙,扶手导轨,梯路导轨,扶手带和扶手带托轮等需要定期进行清洁的设备。

(1)上、下机舱清洁(图2-29)包括上/下机房、踏板框及盖板的清洁。清洁前和清洁后的踏板框对比如图2-30所示,清洁前和清洁后的盖板对比如图2-31所示。

a)

b)

图 2-29 上、下机舱清洁示意图

a)

b)

图 2-30 清洁前和清洁后的踏板框对比

a)

b)

图 2-31 清洁前和清洁后的盖板对比

（2）清洁上、下端活动前沿板缝隙,如图 2-32 所示。

a)

b)

图 2-32　需要进行清洁的前沿板缝隙

（3）清洁梯路导轨。梯路导轨未清洁(图 2-33)会影响扶梯运行,并产生振动、噪声、窜动等故障现象。

a)

b)

图 2-33　需要清洁的梯路导轨

（4）清洁扶手导轨,如图 2-34 所示。扶手导轨需要定期进行清洁,尤其是上、下转弯处。

（5）清洁扶手带,如图 2-35 所示。

（6）清洁扶手带托轮,如图 2-36 所示。

2. 润滑

梯级链条、主驱动链条、扶手驱动链、张紧站轴承和减速器等都需要定期进行润滑。需要注意的是,不同部件所采用的润滑油也不同:润滑梯级链条、主驱动链条和扶手驱动链时使用的是链条油 E,张紧站轴承使用的润滑油品是抽成润滑脂 B,减速器添加的则是合成齿轮油 D。

图 2-34　需要清洁的扶手导轨

图 2-35　清洁扶手带

a)

b)

图 2-36　需要清洁的扶手带托轮

对于梯级链条、主驱动链条和扶手驱动链,如果润滑不足,就会出现链条生锈(图 2-37)和链销轴磨损的情况,影响自动扶梯的安全运行。

(1)润滑梯级链。

(2)润滑主驱动链(图 2-38)。通过自动加油装置润滑主驱动链。自动扶梯主驱动链条介绍及作用相关资源请扫描二维码。

自动扶梯主驱动链条
介绍及作用

(3)润滑扶手驱动链(图 2-39)。通过自动加油装置加油。

(4)润滑张紧站轴承(图 2-40)。需要使用多用途锂基脂 6 个月维护一次。如果电梯品牌和厂家有具体规定,按规定执行。

(5)定期更换减速器(图 2-41)内的润滑油。减速器润滑油更换参考时间见表 2-3。

3. 调整

主机、扶手链条、张紧站弹簧、制动器、抱闸检测开关和扶手带的挠度需要定期进行调整。

图 2-37　生锈的梯级链

图 2-38　润滑主驱动链

图 2-39　润滑扶手驱动链

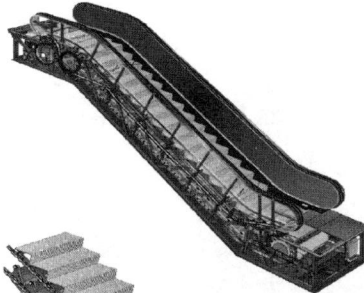

图 2-40　张紧站轴承位置示意图

图 2-41　减速器内部结构

减速器润滑油更换参考时间(单位:h)　　　　　　　　　　　　　表 2-3

润滑油	首次更换	以后更换	润滑油	首次更换	以后更换
矿物油	1800	10000	合成油	3600	20000

4.检查

各类安全开关(图 2-42)、扶手带、润滑油嘴和油路、梳齿、空心轴套、梯级与围裙板的间隙、下机舱、前围裙板(出入口)和制动距离需要定期进行检查。

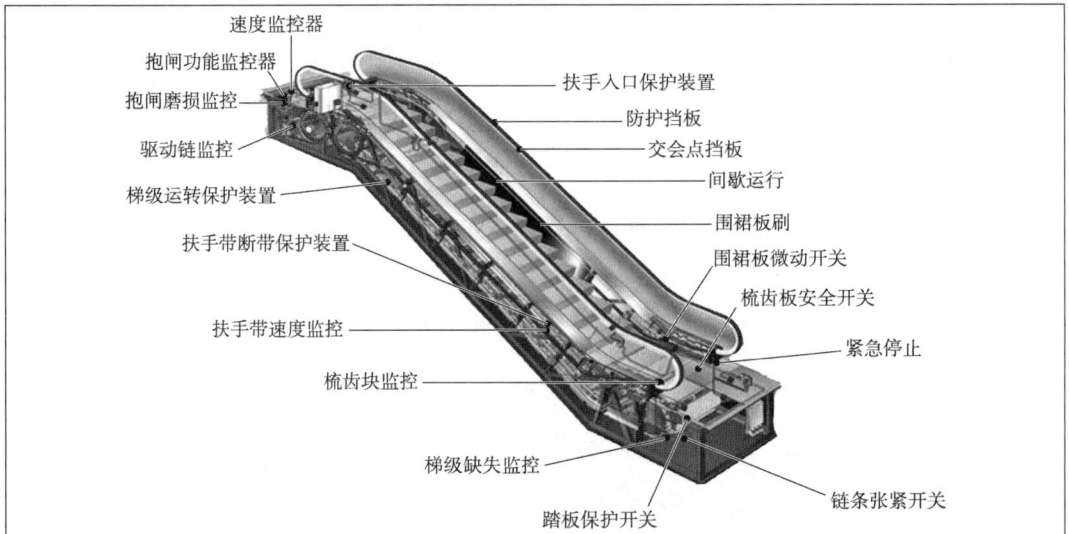

图 2-42　自动扶梯安全保护装置示意图

（1）检查扶手带表面及内层有无损伤（图 2-43）。

（2）检查润滑油油嘴和油路（图 2-44），确认油嘴位置是否正确、油路是否畅通。

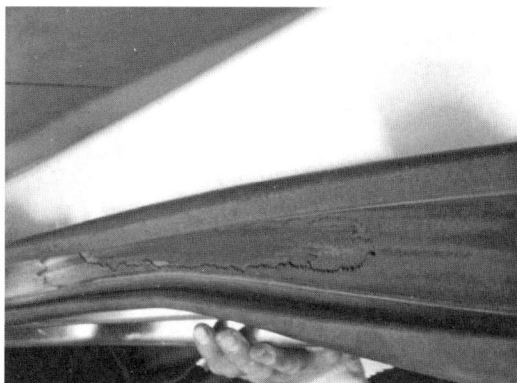

图 2-43　有损伤的扶手带

图 2-44　油路

（3）检查梳齿（图 2-45）是否缺齿，有无断裂。

（4）检查空心轴套（图 2-46）。空心轴套起防尘、防水、蓄油脂的作用，若缺失则直接影响扶梯运行效果，并带来严重的安全隐患。

图 2-45　梳齿

图 2-46　空心轴套

（5）检查梯级与围裙板的间隙是否符合安全要求（图 2-47）。

（6）检查内壁板是否完整，有无凸起和损坏（图 2-48）。

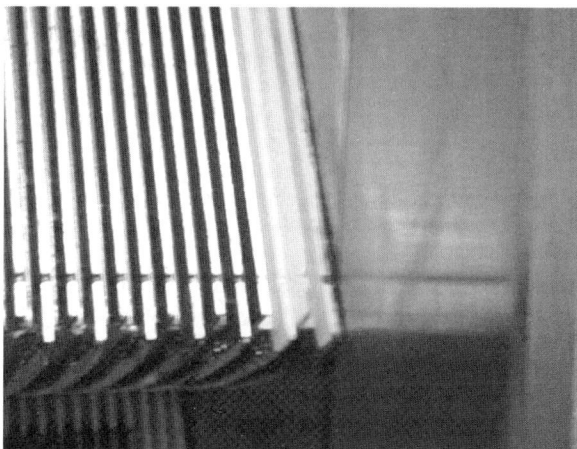

图 2-47　梯级与围裙板的间隙

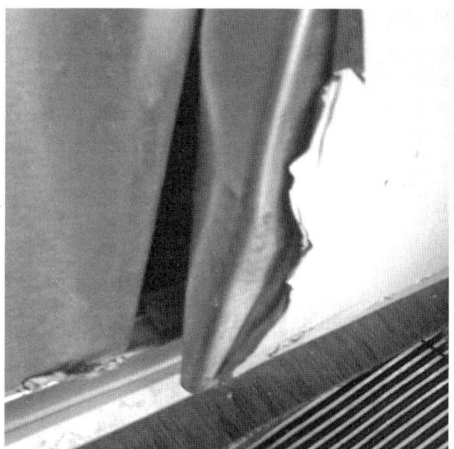

图 2-48　损坏的内壁板

(7)检查下机舱,注意井道防水、排水能力,以防止下机舱进水浸泡物料(图2-49)。

(8)检查前围裙板(出入口),注意防止异物进入扶手带,避免损坏物料影响扶手带(图2-50)正常运行。

图2-49　进水的下机舱

图2-50　扶手带入口

(9)检查制动距离。检测制动器的制动距离是否符合规范标准。

三　自动扶梯维护注意事项

(1)自动扶梯应由专职人员进行定期维护。

(2)进入作业现场的作业人员必须穿戴好个人劳动防护用品。

(3)维护现场应用围栏隔离,非施工人员不得进入。

(4)维护现场必须有足够的照明,维修用的手灯必须是有护罩的安全灯。

(5)绝对不准带载荷启动扶梯。

(6)必须将自动扶梯可靠停止后,方能转换运行方向。

(7)运行扶梯前一定要检查并确认自动扶梯上和桁架内无任何人、物影响运行。

(8)需要断、送电时,应通知每一个参加维护的人员,待其全部撤离至安全处后方可实施。

(9)在不需要自动扶梯运行时,除必须通电检查的情况外,都必须将电源切断。

(10)在上、下机房内作业时应按下停止按钮,以防误动作。

(11)维护过程中,需试运行时只能使用维修操作板。

(12)维护过程中,如果存在影响作业的安全隐患,必须停止作业,在安全隐患排除后方可重新作业。

(13)维护过程中,如果要运行自动扶梯,除必须使用钥匙开关启动运行的情况外,都使用检修开关来操作运行,在停止时要按下"停止"按钮。

(14)如果在桁架内作业,必须切断电源,同时安排人员监护并控制电源,他人不得随意送电。

(15)维护时及维护结束后,应清点工具,自动扶梯内不允许留有任何异物。

(16)严禁烟火,以免发生火灾。

自动扶梯的日常维护见配套实训工作手册实训4。

书证融通

自动扶梯和自动人行道周期日常维护项目表中有(　　)维护项目内容及要求。

A. 日、月、季、半年、年

B. 日、星期、半月、月、季

C. 星期、半月、月、季、年

D. 半月、月、季、半年、年

◇ 任务二　自动扶梯的维护工作准备

任务导入

自动扶梯在任何维护、维修工作开始之前,都应做好下列准备工作:

(1)维护人员做好个人防护。

(2)工具准备。

(3)技术准备。

(4)施工条件准备。

任务实施

一　个人防护

进入作业现场时,维修人员应穿戴好个人劳动防护用品,包括长袖工作服、工作帽和安全鞋。

二　工具准备

使用统一配发的合格工具、量具,准备好自动扶梯维护所需要的工具,并熟练掌握维护工具的使用方法。

三　技术准备

(1)确定维护方案。

(2)携带维护记录单和维护说明书等材料前往现场。

(3)到相关部门(如中控室)进行维护前的登记。

四　施工条件准备

(1)在上、下端部设置"电梯维修,敬请谅解"的警示牌或围栏(图2-51),保证其能够有效阻止人员进入现场。

（2）将主开关定于"关"位置上并上锁(图2-52)。

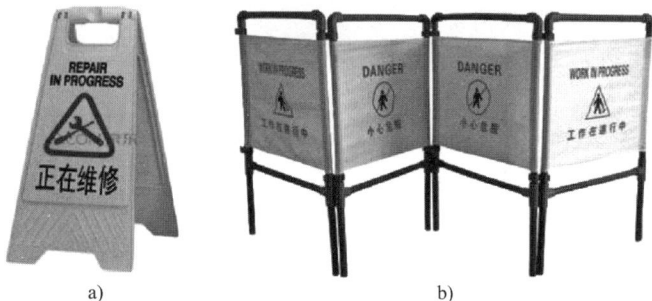

图2-51　自动扶梯维护防护装置

图2-52　自动扶梯电源主开关

（3）将检修控制盒插于自动扶梯上或下机房控制柜的接口上。

（4）当进入上机房进行维修时,必须将上机房控制箱提出,增大维修空间。

五　维护过程中遵循的规则

（1）试运行时只能使用检修控制盒,将检修插头插入上、下机房控制柜的检修插座内,检修完毕后拔出,并合上检修插座盖。

（2）不要启动带有负载的自动扶梯。

（3）进入梯路内进行任何维修时,必须将主开关定于"关"位置并上锁,同时必须有专人看护。

（4）对超过安全电压的系统进行维修时,应防止触电危险。

（5）记录不正常的现象。

书证融通

1. 指认自动扶梯常用维修保养工具的名称,并说明其功能。

2. 简述自动扶梯维护的施工条件准备。

图2-53　北京4号线地铁站自动扶梯
　　　　　事故示意图

◇ 任务三　自动扶梯驱动主机的维护

案例链接

某年7月5日北京地铁4号线动物园站A口自动扶梯发生溜梯故障(图2-53),上行扶梯突然失控变为下行,导致自动扶梯上的数十名乘客从高处摔下。事故造成一名13岁男童死亡,3人重伤,另有27人轻伤。

事故调查结果显示,自动扶梯发生事故的主要原因是驱动主机固定螺栓(图2-54)发生断裂(图2-55),造成主机倾覆,驱动链条脱落,梯级失去上行动力逆向下滑,辅助制动器开关未正常启动。

任务导入

驱动装置是整台扶梯的动力源,也是主要的振动、噪声源,它的性能直接影响自动扶梯的整机性能,因此应定期对驱动装置进行维护,具体内容如下:

(1)对驱动主机(图2-56)、机座和螺栓进行维护。

(2)对减速器进行定期维护。

(3)对制动器进行定期维护。

任务实施

一　检查驱动装置的运行状态

(1)分别进行正常运行和检修运行,检查运行时电动机、减速器等是否有异常振动和噪声。

(2)检查电动机的热敏电阻是否正常,通风孔处是否堵塞;应定期检查和清除电机外壳上的灰尘和杂物,但不可用水龙头冲刷、清洗电动机。自动扶梯驱动主机如图2-57所示。

二　检查电动机的温度是否过高

(1)让自动扶梯运行4~5h后,停止运行,打开前沿板,用手触摸电动机,如感觉很烫,证明温度过高,检查接线端子是否松动,保证线路通畅。

(2)检查自动扶梯环境温度是否过高,电动机运转频率是否稳定,功率是否正常,电动机运行年限是否过长,电动机壳体表面的温度应在80℃以下。

三　检查电动机部分有无异常声响及振动

自动扶梯运行时,听电动机有无异常声响和振动颤抖,用分贝仪(图2-58)检测噪声大小,检查固定螺栓有无松动。合格标准是电动机无异常声响和明显振动,运行噪声低于68dB,螺栓无松动。

四　检查驱动装置的功能

(1)打开上机房盖板,检查电动机。用手感触其运转是否平稳,是否过热,用耳听其有无噪声。

图2-54　驱动主机固定螺栓示意图

图2-55　事故中疲劳断裂的螺栓

图2-56　桁架中的驱动主机

图2-57　自动扶梯驱动主机

图2-58　分贝仪

（2）检查驱动装置的固定是否良好，是否移位，固定螺栓是否变形或剪切。

（3）检查底座、减速器、电动机的固定螺栓、驱动链张紧螺栓等是否紧固。

（4）切断电源，拧动螺母，检查其是否紧固；用双手拧动螺母应无松动现象。

五　检查驱动轴

（1）检查主轴是否漏油，若漏油应调整或更换油封。

图2-59　电动机轴承

（2）检查输出轴是否窜动，若有窜动应调整。

（3）检查联轴器尼龙销有无磨损、断裂，若有磨损、断裂，应立即更换。

六　检查轴承

图2-60　减速器内油位示意图

（1）电动机每运行2500h（0.5~1年）至少检查一次轴承温度，轴承的温度不得超过95℃（温度计法）。电动机轴承如图2-59所示。

（2）如发现轴承有异常情况，应立即关机查明情况，或者更换同型号轴承。

（3）滚动轴承油脂每月添加一次，每年清洗更换一次。

七　检查减速器油量

检查主机减速器油量（图2-60），应在自动扶梯停止5min后进行。拧出油尺（图2-61），用棉纱将其擦拭干净，重新拧入，再拧出进行确认。正确的油量应该在油尺的上、下标尺之间。如果油少应予以补充，如果油多应松开减速器下面的排油螺栓进行排油。检查油量的同时，还应检查油封、排油螺栓等处有无泄漏。

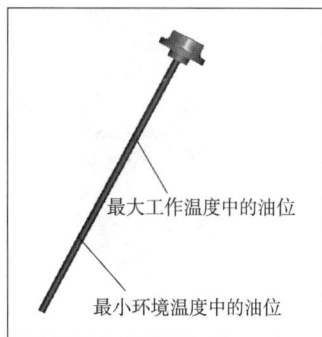

最大工作温度中的油位

最小环境温度中的油位

图2-61　减速器内的油尺

（1）减速器内的油量应保持在油尺或油镜（图2-62）的标示范围内。当自动扶梯停机时，用量油杆测量油位。

（2）检查有无漏油。若漏油，应查出原因并做记录。

（3）减速器内的油要保持清澈，当发现有明显杂质或变质时，应尽快更换新油。换油时，参考规定的换油周期。使用油标检测油位示意图如图2-63所示。

八　检查减速器通气孔

图2-62　减速器的油镜

检查确认通气孔是否畅通，如有积尘、堵塞等情况，应及时清理。清理时，要将通气阀拧下，可以用汽油或类似的清洗剂进行清洗，也可以用压缩空气吹干净。

自动扶梯驱动主机的维护见配套实训工作手册实训5。

简述检查减速器内油位的过程。

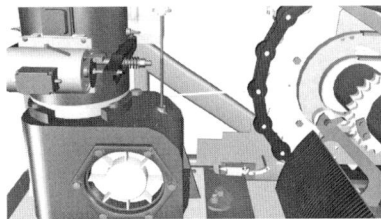

图2-63　使用油标检测油位示意图

◇ 任务四　制动器及附加制动器的维护

制动器维护内容包括：

(1)清洁度检查。

(2)功能检查。

(3)制动带厚度和间隙检查。

(4)制动距离检查。

一　清洁和润滑制动机械装置

检查工作制动器动作是否灵活,运动部件有无卡阻和锈蚀,如图2-64所示。要求:制动器动作灵活,可有效制停。

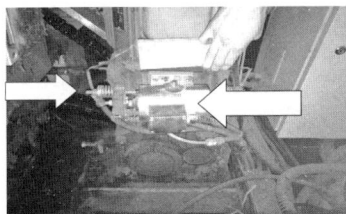

图2-64　检查制动器机械装置

二　检查主制动器动作功能

(1)清洁制动器(图2-65)外观,应无损坏。

(2)各轴销转动灵活,机械装置运转灵活,动作可靠,有足够的制动力。

(3)制动器打开时,制动轮与闸瓦之间不应有摩擦现象。

三　检查制动带磨损情况

(1)检查制动器闸瓦(图2-66)衬片的装配情况,以及有无破裂,如有破裂必须立即更换。

(2)检查制动器闸瓦衬片上是否沾有油污等,若有则进行清洁。

(3)检查确认制动器闸瓦衬片是否磨损均匀。使用刻度尺测量制动器闸瓦衬片厚度,制动带应与制动盘无摩擦。

a)

b)

图2-65　制动器

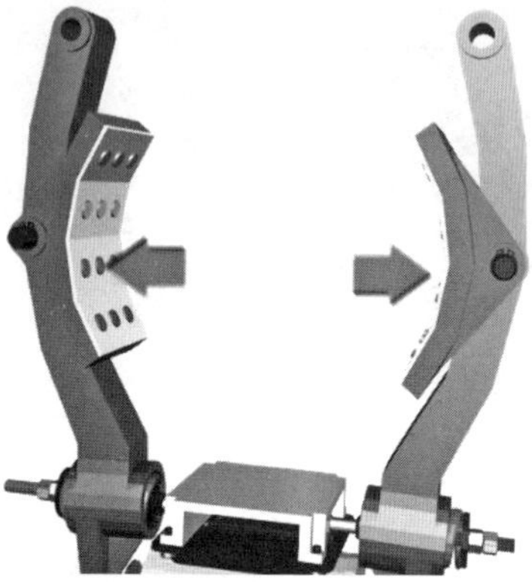

图2-66 制动器闸瓦

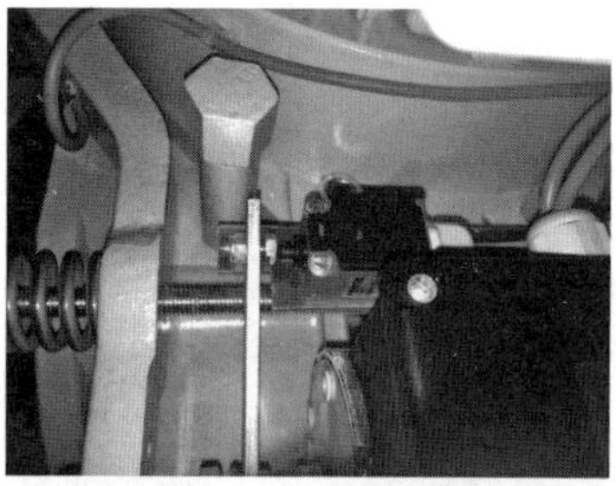

图2-67 制动器开关触点

图2-68 附加制动器

图2-69 检测自动扶梯的制动距离

要求:制动器闸瓦衬片厚度不小于3mm,制动带松开时不摩擦制动盘。

四 检查调整制动器开关触点位置及功能

检查制动器开关触点(图2-67)是否固定牢固,手动松闸后开关动作是否灵活,是否有故障代码。要求:开关功能正常、有效。

五 清洁和润滑附加制动器并试验其功能

自动扶梯开下行,随后断电,下行盘车检查附加制动器(图2-68)是否动作有效。要求:附加制动器动作后,无法下行盘车。

六 调整工作制动器制动距离

让自动扶梯在无人乘坐的状态下运行,梯级前端从梳齿处露出的瞬间,按下"紧急停止"按钮,检测制动距离(图2-69)。要求:当自动扶梯运行速度为0.50m/s时,制动距离为0.20~1.00m;当自动扶梯运行速度为0.65m/s时,制动距离为0.30~1.30m;当自动扶梯运行速度为0.75m/s时,制动距离为0.35~1.50m。

使用的检修工具:活扳手、螺丝刀、盒尺。

任务评价

自动扶梯制动器及附加制动器的维护见配套实训工作手册实训6。

书证融通

简述工作制动器制动距离的调整方法及步骤。

◇ 任务五 主驱动链的维护

任务导入

自动扶梯的驱动链一般为双排滚子链,为了保证主驱动链能够传递足够的驱动力,维护人员需要经常或定期对主驱动链进行维护。维护的内容如下:

(1)调整主驱动链(图2-70)的张紧度。

(2)检查主驱动链的状态。

(3)清洁和润滑主驱动链。

(4)检查主驱动链保护装置。

(5)检查主驱动链断裂开关是否灵活可靠。

任务实施

图2-70 主驱动链

一 检查主驱动链的松紧度

如果主驱动链出现松动,应调整曳引机位置以发挥张紧驱动链的作用。主驱动链张紧时,用钢板尺测量主驱动链条松边下垂量(图2-71),松边下垂量(用 X 表示)10~15mm 为合格。当 $X > 30$mm 时,必须再张紧链条。

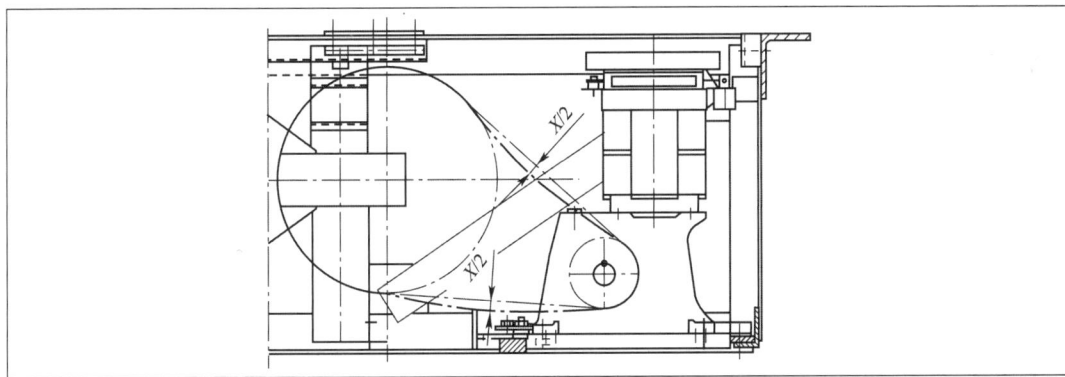

图2-71 松边下垂量 X 示意图

二 检查主驱动链的外观

检查主驱动链有无变形,在运行过程中观察主驱动链的状况,如主驱动链变形或拉长,超出主驱动链调整范围,应立即更换。

三 检查主驱动链的润滑状态

主驱动链上如果有油污应进行清理;如果主驱动链出现干涩的情况必须补充润滑油,保证主驱动链润滑正常。主驱动链不同的润滑状态如图2-72所示。

四 检查主驱动链的保护装置

清洁链条滑块,在断电状态下测量滑块厚度,要求滑块厚度≥13mm;检查主驱动链保护开关是否正常,调整间隙为 4~6mm。主驱动链保护装置示意图如图2-73所示。

链条滑块的最小高度为13mm。随着打杆向下倾斜,触发臂会靠在底板的限位上,触发臂应压缩触点滚轮 4~6mm。

图 2-72　主驱动链不同的润滑状态

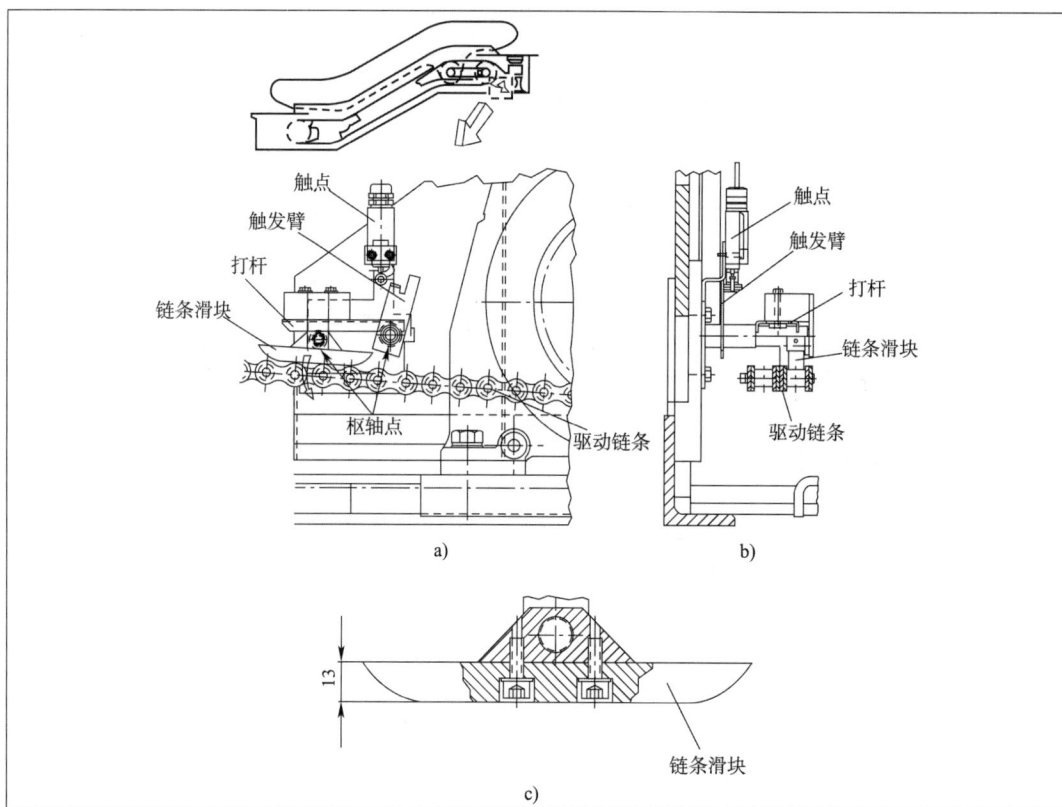

图 2-73　主驱动链保护装置示意图（尺寸单位：mm）

五　检查主驱动链的断裂开关

主驱动链断裂开关如图 2-74 所示。手动触发断链保护开关，查看显示的相应故障代码，检查开关功能是否正常；用钢板尺测量开关间隙，将开关间隙调整为 2mm。

自动扶梯主驱动链的维护见配套实训工作手册实训7。

简述自动扶梯主驱动链的维护项目。

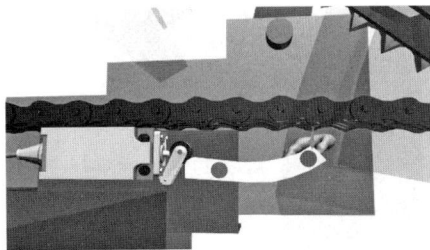

图2-74 主驱动链断链开关

◇ 任务六 梯级的维护

梯级是在自动扶梯桁架上循环运行、供乘客站立的部件。一台自动扶梯由多个梯级组成。梯级数量多,又是运动部件,自动扶梯性能和质量很大程度上取决于梯级的性能和质量。为了保证梯级的性能,需要对梯级进行定期维护,主要内容包括:

(1)梯级和踏板清洁度检查。

(2)梯级齿、梯级装饰条维护。

(3)梯级运行情况检查。

(4)梯级缺失保护开关检查。

一 检查清洁度

检查梯级和踏板清洁度,要求梯级和踏板表面清洁(图2-75),无异物卡阻,无油污。

图2-75 梯级和踏板表面清洁

二 维护梯级齿和梯级装饰条

检查梯级齿、梯级装饰条(图2-76)是否完好,若有损坏应及时进行更换。

三 检查梯级运行情况

(1)检查梯级运行过程中有无异常声响。

(2)检查梯级齿与梳齿间隙是否合适,有无碰撞。

四 检查梯级间隙

检查梯级间隙照明是否完好无损,使用塞尺检查梯级之间的间隙(图 2-77),应小于2mm。

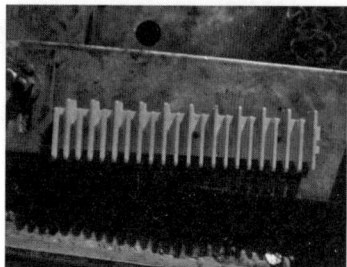

图 2-76　正常及磨损严重的梯级装饰条

图 2-77　梯级之间的间隙

五　检查梯级与围裙板之间的间隙

在停梯状态下,使用塞尺(图 2-78)测量梯级与围裙板之间的间隙(图 2-79)。要求:单边间隙不大于 4mm,两边间隙不大于 7mm。

图 2-78　塞尺

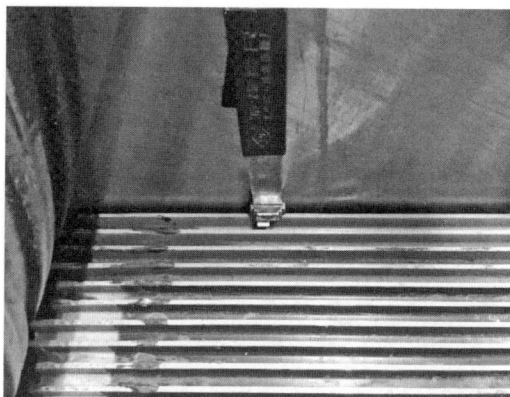

图 2-79　塞尺测量示意图

六　检查梯级缺失保护开关

检查梯级缺失保护开关(图 2-80)是否动作可靠。

图 2-80　梯级缺失保护开关

任务评价

自动扶梯梯级的维护见配套实训工作手册实训 8。

简述自动扶梯梯级维护的项目及标准。

◇ 任务七　梯路的维护

任务导入

　　如果自动扶梯在运行过程中出现梯级振动,或者梯级在到达某个固定位置时有台阶感,或者梯级运行过程中感觉有些倾斜等情况,则应立即对自动扶梯的梯路(图2-81)进行维护,以确保自动扶梯安全运行。梯路的维护主要包括以下内容:

　　(1)检查、调整各种导轨。

　　(2)检查梯级塌陷保护装置。

图 2-81　梯路

任务实施

一　清洁梯级滚轮和梯级导轨

　　(1)检修运行自动扶梯,逐一观察梯级滚轮塑料轮箍(图2-82)有无损坏,梯级滚轮能否自如转动。

　　(2)拆卸部分梯级,检修运行,查看导轨有无波纹、磨透现象,导轨连接处有无凸台。

　　(3)除去导轨工作面上的油污及锈蚀点,用棉布擦拭主副导轨,用刮刀铲除导轨尘垢。

图 2-82　梯级滚轮塑料轮箍

二　强制润滑梯级链

　　在张紧站进行润滑,将链条向上行方向运转,用油杯将润滑剂注入链板侧缝中销轴区域。保证梯级链各销轴部位均有适量润滑剂,梯级滚轮等其他部位没有润滑剂。

三　检查梯级链滚轮的外观和运转情况

　　在张紧站进行检查,将链条向上行方向运转,逐一观察梯级链滚轮外观及运转情况,保证梯级链滚轮塑料轮箍完好无损,运转自如;如有异常,适时更换。

四　清洁、润滑梯级轴衬

　　拆除梯级,清洁并润滑梯级轴衬(图2-83、图2-84),要求轴衬清洁无损坏、固定牢固。

71

图 2-83　梯级轴衬结构图

图 2-84　梯级衬套实物图

图 2-85　梯级塌陷保护示意图

五　检查、调整梯级与导向轮（块）的间隙

用塞尺测量梯级与导向轮（块）的间隙，要求梯级与导向轮（块）间隙不大于 0.5mm，运行时无撞击。

六　检查、调整梯级塌陷开关动作功能

（1）打开机舱盖板和机舱照明，将控制箱顶部开关转换到"检修"状态。

（2）拆除梯级，检查梯级下陷开关触杆端头与梯级间隙，要求梯级塌陷保护装置保证开关动作距离小于 4mm（图 2-85）。

（3）手动触发梯级下陷开关，应有相应的故障代码显示。如不符合要求，则需要调整开关位置，更换开关或检查回路故障。梯级塌陷保护动作距离测量示意图如图 2-86 所示。

a)间隙符合要求

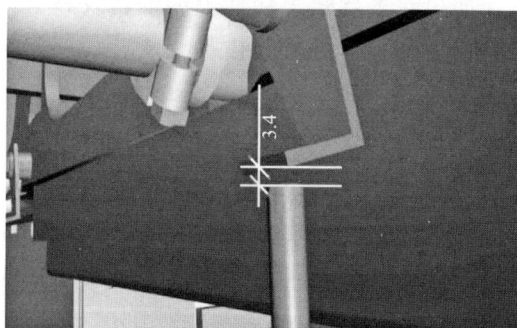

b)间隙符合要求

图 2-86　梯级塌陷保护动作距离测量示意图（尺寸单位：mm）

七　检查、调整梯级链张紧开关位置和功能

检查梯级链张紧开关与触动臂的间隙，手动触发开关，观察故障显示。要求：梯级链张紧开关触头滚珠与触动臂间隙不大于 2mm，手动触发开关应有相应的故障代码显示。

自动扶梯梯路的维护见配套实训工作手册实训 9。

书证融通

简述梯级塌陷保护装置检查内容及方法。

◇ 任务八 梳齿板的维护

任务导入

梳齿板和前沿板(图 2-87)是设置在自动扶梯出入口处必需的安全防护装置,以确保乘客安全通过,因此,需要定期进行维护。

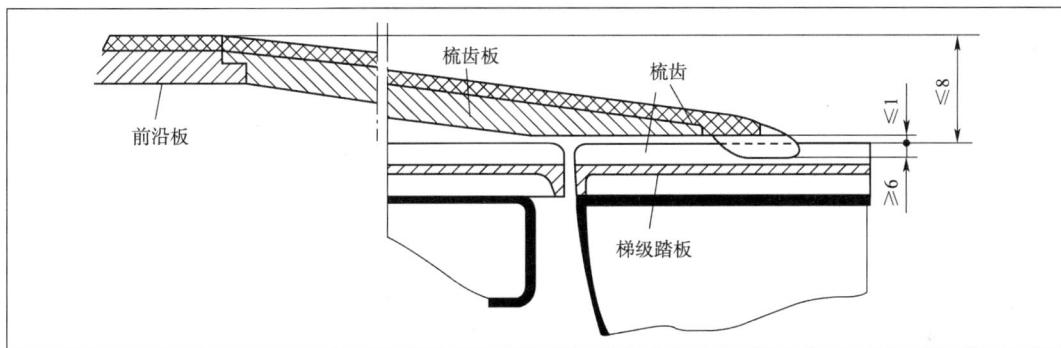

图 2-87 梳齿板和前沿板结构示意图(单位:mm)

任务内容:

(1)梳齿板外观检查、紧固情况检查、清洁度检查。

(2)梳齿板梳齿与踏板面齿槽啮合深度检查。

(3)梳齿板开关动作可靠性检查。

任务实施

一 检查梳齿板外观、紧固度和清洁度

(1)检查自动扶梯的上、下端部梳齿有无断齿情况,梳齿板上如果 2 根相邻或者 3 根不相邻的梳齿断裂,应及时更换梳齿板。

(2)检查梳齿板固定螺栓有无松动。

(3)用毛刷对梳齿板下面的尘土等进行清除。

二 检查梳齿板梳齿与踏板面齿槽啮合深度

在停梯状态下,使用塞尺测量,要求梳齿板的梳齿与踏面齿槽的啮合深度(图 2-88 中 h_8)

不小于6mm,间隙(图2-88中h_6)不大于4mm。梳齿板与踏板啮合现场测量图如图2-89所示。

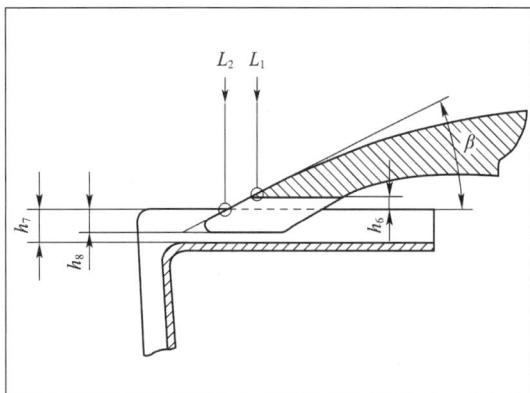

图2-88　梳齿与梯级啮合示意图

图2-89　梳齿板与踏板啮合现场测量图

三　检查、试验梳齿板开关动作可靠性

图2-90　模拟梳齿板有异物卡入

检查自动扶梯上、下端部共计4处梳齿板开关动作。使用螺丝刀或类似工具,在自动扶梯运行时,分别向前、后、上、下方向撬动梳齿板上升超过2mm,以模拟梳齿板卡异物或与梯级碰撞故障(图2-90)的情况,观察撬动梳齿板后自动扶梯是否可以制停。

任务评价

自动扶梯梳齿板的维护见配套实训工作手册实训10。

书证融通

1. 简述梳齿板维护的主要内容。
2. 梳齿板梳齿与踏板面齿槽啮合深度的合格标准是多少? 如何进行检查?
3. 简述梳齿板开关动作可靠性的检查方法。

◇ 任务九　扶手装置的维护

任务导入

　　自动扶梯或自动人行道设置的扶手装置是出于安全性考虑所设置的安全装置,供站立在自动扶梯或自动人行道梯级(踏板)上的乘客扶手之用,由固定装置和活动装置两部分组成。在乘客出入自动扶梯或自动人行道的瞬间,扶手的作用尤为重要,因此,需要定期进行维护。

　　任务内容:

　　(1)扶手带外观、温升等检查。

（2）扶手带滑轮群组、托辊轮检查。

（3）多楔压带张紧度检查。

（4）扶手带同步检查。

（5）扶手带驱动链检查。

任务实施

一 检查扶手带入口处保护开关动作灵活可靠性

需要检查自动扶梯上、下端部共计 4 处扶手带入口处保护开关（图 2-91）。在自动扶梯运行时，分别使用工具碰触开关，观察自动扶梯是否能可靠制停。

二 检查和调整扶手带运行同步度

使用转速计分别测量扶手带和梯级的运行速度，要求扶手带运行速度相对于梯级速度的允许为 0% ~2%，且扶手带运行无抖动、速度不均等现象。若不符合要求，则调整扶手带的张紧装置，如图 2-92 所示。

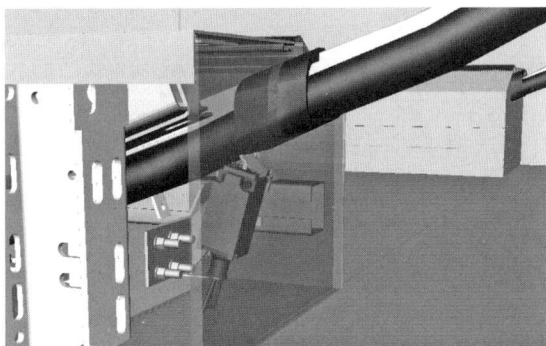

图 2-91　扶手带入口处安全保护开关　　　　图 2-92　调整扶手带张紧装置

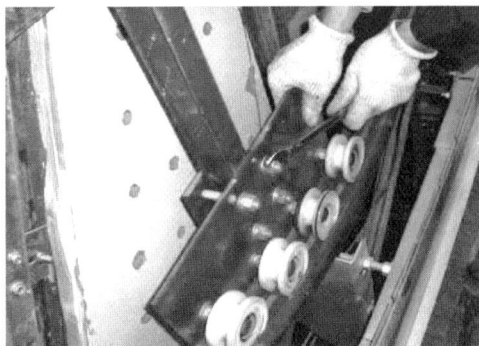

三 检查扶手带外观及温升情况

（1）清理灰尘，对表面的油污要使用清洗液进行擦拭清洗。

（2）检查扶手带外观（图 2-93）有无破损、裂纹。若裂纹较轻应密切关注，短时间维持运行；若扶手带有裂口且裂口严重，应及时更换扶手带。

（3）运行一段时间后，用手触摸扶手带，检查温升情况是否正常。

四 调整扶手带位置

（1）观察扶手带在导轨和入口处是否居中，扶手带与导轨和入口的两侧间隙是否相等。

（2）保证扶手带运行中与导轨、入口处无摩擦。

（3）保证扶手带任意位置下方平台处无扶手带碎屑（沫），扶手带入口处与导轨间隙不大于 8mm。

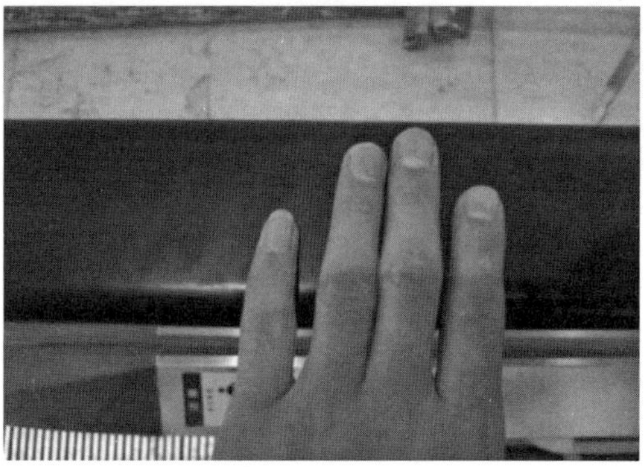

a)

b)

图 2-93　扶手带外观检查

图 2-94　扶手带导向轮

（4）如扶手带位置不居中或运行中有摩擦，则应调整以下位置：

①扶手带防偏轮左右位置。

②压带滚轮组位置。

③张紧滚轮位置。

④驱动轮位置。

五　清洁、调整扶手带导向块和导向轮

（1）打开护壁板，清洁扶手带导向块和导向轮（图2-94），观察与扶手带有无摩擦。

（2）向上调整导向块和导向轮位置，保证导向块和导向轮无灰尘、无油垢、无异物，导向块和导向轮与扶手带无摩擦，如有无法活动自如的导向轮应进行更换。

六　检查、清洁扶手带内侧凸缘处

打开护壁板，清洁扶手带内侧凸缘处，检查内侧凸缘处有无损伤。要求扶手带内侧凸缘处无异物、无灰尘、无油垢、无严重损伤。

七　检查扶手带托辊轮和滑轮群组

打开护壁板，检修运行的自动扶梯。乘坐自动扶梯逐一检查扶手带托辊轮和滑轮群组（图2-95）转动情况，停梯检查有无外部损伤。要求：托辊轮、滑轮群组运行中活动自如，无外部损伤。如有损坏，应进行更换。

八　检查、调整扶手带断带保护开关位置和功能

打开位于扶手带断带保护开关位置的护壁板，检查开关左右位置及上下间隙。停梯状态下手动触发此开关，应显示有相应的故障代码，所处回路继电器应失电释放。

扶手带断带保护开关（图2-96）应位于扶手带下曲线C形口上方，开关功能应有效。调

整断带开关位置使其间隙及位置符合标准。如功能无效,检查此回路故障。

a)

b)

图 2-95　扶手带的滑轮群组

九　检查扶手带速度监控器功能

（1）打开位于扶手带速度监控器位置的护壁板,清洁感应面。检修运行自动扶梯,观察速度监控器指示灯状态是否正常。

（2）摘除速度监控器,运行自动扶梯,观察自动扶梯能否及时停梯。速度监控器感应面与测速轮表面间隙应为 1.5～2mm。

（3）扶手带速度监控器感应面应无灰尘、无油垢,速度监控器功能应有效。

图 2-96　扶手带断带保护开关

十　检查、调整扶手带张紧度

（1）观察扶手带运转过程中有无停滞,测试扶手带表面温度,应无过热现象、无停滞状态。

（2）人为反方向对两侧扶手带施加 70kg 的力,观察扶手带是否能克服外力正常运转。

（3）开启自动扶梯,手扶两侧扶手带乘坐自动扶梯,观察扶手带与梯级同步率是否满足要求。若不符合要求,则按照以下方法进行调整:

①调整多楔带张紧弹簧的长度。

②调整张紧滚轮张紧弹簧的长度。

③调整驱动轮的位置,需与扶手带驱动链配合调整。

十一　检查护壁板的外观、间隙、平整度

观察护壁板外观、平整度,测量、调整护壁板之间的间隙。护壁板应平整,无翘起、无凹陷。按照《自动扶梯和自动人行道的制造与安装安全规范》(GB 16899—2011) 中 5.5.2.4 要求,护壁板之间的间隙应不大于 4mm。

任务评价

自动扶梯扶手装置的维护见配套实训工作手册实训11。

书证融通

1.如何检查扶手带入口保护开关动作灵活可靠性?
2.简述检查和调整扶手带运行同步度的方法和步骤。

◇ 任务十　自动扶梯维护收尾工作

任务导入

自动扶梯维护工作结束之后,需要做好收尾工作,保证自动扶梯正常运行和使用。
任务内容:
(1)做好清洁工作。
(2)清点工具。
(3)恢复自动扶梯运行。
(4)填写维护单。

任务实施

一　清洁

维护结束后,做好清洁工作,保证自动扶梯内无异物,机房内无油污。

二　复位

收拾好工具,利用T形扳手盖好盖板,做好现场复位(图2-97)。

三　清洁地面

清洁地面,防止油污残留影响自动扶梯工作,如图2-98所示。

图2-97　现场复位

图2-98　清洁地面

四　重启

　　重新启动自动扶梯,开机运行。确认无误后,撤去上、下端防护围栏(图 2-99),恢复自动扶梯运行。

图 2-99　撤去防护围栏

五　填写巡视检查表

　　填写巡视检查表(表 2-4),在相应位置打"√"或"×"。

北京地铁 **4** 号线、大兴线自动扶梯、电梯巡视检查表　　　　表 2-4

巡视地点(车站)＿＿＿＿＿＿　　　　　　　　　　　　　　　＿＿＿年＿＿＿月＿＿＿日

检查巡视项目		直升编号					检查巡视项目		自动扶梯编号										
		1	2	3	4	备注			1	2	3	4	5	6	7	8	9	10	备注
电梯外观检查	1	外呼					自动扶梯上机房	1	上机房盖板是否稳固											
	2	外显						2	上检修通道是否稳固											
	3	控制柜						3	入口保护开关是否完好											
	4	层门门缝						4	上梳齿板是否完好											
	5	梯号是否完好						5	梯级与围裙板间隙											
电梯轿厢检查	1	内显						6	年检合格证是否完好											
	2	内选						7	乘梯须知是否完好											
	3	风扇					自动扶梯下机房	1	下机房盖板是否稳固											
	4	照明						2	下检修通道是否稳固											
	5	轿内对讲						3	开关是否完好											
	6	轿厢外观						4	下梳齿板是否完好											
	7	轿门门缝						5	梯级与围裙板间隙											
	8	年检合格证						6	总控室显示盘											
	9	乘梯须知																		
	10	安全触板光幕																		
	11	防夹人功能																		

说明:

1. 良好打"✓",不良好"×"。

2. 此表每站一份。

3. 每 4 天为一周期。

4. 电梯厅轿门门缝间隙为 3～5mm;

5. 自动扶梯梯级与围裙板间隙一侧不大于 4mm,两侧不大于 7mm。

6. 电梯外观如有破损,则记录时间,汇报工程师。

7. 巡视前先到综控室登记,巡视完成后消记

巡视人:＿＿＿＿＿＿　　　　　　　　　　　　　　　　　　巡视时间:＿＿＿＿＿＿

书证融通

简述自动扶梯维护结束后需要做好哪些收尾工作。

实践单元三　自动扶梯常见故障处理

教学引导

自动扶梯事故主要可以归结为六大类:坠落、运行中发生逆转、与物体发生碰撞或剪切、机械部件之间的间隙导致的挤压、跌倒以及管理不善造成的其他事故。这些事故大多由自动扶梯的一些常见故障所致,如果对这些常见故障及时处理,将其扼杀在萌芽状态,就能够大大提高自动扶梯的安全系数。以此为出发点,本单元主要学习自动扶梯的驱动装置、制动器、梯级、梳齿板及扶手带的常见故障的处理方法。

技能目标

(1)能够正确规范地处理自动扶梯驱动装置的常见故障。

适用岗位:电梯维修工高级工。

(2)能够正确规范地处理自动扶梯制动器的常见故障。

适用岗位:电梯维修工中级工。

(3)能够正确规范地处理自动扶梯梯级的常见故障。

适用岗位:电梯维修工中级工。

(4)能够正确规范地处理自动扶梯梳齿板的常见故障。

适用岗位:运营类岗位,电梯维修工初级工。

(5)能够正确规范地处理自动扶梯扶手带的常见故障。

适用岗位:电梯维修工高级工。

◇ 任务一　自动扶梯驱动装置故障的处理

任务导入

自动扶梯的驱动装置主要由电动机、减速器、制动器、主驱动链轮、梯级驱动链轮、扶手带驱动链轮、驱动主轴及制动轮或棘轮等组成。驱动装置作为整台自动扶梯的动力源,也是主要的振动源、噪声源,其性能直接影响自动扶梯的整机性能,因此,对自动扶梯的驱动装置有较高要求。驱动装置常见的故障类型包括：

（1）驱动装置有异响。

（2）驱动装置温升过快、过高。

（3）主驱动链故障。

本任务主要是针对上述三种类型的故障，记录故障现象，分析故障原因，完成故障诊断，最后进行故障排除。

任务实施

一　驱动装置有异响

1. 故障现象

自动扶梯运行时有异常声响和振动颤抖，或者用分贝仪检测噪声，运行噪声高于 68dB。

2. 故障原因分析

（1）驱动装置的固定不稳，有位移；底座、减速器、电动机的固定螺栓发生松动、变形或剪切，如图 2-100 所示。

（2）电动机两端轴承或减速器轴承、蜗轮蜗杆发生磨损，如图 2-101 所示。

（3）带式制动器制动电动机损坏，单片失电，如图 2-102 所示。

（4）制动器的线圈和摩擦片间距调整不当，如图 2-103 所示。

（5）驱动链条过松导致上下振动严重或跳出。

3. 故障处理

（1）对于驱动装置松动或位移引起的故障，检查底座、减速器、电动机的固定螺栓是否紧固。切断电源，拧紧螺母，用双手拧动螺母无松动现象。

（2）对损坏的配件进行修复，对无法修复的部件进行更换。

（3）调整制动器的摩擦副间隙至合格标准。

（4）对于驱动链过松引起的故障，调整驱动链，张紧调整螺栓。

图 2-100　驱动装置发生位移

图 2-101　减速器蜗轮蜗杆磨损图

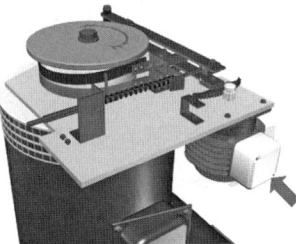

图 2-102　带式制动器摩擦片制停

图 2-103　制动器摩擦片间距调整不当

二　驱动装置温升过快、过高

1. 故障现象

自动扶梯运行 4~5h 停止运行，打开前沿板，用手触摸电动机，若感觉很烫，表明温度过高。

2. 故障原因分析

(1)电动机轴承损坏或者电动机损坏。

(2)减速器油量不足,如图 2-104 所示。

(3)制动器的摩擦副间隙调整不当,摩擦副烧坏,线圈内部短路,如图 2-105 所示。

图 2-104　减速器油量不足

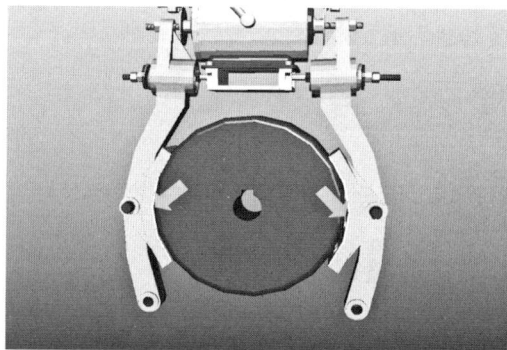

图 2-105　制动器的摩擦副间隙调整不当

3. 故障处理

(1)对于配件损坏引起的故障,对损坏配件应予以修复,不能修复的配件应更换。

(2)对于减速器油量不足引起的故障,应补充对应的油品,保证减速器内的油量保持在油尺或油镜的标示范围内。

(3)对于制动器摩擦副间隙不合适引起的故障,应调整间隙至标准要求,对损坏的摩擦副进行更换。

三　主驱动链故障

1. 故障现象

自动扶梯在运行时发生抖动,乘梯舒适感不好,驱动链条和驱动链轮磨损严重。

2. 故障原因分析

(1)当主驱动链条过紧时,其垂直度远小于规定值,自动扶梯在运行时易发生抖动,加大驱动链条和驱动链轮的磨损。

(2)当主驱动链条过松时,自动扶梯反向运行启动瞬间,主驱动链条受力过大,会影响链条的寿命,乘梯舒适感也不好,如图 2-106 所示。

3. 故障处理

(1)如果主驱动链条过紧或过松,可以通过移动驱动主机的位置来调整,如图 2-107 所示。

(2)如果移动主机的位置仍不能解决问题,则需要更换主驱动链条。

图 2-106　主驱动链条过松

图 2-107　主驱动链条松紧程度调整

书证融通

1. 简述自动扶梯驱动装置有异响的故障原因及对应的处理方法。
2. 简述自动扶梯驱动装置温升过快、过高的故障原因及对应的处理方法。

◇ 任务二　自动扶梯制动器的故障处理

任务导入

　　制动器（图 2-108）是自动扶梯中的重要部件，如果维护调整不当，会引起部件损坏，甚至造成人身伤害事故，因此必须仔细检查、调整。

　　如果按下停止按钮，自动扶梯停止过急或过慢，甚至造成人身伤害事故，同时引起部件损坏，则判断是自动扶梯制动器发生故障，应对自动扶梯制动器进行故障现象记录，分析故障原因，完成故障诊断，最后进行故障排除。

任务实施

1. 故障现象

　　按下"停止"按钮制动器故障（图 2-109），自动扶梯停止过急或过慢；自动扶梯在停止过程中伴随着高频异响。

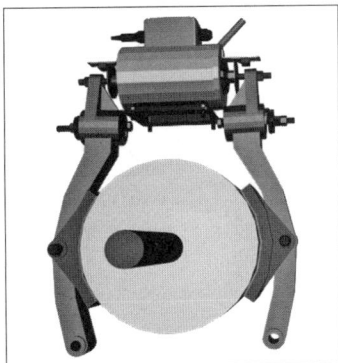

图 2-108　制动器结构

图 2-109　制动器故障

2. 故障原因分析

（1）制动器故障一般表现为制动距离不符合规范要求，即制动距离过大或过小，这时只需撤下电动机非轴伸端的飞轮、风扇罩及风扇叶，调整螺母，改变制动盘对制动垫盘的压力，就可达到调节制动距离的目的。

（2）如果制动装置的摩擦片发生故障，大多会发出刺耳的高频响声，一般是由长时间反复制动停梯所致，应及时更换摩擦片。

🔔 **警告**

注意：调整制动器时必须切断主电源！！！

3. 故障处理

1）制动器动作检查

（1）检查制动器动作时是否有异常声音，特别是尖啸声。

（2）检查制动器有无异常发热。

（3）检查制动器下是否经常有大量制动片粉末出现。

2）制动力矩调整

通常情况下不需要调整制动力矩，只有当空载制动距离不在规定范围内时（速度 0.5m/s 时为 $0.2 \sim 0.4\text{m}$，速度 0.65m/s 时为 $0.3 \sim 0.5\text{m}$）才调整制动力矩。

（1）断电使制动器制动。

（2）顺时针或逆时针方向旋转拉杆的螺母，可以调整弹簧的张紧力（ X 尺寸）以调整制动力矩，并注意 X 尺寸不应小于 5mm，如图 2-110 所示。

（3）调整好制动器后，还要检查保留行程，要求为 1mm。如需调整保留行程，需断电制动，分别调整两侧的保留行程螺母（图 2-111），使保留行程为 1mm，然后紧固锁紧螺母，再用释放杆使制动器开合几次，检查保留行程。

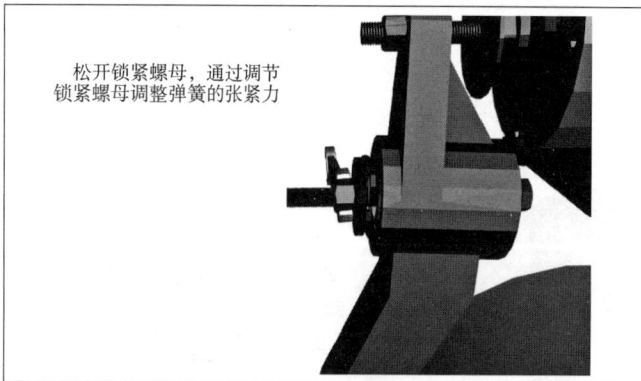

松开锁紧螺母，通过调节锁紧螺母调整弹簧的张紧力

图 2-110　调整弹簧张紧力

图 2-111　调整行程螺母

🔔 **警告**

注意：如果没有设置保留行程，可能会造成制动器的损坏！！！

（4）如果配置了间隙检测功能，调整闸瓦间隙 $S = 0.6\text{mm}$。

（5）检查空载制动距离是否符合要求，如不符合，重复上述步骤进行调整。

3）检查闸瓦衬片

（1）拆卸制动靴。

（2）检查闸瓦衬片（图 2-112）的装配情况，观察其有无破裂，若有破裂应立即更换。

（3）检查闸瓦衬片上是否沾有油污等。

（4）清洁闸瓦衬片表面。

（5）检查闸瓦衬片是否磨损均匀。

（6）正常磨损情况下，当尺寸小于 5.0mm 时，需更换闸瓦衬片。

4）更换制动靴

闸瓦衬片明显损坏时应更换，在以下情况下制动靴也应更换：

（1）调整制动力矩后，制动距离始终无法满足要求时。

（2）闸瓦衬片不均匀磨损时。

（3）制动器有异常声响和发热现象，且调整后仍无法解决时。

拆卸制动靴如图 2-113 所示。

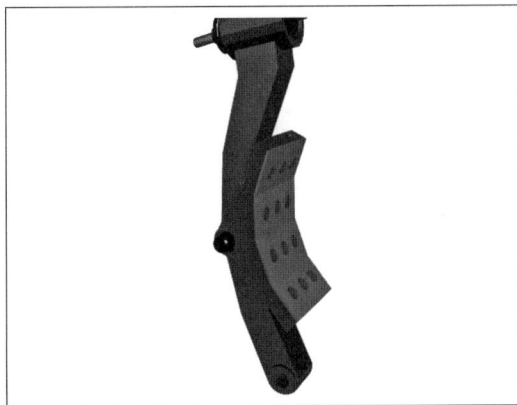

图 2-112　闸瓦衬片

图 2-113　拆卸制动靴

书证融通

1. 自动扶梯制动器动作检查的主要内容有哪些？

2. 简述检查自动扶梯闸瓦衬片的步骤。

◇ 任务三　自动扶梯梯级常见故障的处理

任务导入

梯级容易发生以下类型的故障：

（1）梯级损坏。

（2）梯级跑偏。

（3）梯级振动。

（4）梯级运行中有撞击声。

本任务主要是针对上述四种类型的故障，记录故障现象，分析故障原因，完成故障诊断，最后进行故障排除。

任务实施

一 梯级损坏

1. 故障现象

（1）踏板防滑齿折断，如图 2-114 所示。

（2）踏板在外力作用下倾斜（图 2-115），可能是由于支架主轴孔处断裂、轴套断裂（图 2-116）、主轮脱胶（图 2-117），或者主辅轮轴承损坏等。

图 2-114 踏板防滑齿折断

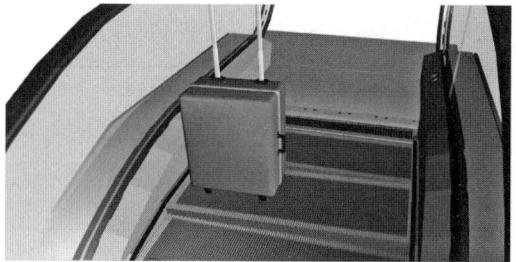

图 2-115 踏板在外力作用下倾斜

图 2-116 轴套断裂

图 2-117 主轮脱胶

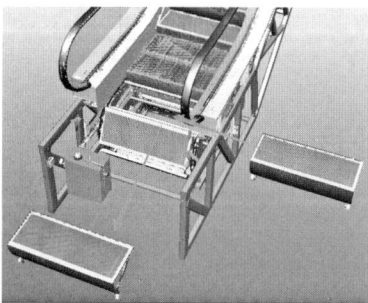

图 2-118 更换整个梯级

2. 故障原因分析

梯级受环境条件、人为因素、机件本身、安装调整维护的影响会损坏。在检查设备时，应重点检查梯级支架、主辅轮。这些部位易发生故障，有可能危及乘客安全。当发现问题时应及时修理或更换。

3. 故障处理

更换损坏的踏板、支架、支架盖或主轮，必要情况下，更换整个梯级，如图 2-118 所示。

二 梯级跑偏

1. 故障现象

梯级跑偏(图 2-119),梯级在运行过程中碰擦围裙板。

图 2-119 梯级跑偏

2. 故障原因分析

(1)梯级在梯路上运行不水平、分支各个区段不水平。

(2)主辅轨、反轨、主辅轨支架安装不水平(图 2-120)等。

(3)梯级运行过程中,相邻两梯级间的间隙调整不当,如图 2-121 所示。

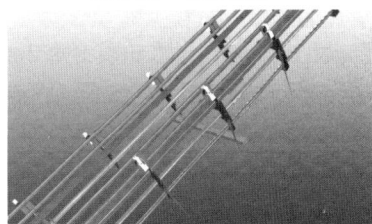

(4)两导轨在水平方向平行不一致,如图 2-122 所示。

图 2-120 梯级支架不水平

图 2-121 梯级间隙调整不当

图 2-122 梯级导轨不水平

3. 故障处理

(1)调整分支各个区段至水平状态。

(2)调整主辅轨、反轨、主辅轨支架至水平状态。

(3)调整相邻两梯级间的间隙,在梯级运行过程中保持恒定。

(4)调整两导轨在水平方向平行一致。

三 梯级振动

1. 故障现象

乘客在搭乘自动扶梯过程中,感觉梯级振动,乘梯舒适感不好。

图 2-123　梯路的连接处接口不平整

2. 故障原因分析

（1）梯路的连接处接口不平整（图 2-123），或高或低，或凹凸不平，或紧固导轨接头的 T 形螺栓松动，导致当梯级的主轮、辅轮经过连接接口时带动梯级产生振动，乘梯舒适感不好。

（2）直线段主轮反轨安装在围裙板内侧下端，如果主轮导轨和反轨的间距小于或等于主轮直径（其间距应为主轮直径 +2mm），当主轮转到这个位置时，所遇到的阻力会很大，乘梯时梯级运动不平稳。这种情况在新安装的自动扶梯和大修后的自动扶梯中易出现。运行中的自动扶梯，如果围裙板调整过低，也易出现此类故障。

3. 故障处理

（1）平整梯路接口处，如图 2-124 所示。

（2）拧紧导轨接头处的 T 形紧固螺栓，如图 2-125 所示。

图 2-124　平整梯路接口处

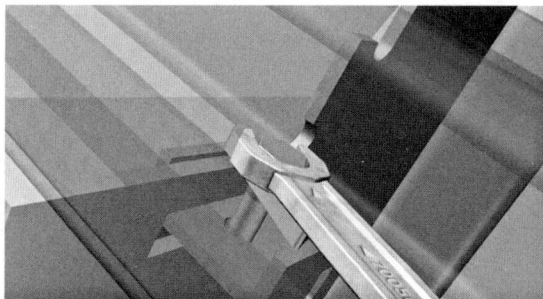

图 2-125　拧紧导轨接头处的 T 形紧固螺栓

（3）调整垫片，修理导轨接头使其平滑过渡，如图 2-126 所示。

（4）调整导轨或反轨的位置，或者调整围裙板的位置至合适高度（图 2-127），使缝隙符合要求。

图 2-126　调整垫片，修理导轨接头

图 2-127　调整导轨与围裙板间距

四　梯级运行中有撞击声

1. 故障现象

梯级在上端或下端转向处发出有节奏的撞击声。

2. 故障原因分析

产生这种故障现象的原因有很多。就主轮导轨而言,在下分支侧,主轮导轨过高或过低,都容易造成这种现象发生;在上分支侧,由于长时间运行,自动扶梯主轮的切线导轨被严重磨损,甚至出现凹坑以及辅轮导轨转向壁与辅轮间隙不合适或两转向壁不同心、不对称,均会发出有节奏的撞击声。

正常情况下,主轮围绕链轮运动时,曳引链在某处 A 点将与链轮分离,此时主轮应与主轮导轨相啮合,如图 2-128 所示。

如主轮导轨过低,主轮到达 B 点时,才与主轮导轨啮合,如图 2-129 所示。

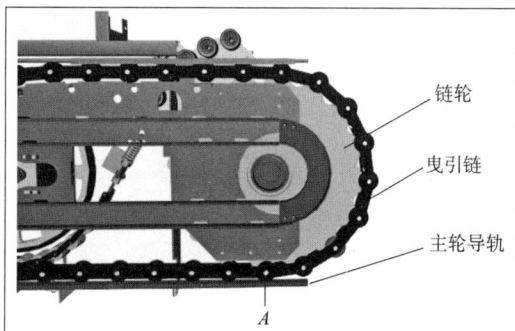

链轮
曳引链
主轮导轨

图 2-128 正常情况下,主轮与主轮导轨啮合情况

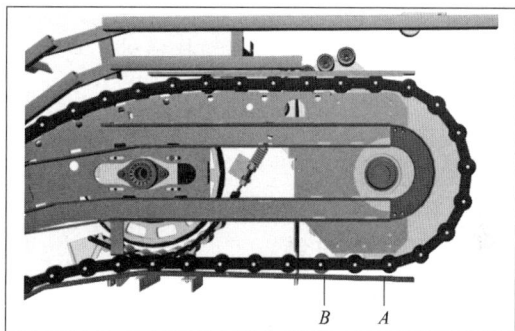

图 2-129 异常情况下,主轮与主轮导轨啮合情况

A、B 点不重合(图 2-130),主轮悬空,导致梯级在这个区域运行发生抖动,发出有节奏的撞击声。

3. 故障处理

调整主轮导轨、转向壁,更换切线导轨,保证辅轮与转向壁之间留有一定间隙(图 2-131),这个间隙一般为 $0.4 \sim 1$ mm。

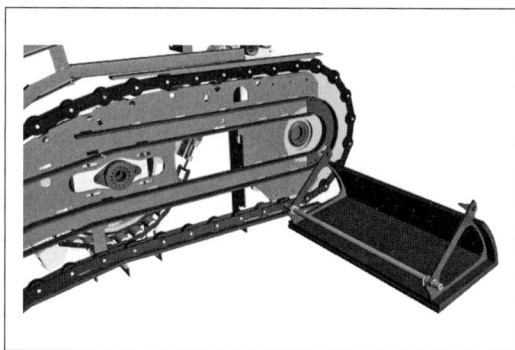

图 2-130 故障情况下,梯级发出撞击声

图 2-131 辅轮与转向壁间隙

书证融通

总结梯级常见的四种故障类型,描述其故障现象,分析对应的故障原因。

◇ 任务四　梳齿板及前沿板的故障处理

任务导入

　　如果梳齿的齿与梯级的齿槽啮合不好,当有异物卡入时就会产生变形、断裂,一旦损坏,极易发生夹脚、夹鞋等事故,严重时可能发生人身安全事故。据不完全统计,由梳齿引发的事故占自动扶梯总事故的35%～45%。所以,要求一块梳齿上有3根齿或相邻2根齿损坏,必须立即更换梳齿板。梳齿的齿与梯级齿槽的啮合深度必须符合设计要求,必须有异物卡入时的停机保护装置。自动扶梯进出口处必须有深度大于2.5m、宽度为自动扶梯宽度的畅通区域,并保持其环境卫生。

任务实施

一　故障现象

　　梳齿板及前沿板常见故障现象有梳齿变形(图2-132)、梳齿断裂(图2-133)和前沿板齿筋损坏(图2-134)等。

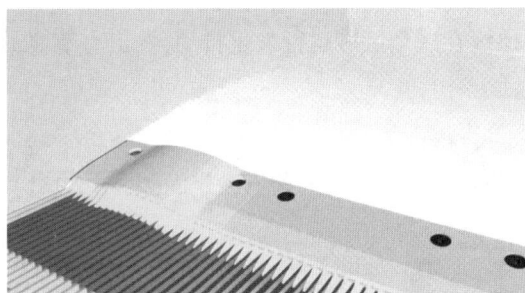

图2-132　梳齿变形

图2-133　梳齿断裂

二　故障原因分析

　　自动扶梯运行时,梯级周而复始地从梳齿间进出,每小时载客8000～9000人次,梳齿的工作负荷可想而知,梳齿杆易损坏;前沿板表面若有乘客鞋底的泥沙,也可能导致梳齿板损坏。

图2-134　前沿板齿筋损坏

三　故障处理

　　(1)自动扶梯出入口应保持清洁,前沿板表面应清洁、无泥沙。

　　(2)梳齿板及自动扶梯出入口保证梳齿的啮合深度。

（3）调整梳齿板、前沿板、梳齿与梯级齿槽的啮合深度。

（4）调整前沿板与梯级踏板上表面的高度。

（5）调整梳齿板水平倾角和啮合深度。

（6）一块梳齿板上有 3 根齿或相邻 2 根齿损坏时，必须立即更换梳齿板。

（7）检查梯级（踏板）和梳齿的啮合情况，更换损坏的梳齿板或梯级。

书证融通

简述自动扶梯梳齿板及前沿板的常见故障及对应处理办法。

◇ 任务五 自动扶梯扶手装置常见故障处理

任务导入

自动扶梯或自动人行道的扶手装置（图 2-135）是出于安全性考虑所设置的安全装置，供站立在自动扶梯或自动人行道梯级（踏板）上的乘客扶手之用。在乘客出入自动扶梯或自动人行道的瞬间，扶手对保证乘客安全起着极为重要的作用。因此，对扶手装置发生的故障必须给予高度重视。自动扶梯扶手装置常见故障有以下类型：

（1）扶手带比梯路速度慢。

（2）扶手带停滞。

（3）扶手带过热。

（4）扶手带有噪声。

本任务主要针对上述四种类型的故障，记录故障现象，分析故障原因，完成故障诊断，最后进行故障排除。

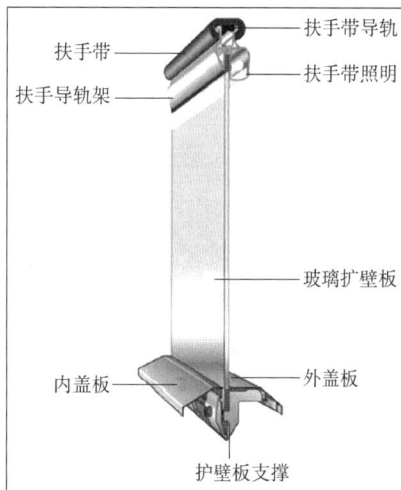

图 2-135 自动扶梯扶手装置

一 扶手带比梯路速度慢

1. 故障现象

乘客乘梯时发现扶手带速度滞后于梯路速度，乘梯舒适感差。

2. 故障原因分析

（1）扶手带的张紧力不够：扶手带过松导致扶手带与梯路速度不一致。

（2）扶手带的驱动橡胶轮磨损，导致摩擦力减小。

3. 故障处理

（1）调整扶手带的张紧装置，如图 2-136 所示。

（2）更换扶手带驱动轮的橡胶层，如图 2-137 所

图 2-136 扶手带张紧装置

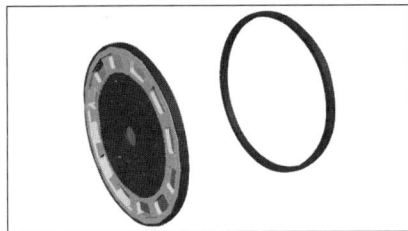

图 2-137 扶手带驱动轮橡胶层

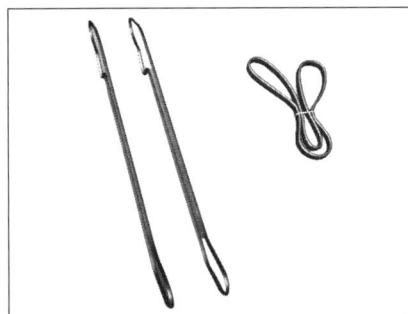

图 2-138 扶手带

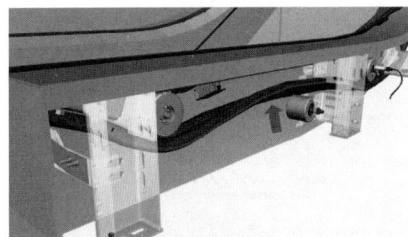

图 2-139 扶手带变形

示。自动扶梯扶手带驱动轮介绍及作用相关资源请扫描二维码。

自动扶梯扶手带
驱动轮介绍及作用

(3)更换扶手带,如图 2-138 所示。

二 扶手带停滞

1. 故障现象

乘客乘梯过程中发现扶手带偶尔出现停滞现象。

2. 故障原因分析

(1)扶手带变形(图 2-139)仍一直使用。

(2)扶手带已脱离扶手带导轨,如图 2-140 所示。

(3)扶手带张紧力不足。

(4)压带没有或只是轻压摩擦轮,如图 2-141 所示。

(5)压带脱离带齿托辊,如图 2-142 所示。

3. 故障处理

(1)对于已经变形的扶手带或者使用时间过长的扶手带,应及时更换。

(2)调整扶手带,使扶手带进入导轨,如图 2-143 所示。

(3)调整扶手带张力至合适张紧度,将扶手带压带调整(图 2-144)至合适压力,3 只托辊应在同一平面,使压带正常运行。

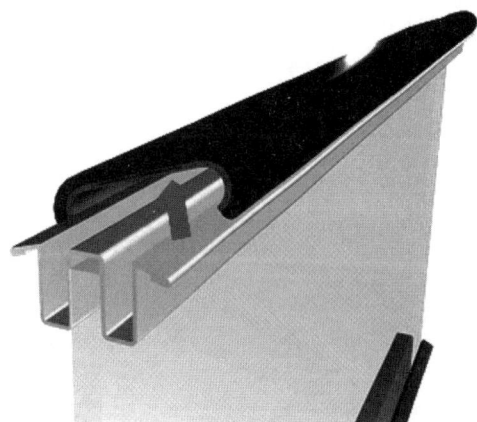

图 2-140 扶手带脱离导轨

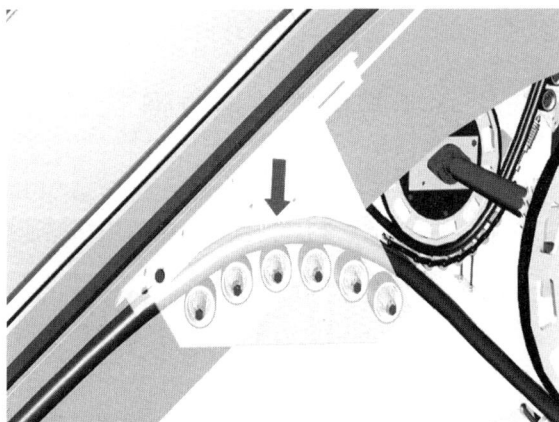

图 2-141 压带对摩擦轮压力不足

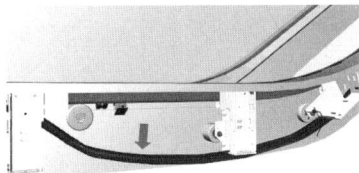
图 2-142 压带脱离带齿托辊

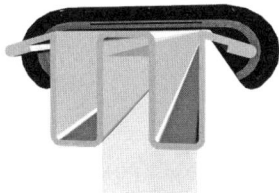
图 2-143 扶手带与扶手带导轨

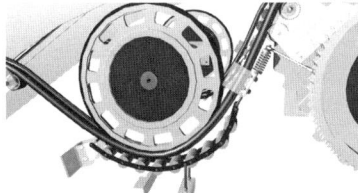
图 2-144 调整扶手带

三 扶手带过热

1. 故障现象

电梯运行过程中,手触扶手带时,发现扶手带过热。

2. 故障原因分析

(1)扶手带调整张力过大。张力过大严重时,扶手带会从上分支下曲线段脱落(图 2-145),如果长时间调整张力过大,会加速扶手带老化。

(2)扶手带与其他部件发生摩擦(图 2-146)也会导致扶手带发热。

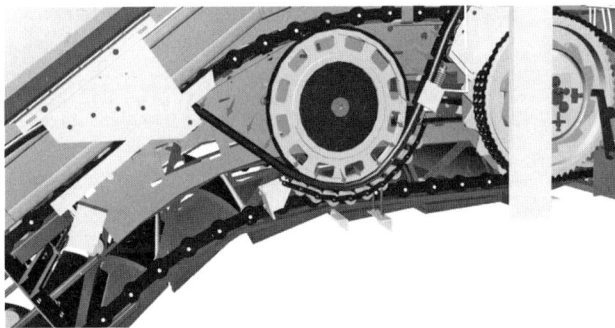
图 2-145 扶手带脱落

图 2-146 扶手带与其他部件摩擦

3. 故障处理

(1)调整扶手带的张紧装置,如图 2-147 所示。

(2)检查并调整与扶手带发生摩擦的其他装置(图 2-148),如压带轮、托辊轮、滚轮群、静电轮、防偏轮、防偏杆等。

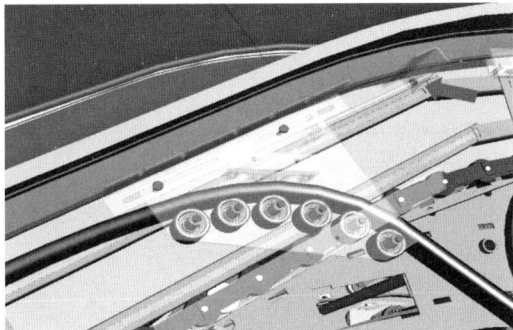
图 2-147 调整扶手带张紧装置

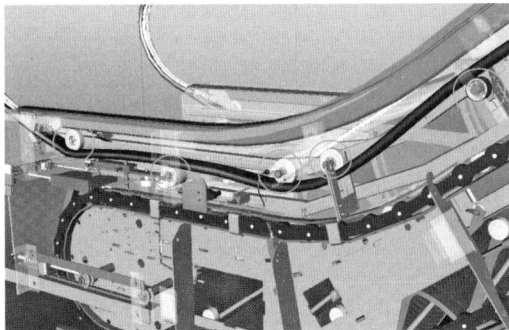
图 2-148 与扶手带发生摩擦的装置

四　扶手带有噪声

1. 故障现象

扶手带在运行过程中，圆弧端发出"沙沙"的异响。

2. 故障原因分析

（1）圆弧端的扶手支架内一般有一组轴承（图2-149），此异响往往是轴承损坏所致。

（2）滑轮群和托辊（图2-150）或摩擦轮的运转噪声。

图2-149　圆弧端扶手支架内的轴承

图2-150　滑轮群和托辊

3. 故障处理

（1）若圆弧段轴承损坏发出异常噪声，应更换损坏的轴承。

（2）若滑轮群、托辊或摩擦轮发出异常噪声，应更换相关损坏部件。

书证融通

1. 简述扶手带比梯路速度慢的故障处理方法。

2. 简述扶手带停滞的故障处理方法。

3. 简述扶手带有噪声的故障处理方法。

4. 简述扶手带过热的故障处理方法。

模块三

电梯的运行与维护

理论单元　电梯的结构及原理

教学引导

本单元对曳引条件及电梯的八大系统进行介绍,学习曳引式电梯的工作原理,了解曳引系统、轿厢系统、门系统、导向系统、质量平衡系统、电力拖动系统、电气控制系统及安全保护系统的作用及组成。

学习目标

(1)学会判断各种工况下曳引能力是否满足要求。

适用岗位:电梯安装维修工高级工。

(2)了解曳引系统的组成,掌握制动器的设置要求。

适用岗位:电梯安装维修工中级工。

(3)了解轿厢系统的组成、称量装置的结构形式,掌握轿厢、轿底及轿厢体的连接关系。

适用岗位:电梯安装维修工初级工。

(4)掌握门系统的联动过程以及层门锁紧要求。

适用岗位:电梯安装维修工初级工。

(5)了解导向系统的组成,掌握导轨的安装方式及滑动导靴与滚轮导靴结构上的不同。

适用岗位:电梯安装维修工初级工。

（6）了解质量平衡系统的作用,掌握对质量和补偿质量的计算方法。

适用岗位:电梯安装维修工初级工。

（7）了解变压变频调速的基本原理和电梯电气控制的基本原理。

适用岗位:电梯安装维修工中级工。

（8）掌握电梯各安全保护系统的保护要求、实现方式和动作过程。

适用岗位:电梯安装维修工初级工。

◇ 知识点一 电梯曳引原理

案例链接

某年3月,重庆江北区某商业楼盘的一部电梯发生打滑事故,电梯从18层滑至7层。其实这种滑梯并不是真正意义上的打滑,可能是由控制系统故障引起的。曳引式电梯的打滑是指曳引轮和钢丝绳之间的摩擦力不足导致两者之间发生滑动。那么,满足什么样的条件时,电梯才不会打滑呢?是不是电梯在所有运行工况下都不打滑呢?本单元将对此展开论述。

曳引式电梯利用曳引轮与悬挂装置之间的摩擦力对轿厢和对重进行提升。为了保证运行的安全,在不同的工况下这种摩擦力需要满足不同的条件。比如,当轿厢装载时,摩擦力需要保证悬挂装置与曳引轮之间不打滑;当轿厢已经处于最顶部时,则要求这种摩擦力使其发生打滑以保证轿厢不继续提升,从而避免轿厢冲顶事故的发生。在不同工况下所需要满足的打滑或不打滑的要求称为各种工况下的曳引条件。

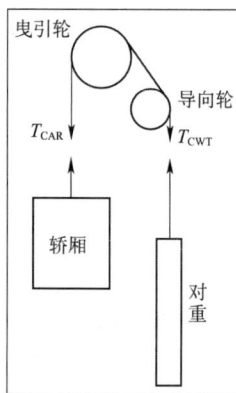

图3-1 曳引轮两侧拉力

一 曳引条件的表达

对于曳引式电梯,曳引条件是指曳引轮两侧(轿厢侧、对重侧)曳引绳的拉力之比(T_1/T_2)与由摩擦系数等参数决定的曳引系数($e^{f\alpha}$)之间的比较关系。其中,T_1为轿厢侧、对重侧曳引绳两个拉力中较大的一个,$T_1 = \max(T_{CAR}, T_{CWT})$;$T_2$为较小的一个,$T_2 = \min(T_{CAR}, T_{CWT})$。轿厢侧拉力$T_{CAR}$和对重侧拉力$T_{CWT}$如图3-1所示。

我们应根据不同的工况来满足不同的曳引条件,以保证电梯的安全运行。

二 电梯曳引的基本条件

《电梯制造与安装安全规范 第1部分:乘客电梯和载货电梯》(GB/T 7588.1—2020)条款5.5.3规定钢丝绳曳引应满足下列三个条件:

（1）按5.4.2.1或5.4.2.2规定,轿厢载有125%的额定载重量,保持平层状态不打滑。

（2）无论轿厢内是空载还是额定载重量，确保任何紧急制动能使轿厢减速到小于或等于缓冲器的设计速度（包括减行程的缓冲器）。

（3）如果轿厢或对重滞留，应通过下列方式之一，不能提升空载轿厢或对重至危险位置：

①钢丝绳在曳引轮上打滑。

②通过符合 5.11.2 规定的电气安全装置使驱动主机停止。

注：如果在行程的极限位置没有挤压的风险，也没有由于轿厢或对重回落引起悬挂装置冲击和轿厢减速度过大的风险，少量提升轿厢或对重是可接受的。

《电梯制造与安装安全规范 第 2 部分：电梯部件的设计原则、计算和检验》（GB/T 7588.2—2020）条款 5.11.2 给出了曳引力计算公式：

对于轿厢装载和紧急制动工况：

$$\frac{T_1}{T_2} \leqslant e^{f\alpha} \quad （不打滑） \tag{3-1}$$

对于轿厢或滞留工况：

$$\frac{T_1}{T_2} \geqslant e^{f\alpha} \quad （打滑） \tag{3-2}$$

式中：e——自然对数的底数；

　　f——当量摩擦系数；

　　α——钢丝绳在曳引轮上的包角（在后面详细展开说明），rad。

三　曳引条件中的加速度

曳引条件中的比值 T_1/T_2 不仅与曳引轮两端的静载荷有关，还与加速度产生的动载荷有关。

《电梯制造与安装安全规范 第 2 部分：电梯部件的设计原则、计算和检验》（GB/T 7588.2—2020）5.11.2.2 对工况的加速度进行了说明。

1. 对于轿厢装载工况

T_1/T_2 的静态比值应按照轿厢装有 125% 额定载重量并考虑轿厢在井道的不同位置时的最不利情况进行计算，即装载工况时为静载荷，加速度为 0。

2. 对于紧急制动工况

T_1/T_2 的动态比值应按照轿厢载荷工况（轿厢空载或装有额定载荷）以及轿厢在井道的不同位置的最不利情况进行计算。考虑到电梯悬挂比，应正确地确定每一个运动部件的减速度。任何情况下，减速度不应小于下列数值：

（1）在正常情况下，为 0.5m/s²。

（2）在使用了减行程缓冲器的情况下，最小减速度值应使轿厢和对重减速到不超过缓冲器的设计速度，即紧急制动工况时为动载荷，且减速度应满足一定的数值要求。

3. 对于滞留工况

T_1/T_2 的静态比值应按照空载的轿厢在最高和最低的位置时进行计算,即滞留工况时为静载荷。

四 曳引系数中的参数

曳引系数 $e^{f\alpha}$ 中的参数包括当量摩擦系数 f 和曳引轮包角 α。

1. 当量摩擦系数 f

当量摩擦系数 f 与曳引轮的绳槽类型及摩擦系数有关。

1）绳槽类型

曳引轮的绳槽有半圆槽（包括带切口的半圆槽）和 V 形槽两种类型:

（1）半圆槽和带切口的半圆槽。半圆槽和带切口的半圆槽如图 3-2 所示。

对于半圆槽和带切口的半圆槽,其当量摩擦系数 f 为

$$f = \mu \frac{4\left(\cos\dfrac{\gamma}{2} - \sin\dfrac{\beta}{2}\right)}{\pi - \beta - \gamma - \sin\beta + \sin\gamma} \tag{3-3}$$

式中:β——下部切口角,rad;

μ——摩擦系数(见后面的说明);

γ——槽的角,rad。

β 的数值最大不应超过 $105°(1.83\text{rad})$;任何情况下,γ 的数值都不应小于 $25°(0.43\text{rad})$。

思考:β 和 γ 的变化对当量摩擦系数 f 的影响情况如何(如何变化使 f 变大,如何变化使 f 变小)?

（2）V 形槽。V 形槽的槽形如图 3-3 所示。

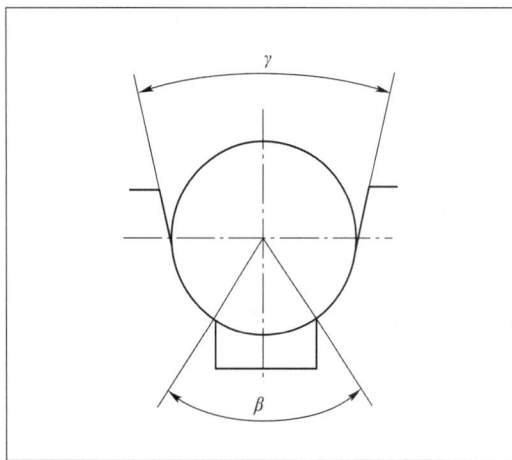

图 3-2 半圆槽和带切口的半圆槽
γ-槽的角;β-下部切口角

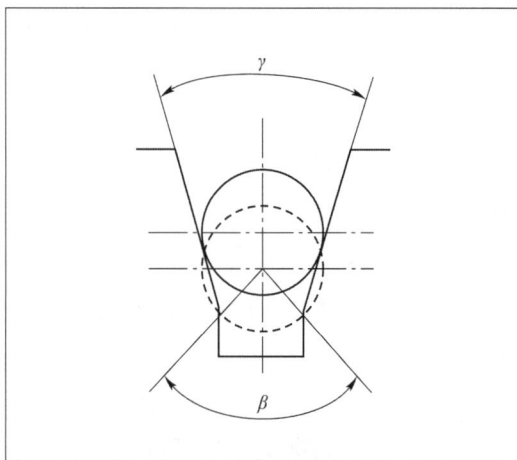

图 3-3 V 形槽
γ-槽的角;β-下部切口角

当槽没有进行附加的硬化处理时,为了限制由磨损导致的曳引条件的恶化,下部切口是必要的。

使用下面的公式计算当量摩擦系数 f:

①轿厢装有载荷和紧急制停工况:

对于未经硬化处理的槽

$$f = \mu \frac{4\left(1 - \sin\dfrac{\beta}{2}\right)}{\pi - \beta - \sin\beta} \tag{3-4}$$

对于经硬化处理的槽

$$f = \mu \frac{1}{\sin\dfrac{\gamma}{2}} \tag{3-5}$$

②滞留工况:

对于经硬化处理和未经硬化处理的槽

$$f = \mu \frac{1}{\sin\dfrac{\gamma}{2}}$$

下部切口角 β 最大不应超过 $105°(1.83\text{rad})$;任何情况下,γ 值都不应小于 $35°(0.611\text{rad})$。

2)摩擦系数

在三种工况下,摩擦系数 μ 分别取以下数值:

(1)装载工况时:$\mu = 0.1$。

(2)紧急制停工况时:$\mu = \dfrac{0.1}{1 + \dfrac{v}{10}}$。

(3)滞留工况时:$\mu = 0.2$。

其中,v 为轿厢额定速度下对应的绳速(单位:m/s)。

2. 曳引轮包角 α

曳引轮包角 α 是指曳引绳与曳引轮接触弧长所对圆心所形成的夹角,是决定电梯曳引能力的一个重要参数。曳引轮包角与电梯曳引绳的绕绳方式等因素有关。

1)绕绳方式和钢丝绳曳引比

电梯曳引绳的绕绳方式和钢丝绳曳引比主要取决于曳引机的位置、轿厢的额定载重量和额定速度等条件。

绕绳方式包括单绕和复绕两种。单绕是指曳引绳挂在曳引轮(曳引轮和导向轮)上且曳引绳对曳引轮的最大包角不大于 $180°$ 的绕绳方式,也称为半绕。复绕是指曳引绳绕曳引轮和导向轮一周后才被引向轿厢和对重的绕绳方式,也称为全绕。复绕增大了曳引绳在曳引轮上的包角,提高了曳引能力。单绕和复绕的绕绳方式如图 3-4 所示。

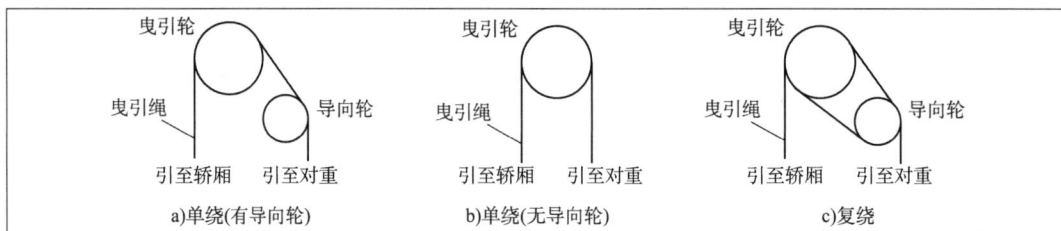

图 3-4　钢丝绳绕绳方式

　　曳引绳的曳引比（也称电梯的绕绳比或钢丝绳倍率）是指悬吊轿厢的钢丝绳根数与曳引轮在轿厢侧下垂的钢丝绳根数之比。曳引比反映了曳引轮圆周的线速度（与曳引轮啮合的曳引绳的速度）与轿厢速度之比。常用的曳引比有 1:1（钢丝绳倍率为 1）、2:1（钢丝绳倍率为 2）、3:1（钢丝绳倍率为 3）、4:1（钢丝绳倍率为 4）及更高的曳引比。较高的曳引比降低了曳引轮两端的受力和曳引机力矩大小的要求，但在同样额定速度，曳引轮的速度会相应增大。

　　几种典型的钢丝绳绕绳方式及曳引比如图 3-5 所示。

　　在城市轨道交通车站中以无机房电梯为主，通常采用无导向轮的单绕方式，曳引比为 2:1，如图 3-5c）所示。为了布置方便，通常将两个轿厢侧反绳轮设置在轿厢下部。

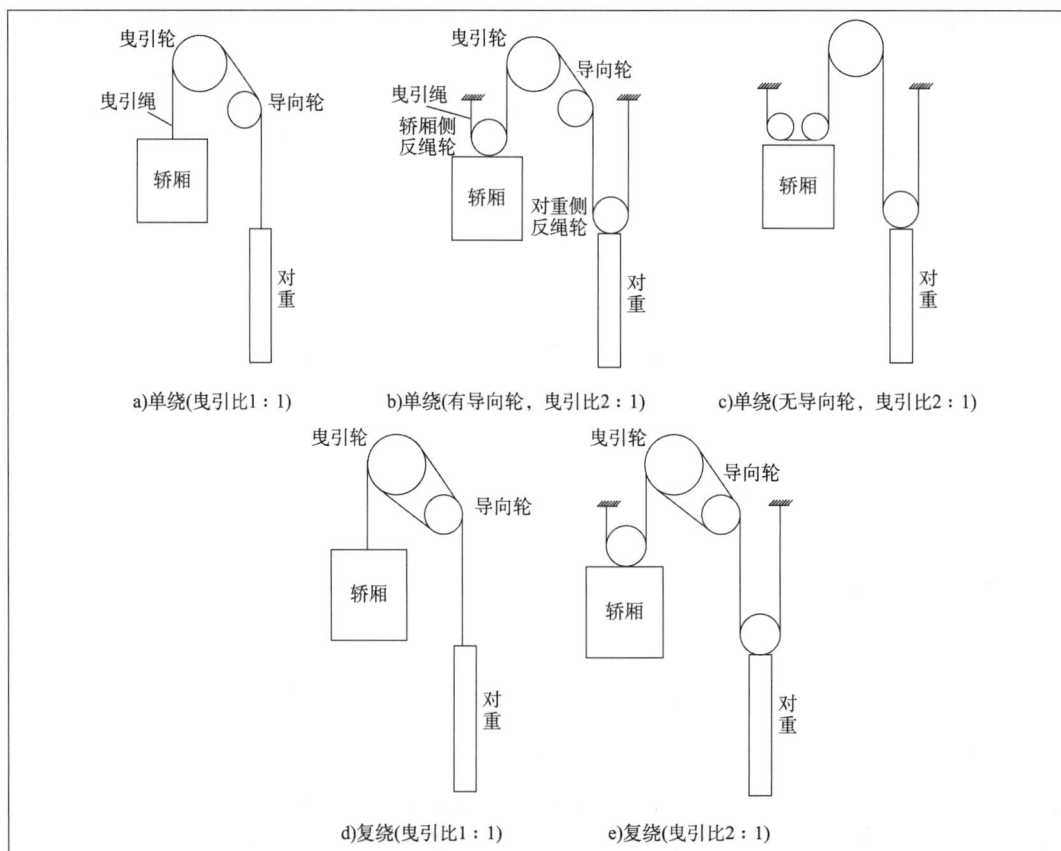

图 3-5　钢丝绳绕绳方式及曳引比

2）曳引轮包角的计算

曳引轮包角的大小直接影响曳引力的大小，在其他参数都相同的情况下，曳引轮包角越大，曳引力就越大。

常用绕绳方式对应的曳引轮包角计算如下：

（1）对于无导向轮的单绕方式，如图 3-6 所示。

（2）对于有导向轮的单绕方式，如图 3-7 所示。

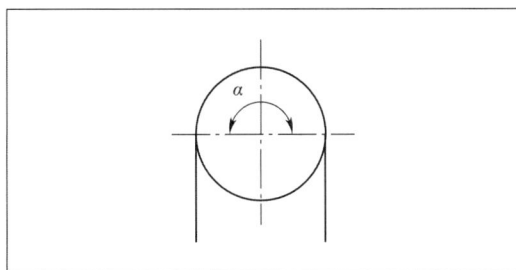

图 3-6 无导向轮的单绕（$\alpha = 180°$）

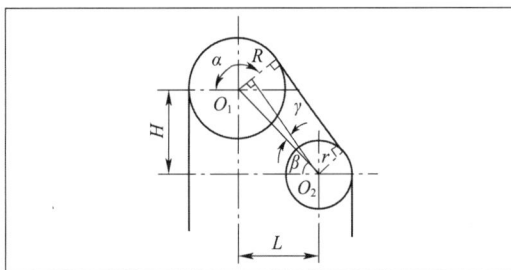

图 3-7 有导向轮的单绕

$$\beta = \arctan \frac{H}{L} \tag{3-6}$$

$$\gamma = \arcsin \frac{R - r}{\sqrt{H^2 + L^2}} \tag{3-7}$$

$$\alpha = 90° + (\beta + \gamma) = 90° + \arctan \frac{H}{L} + \arcsin \frac{R - r}{\sqrt{H^2 + L^2}} \tag{3-8}$$

式中：R——曳引轮半径；

r——导向轮半径；

H——曳引轮中心与导向轮中心在垂直方向的距离；

L——曳引轮中心与导向轮中心在水平方向的距离；

α——曳引轮包角，（°）。

（3）对于复绕方式，如图 3-8 所示。

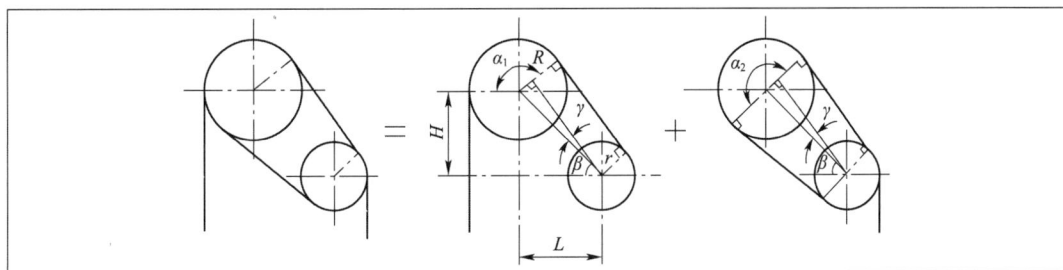

图 3-8 复绕

$$\alpha_1 = 90° + (\beta + \gamma)$$

$$\alpha_2 = 90° + 2(\beta + \gamma)$$

$$\alpha = \alpha_1 + \alpha_2 = 180° + 3(\beta + \gamma) = 180° + 3\left(\arctan \frac{H}{L} + \arcsin \frac{R - r}{\sqrt{H^2 + L^2}} \right) \tag{3-9}$$

课后思考

一、填空题

1. 曳引式电梯要求在_____工况和_____工况时曳引轮与曳引钢丝绳之间不打滑,在_____工况时打滑。

2. 曳引轮使用 V 形槽的电梯,在计算当量摩擦系数时,对于_____工况和_____工况,经过硬化处理和未经硬化处理的槽,其计算公式不同。

3. 对于曳引力的计算,在计算曳引轮两端所受拉力时,_____工况和_____工况的加速度为零。

二、单选题

1. 当导向轮与曳引轮之间的垂直距离增大时,曳引轮包角(　　　)。

    A. 变大　　　　　　　　B. 变小　　　　　　　　C. 不变

2. 当电梯曳引绳采用复绕方式时,曳引轮包角(　　　)180°。

    A. 大于　　　　　　　　B. 小于　　　　　　　　C. 等于

3.《电梯制造与安装安全规范　第 2 部分:电梯部件的设计原则、计算和检验》(GB/T 7588.2—2020)给出的曳引轮与曳引钢丝绳之间的摩擦系数 μ,在(　　　)工况时数值最大。

    A. 装载　　　　　　　　B. 紧急制动　　　　　　C. 滞留

三、判断题

1. 复绕是指曳引比为 2:1。　　　　　　　　　　　　　　　　　　　　　　　(　　)

2. 钢丝绳曳引比是指曳引轮在轿厢侧下垂的钢丝绳根数与悬吊轿厢的钢丝绳根数之比。

                                                          (　　)

四、简答题

1. 当一部电梯曳引力不足时,请给出增大曳引力(改善曳引力状况)的措施。

2. 画出单绕方式下曳引比分别为 1:1 和 3:1 的电梯曳引示意图。

◇ 知识点二　电梯机械的构造

💡 想一想

当我们从电梯的入口进入电梯轿厢时,按下想要去的楼层的按钮,电梯就会停在目的层。电梯是如何运行的? 它包括哪些系统和部件? 这些部件安装在什么位置? 本单元将对此进行总体介绍。

安装在机房(井道顶部)的曳引机是曳引式电梯的驱动装置,其电动机带动曳引轮旋转。曳引钢丝绳通过曳引轮的一端连接轿厢,另一端连接对重。轿厢和对重的重力使曳引钢丝绳压紧在曳引轮的轮槽内,产生摩擦力。当电动机驱动曳引轮转动时,通过该摩擦力带动曳引钢丝绳,进而带动轿厢和对重在井道中沿导轨上下运行。

电梯基本结构图如图 3-9 所示。按电梯部件所处位置,可以将电梯的空间分为机房、井道、底坑、轿厢、层站五部分,其中底坑是底层端站地面以下的井道部分,由于其中所安装的部件种类较为固定,因此单独列出。

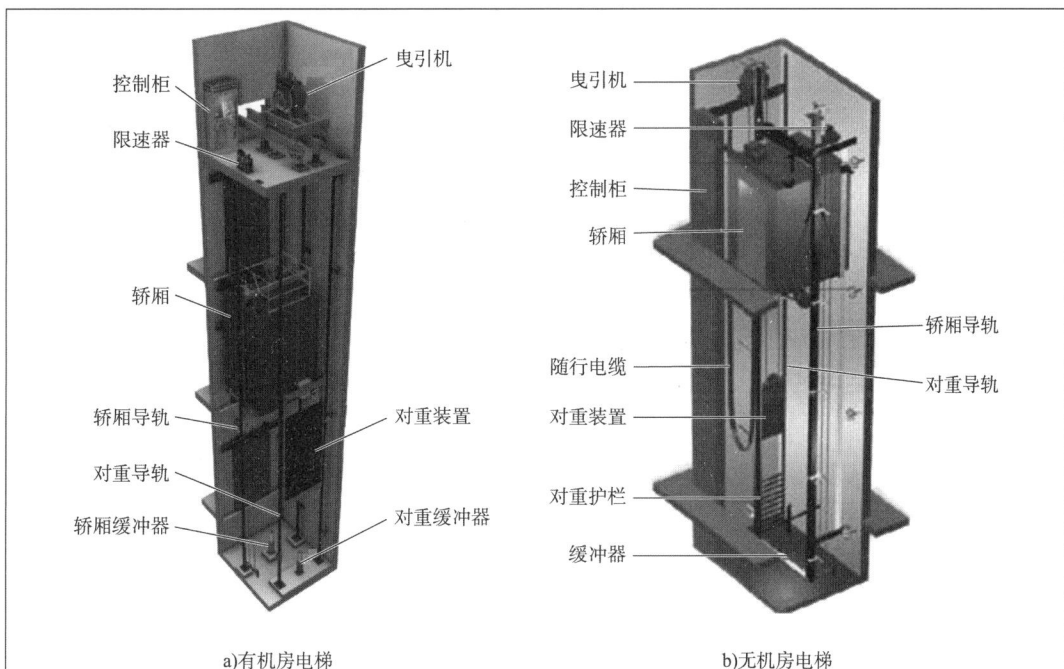

a)有机房电梯　　　　b)无机房电梯

图 3-9　电梯基本结构图

电梯各主要部件的分布位置如图 3-10 所示。

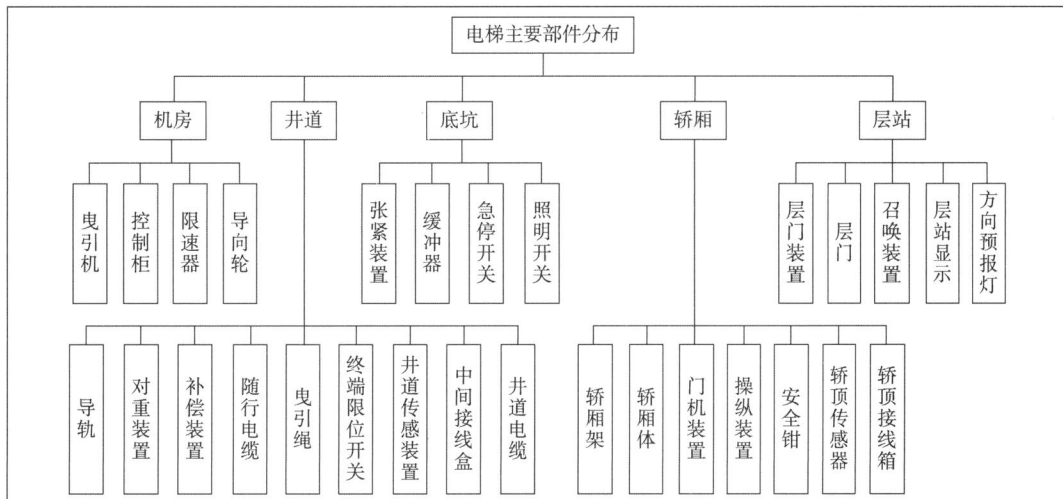

图 3-10　电梯各主要部件分布位置

电梯中的机房部件通常布置在井道中靠近顶部的位置。

按照不同作用,可以把电梯划分为八个系统。电梯八个系统的作用及其主要构件与装置见表 3-1。

电梯八个系统的作用及其主要构件与装置　　　　　　　表3-1

序号	系统名称	作用	组成的主要构件与装置
1	曳引系统	输出与传递动力,驱动电梯运行	曳引机、曳引绳、导向轮、反绳轮等
2	轿厢系统	用于运送乘客和货物的组件,是电梯的工作部分	轿厢架和轿厢体
3	门系统	乘客或货物的进出口,运行时层、轿门必须封闭,到站时才能打开	轿门、层门、开门机、联动机构、门锁等
4	导向系统	限制轿厢和对重的活动自由度,使轿厢和对重只能沿着导轨上、下运行;承受安全钳动作时的制动力	轿厢的导轨、对重的导轨及其导轨支架、导靴
5	质量平衡系统	相对平衡轿厢质量以及补偿高层电梯中曳引绳长度的影响	对重和质量补偿装置等
6	电力拖动系统	提供动力,对电梯实行速度控制	曳引电动机、供电系统、速度反馈装置、电动机调速装置等
7	电气控制系统	对电梯的运行实行操纵和控制	操纵装置、位置显示装置、控制柜、平层装置、选层器等
8	安全保护系统	保证电梯安全使用,防止一切危及人身安全的事故发生	限速器、安全钳、缓冲器、端站保护装置等

课后思考

一、填空题

1. 有机房电梯的空间通常分为 _____、_____、_____、_____ 和 _____ 五个部分。

2. 对于无机房电梯,由于不单独设置机房,通常将有机房电梯中的机房部件布置在井道中靠近 _____ 的位置。

二、单选题

1. 在电梯的八个系统中,用于输出与传递动力、驱动电梯运行的是(　　　)。

   A. 电力拖动系统　　　　B. 电气控制系统　　　　C. 曳引系统　　　　D. 导向系统

2. 电梯系统中,用于减小曳引机力矩要求并保证曳引能力的是(　　　)。

   A. 曳引系统　　　　　　B. 质量平衡系统　　　　C. 轿厢系统　　　　D. 门系统

三、判断题

1. 在有机房电梯的五个空间中,底坑其实是井道的一部分。　　　　　　　　　(　　　)

2. 只要曳引机功率足够大,曳引式电梯中也可以不配置对重。　　　　　　　　(　　　)

四、简答题

1. 简述电梯八个系统的基本作用。

2. 简述电梯八个系统的主要组成部件。

◇ 知识点三 电梯曳引系统

想一想

作为电梯驱动组件的曳引机,其功率和力矩需要满足怎样的要求才能保证电梯的正常加速、匀速运行和减速? 制动器应具备怎样的功能才能保证电梯可靠制动? 悬吊轿厢的悬挂装置除了钢丝绳外还有其他类型吗?

曳引系统用于输出和传递动力,驱动电梯在井道中上下运行。曳引系统主要由曳引机、导向轮、反绳轮悬挂装置与端接装置等部件组成。由于曳引绳绕法、曳引绳倍率不同,曳引系统的结构及所需部件也有所不同。

一 曳引机

曳引机又称主机,是电梯的动力源,是驱动轿厢和对重在井道中上下运动的动力装置。它一般放置在井道顶端的机房内(上置式有机房),或放在井道内导轨顶端(上置式无机房),也有的放置在底坑一侧(下置式)或轿顶上。其中,上置式有机房(通常称为有机房)和上置式无机房(通常称为无机房)布置方式的应用最为常见,而无机房在城市轨道交通车站的应用最为广泛。

1. 曳引机的形式

按照有无机械减速机构分类,曳引机可分为有减速机构的曳引机(有齿轮曳引机)和无减速机构的曳引机(无齿轮曳引机)两种。

1)有齿轮曳引机

有齿轮曳引机设有减速器,电动机的动力通过中间减速器传递到曳引轮;减速器能够降低电动机输出转速,提高输出力矩。图 3-11 所示为使用蜗轮蜗杆减速装置的有齿轮曳引机。由于有齿轮曳引机的体积较大,一般用于有机房电梯。

2)无齿轮曳引机

无齿轮曳引机没有减速器,曳引轮紧固在曳引电

图 3-11 蜗轮蜗杆曳引机

动机轴上,或者直接与电动机的转子固定,其电动机的动力直接传递到曳引轮上。交流永磁同步(PM)无齿轮曳引机得到了广泛应用。图 3-12 所示为常用的永磁同步无齿轮曳引机。

一些电梯公司推出的钢带电梯产品使用扁平钢带作为悬挂装置,对应使用钢带曳引机,如图 3-13 所示。这种曳引机最小曳引轮直径可以降低至 100mm 以下,在无机房和小机房电梯中得到了广泛应用。

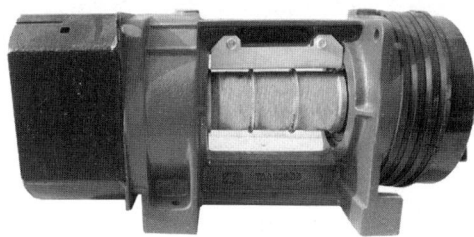

a)配置鼓式制动器　　　　b)配置盘式制动器

图 3-12　常用的永磁同步无齿轮曳引机　　　　图 3-13　奥的斯钢带曳引机

2. 曳引机的基本结构

曳引机通常由电动机、制动器、减速器、曳引轮组成。曳引机是输出和传递动力,使电梯运行的设备。永磁同步无齿轮曳引机没有减速器,在无机房电梯中得到了普遍应用。下面以永磁同步无齿轮曳引机结构为例进行介绍。

1)电动机

根据电梯的工作特点,电梯用电动机应具有如下特点:

(1)具有重复短时工作,频繁启动、制动及正、反运转的特性。

(2)有足够大的启动转矩,能满足轿厢满载加速的要求。

(3)能适应一定的电源电压波动。

(4)具有良好的机械性能,可减小电梯运行时负荷的变化造成电梯运行速度的变化。

(5)具有良好的调速性能,保证电梯速度变化平稳,平层准确。

(6)运转平稳、工作可靠、噪声小及维护方便。

永磁同步电动机的基本工作原理与传统电励磁同步电动机基本相同,区别为传统的电励磁同步电动机是通过在励磁绕组中通入电流来产生磁场的,而永磁同步电动机是通过永磁体来建立磁场的。永磁同步电动机的三相绕组分布在定子上,永磁体安装在转子上,当定子侧通入三相对称电流时,由于三相定子在空间位置上相差120°,三相定子电流在空间中产生旋转磁场,转子在旋转磁场中受到电磁力作用而运动,将电能转换为动能。曳引轮与转子或电动机的转轴直接相连,从而驱动轿厢和对重上下运动。

电梯的载荷、运行速度等主要参数取决于曳引机的电动机功率和转速、曳引轮直径、曳引比等。

电梯的运行速度与曳引电动机之间的关系为

$$v = \frac{\pi D n}{60 i} \tag{3-10}$$

式中:v——电梯运行速度,m/s;

D——曳引轮直径,m;

n——曳引电动机转速,r/min;

i——曳引比(曳引绳倍率)。

曳引电动机的功率在初选时可以按净功率进行估算:

$$P = \frac{(1 - K_P)Qv}{102\eta} \qquad (3-11)$$

式中：P——曳引机功率，kW；

    K_P——电梯平衡系数，一般取 $0.4 \sim 0.5$；

    Q——额定载重量，kg；

    v——电梯额定速度，m/s；

    η——电梯机械传动总效率。

一般情况下，因为需要考虑补偿偏差、轿厢运行的附加阻力等因素，所以选择的曳引电动机额定功率总是略大于净功率。

《电梯制造与安装安全规范 第1部分：乘客电梯和载货电梯》（GB/T 7588.1—2020）5.9.2.2.2.1规定：当轿厢载有125%额定载重量并以额定速度向下运行时，仅用制动器应能使驱动主机停止运转。在上述情况下，轿厢的平均减速度不应大于安全钳动作或轿厢撞击缓冲器所产生的减速度。

所有参与向制动面施加制动力的制动器机械部件应至少分两组设置。如果由于部件失效其中一组不起作用，应仍有足够的制动力使载有额定载重量以额定速度下行的轿厢和空载以额定速度上行的轿厢减速、停止并保持停止状态。

电磁铁的动铁芯被认为是机械部件，而电磁线圈则不是。

《电梯制造与安装安全规范 第1部分：乘客电梯和载货电梯》（GB/T 7588.1—2020）条款5.5.2.1规定：无论悬挂钢丝绳的股数多少，曳引轮、滑轮或卷筒的节圆直径与悬挂钢丝绳的公称直径之比不应小于40。

2）电磁制动器

电磁制动器又称抱闸，是电梯的一个重要的安全装置，它的作用是使轿厢准确制动停靠，同时使电梯在停止时不会因轿厢侧与对重侧的质量差而产生滑移。

电磁制动器有多种结构形式，但要求和原理基本相同。图3-14所示为永磁同步无齿轮曳引机的鼓式电磁制动器，由制动电磁铁、制动臂、制动闸瓦、制动弹簧等组成。

根据《电梯制造与安装安全规范 第1部分：乘客电梯和载货电梯》（GB/T 7588.1—2020）的规定：制动系统应具有机电式制动器（摩擦型）。另外，还可增设其他制动装置（如电气制动）。

当电动机停止时，电磁铁线圈断电，两块铁芯之间无吸力，制动闸瓦在制动弹簧的压力下抱紧制动轮（制动轮与曳引轮刚性连接成一体），使电梯停止。

当电梯启动时，电动机通电，电磁铁线圈同时通电，铁芯吸合，带动制动臂，使其克服制动弹簧的弹簧力绕支点旋转，带动制动闸瓦张开，脱离制动轮，制动轮上的制动力消失，制动器松闸，电梯启动。

图3-14 永磁同步无齿轮曳引机的鼓式电磁制动器

1-制动电磁铁；2-制动弹簧；3-制动轮；4-制动臂；5-制动闸瓦；6-曳引轮；7-松闸扳手

正常运行时,制动器应在持续通电下保持松开状态。

切断制动器电流,至少应用两个独立的电气装置(如两个独立的继电器或接触器)来实现。当电梯停止时,如果其中一个制动器或接触器的主触点未打开,最迟到下一次运行方向改变时,应防止电梯再运行。

当轿厢载有125%额定载荷并以额定速度向下运行时,操作制动器应能使曳引机停止运转。在上述情况下,轿厢的减速度不应超过安全钳动作或轿厢撞击缓冲器所产生的减速度。

根据《电梯制造与安装安全规范 第1部分:乘客电梯和载货电梯》(GB/T 7588.1—2020)的规定,为提高制动的可靠性,所有参与向制动面施加制动力的制动器机械部件(包括制动臂、制动闸瓦、制动弹簧、电磁线圈的铁芯等)应至少分两组装设。如果一组部件不起作用,应仍有足够的制动力使载有额定载重量的轿厢缓速下降。

需要手动紧急操作的曳引机,能够借助松闸扳手手动松开制动器,并需要一个持续力保持其松开状态。

3)曳引轮

曳引轮在电动机的驱动下旋转,利用曳引轮绳槽与曳引绳之间产生的摩擦力,带动悬挂在绳槽上的曳引绳,使轿厢上下运行。

曳引轮要求能承受电梯轿厢自重、轿厢内载荷、曳引绳、对重等的全部质量,需要保证一定的强度、韧性和耐磨性能,其材料一般选用球墨铸铁。

直径和绳槽形状是曳引轮的结构要素。

对于曳引轮的直径:

$$\frac{D}{d} \geqslant 40 \tag{3-12}$$

式中:D——曳引轮节圆直径,mm;

d——曳引绳公称直径,mm。

曳引钢丝绳的直径不小于8mm,因此,使用曳引绳的曳引轮直径最小为320mm。

曳引轮直径会影响曳引电动机的力矩要求,也会对曳引绳的安全系数要求产生很大的影响。

曳引轮绳槽的形状直接关系到曳引能力(摩擦力)的大小和曳引绳的寿命。它对曳引能力的影响体现在当量摩擦系数上,对曳引绳寿命的影响体现在对钢丝绳安全系数的要求上(见后文的曳引绳部分)。

常见的曳引轮绳槽有半圆槽、带切口的半圆槽和V形槽三种。其中,V形槽所产生的摩擦力最大,能够获得较大的曳引力。但由于钢丝绳在槽中的接触面积小,钢丝绳与绳槽的磨损都很快,影响其使用寿命。如果V形槽没有进行附加硬化处理,当槽形磨损时,摩擦力会很快下降,导致曳引条件恶化。为避免出现这种情况,V形槽一般采用表面硬化处理或槽的下部开切口。半圆槽与曳引绳的接触面积大,曳引绳变形小,能够获得相对较长的曳引轮和曳引绳使用寿命。但半圆槽的当量摩擦系数小,产生的曳引能力差,一般不用于绕绳方式为单绕的电梯,而是用于复绕电梯。因为复绕方式曳引绳与曳引轮的包角大,弥补了摩擦系数小的不足,提高了曳引能力。带切口的半圆槽是在半圆槽的底部切出一根沟槽,曳引绳与绳槽的接触面积减小,接触面的单位压力(比压)变大,曳引绳在沟槽处发生变形,部分嵌入沟槽,使当量摩擦系数大为增大,提高了曳引能力。

复合钢带产品满足曳引轮直径与绳径比不小于 40 的要求,但复合钢带中的钢丝绳直径低至 2~3mm,因此,曳引轮直径最小可以降低至 100mm 以下。另外,复合钢带外层为聚氨酯材料,使得其与曳引轮之间的摩擦系数相较曳引绳大为增加,因此,曳引轮表面可以不加工槽。

二 导向轮

导向轮(图 3-15)是指用于增大轿厢和对重之间的距离,使曳引绳经曳引轮后再导向对重装置或轿厢一侧而设置的绳轮,其能够确保轿厢悬挂中心和对重悬挂中心间的距离。

导向轮一般用于曳引比为 1:1 的电梯和曳引比为 2:1 的有机房电梯。就布局而言,无机房电梯通常不设置导向轮,曳引绳直接从曳引轮两端垂下,曳引绳在曳引轮上的包角接近 180°。

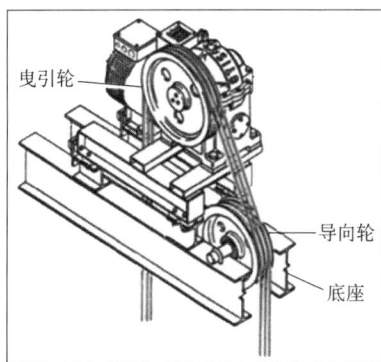

图 3-15　导向轮

三 反绳轮

反绳轮是设置在轿厢和对重上的动滑轮,用于曳引比≥2 的电梯。曳引比为 1:1 的电梯,曳引钢丝绳直接与轿厢架、对重架连接,无须反绳轮。设置在轿厢、对重上的反绳轮分别称为轿厢侧反绳轮和对重侧反绳轮(简称对重轮)。

对于曳引比为 2:1 的电梯系统,根据井道布局的需要,轿厢侧反绳轮可以设置在轿厢顶部(简称轿顶轮),也可以设置在轿厢底部(简称轿底轮);可能配置一个轿顶轮,也可能配置两个轿顶轮,如图 3-16 所示。当设置为轿底轮时,通常配置两个,将曳引绳距离拉开,避免轿厢与对重干涉,如图 3-17 所示。对重轮设置在对重顶部,通常数量为 1。

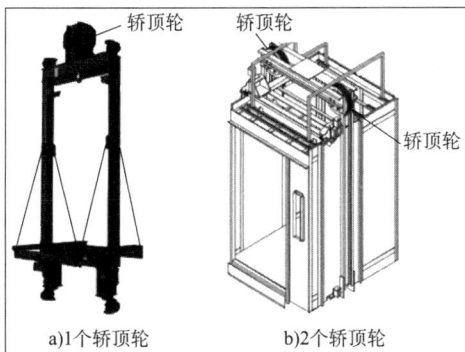

图 3-16　轿顶轮

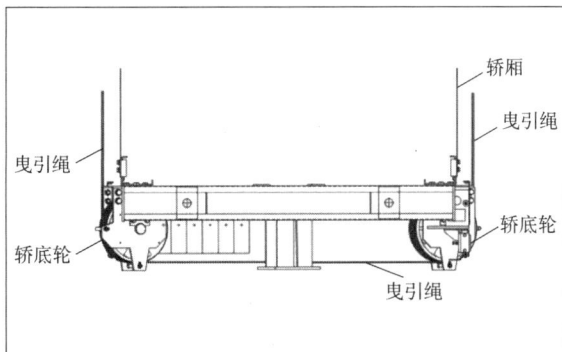

图 3-17　轿底轮

四　悬挂装置与端接装置

1. 悬挂装置

常用的电梯悬挂装置有钢丝绳（称为曳引钢丝绳或曳引绳）和复合钢带两种。其中，曳引钢丝绳应用最为广泛。这里主要介绍曳引钢丝绳及其端接装置，仅对复合钢带进行简单介绍，其对应的端接装置此处不展开论述。

1）曳引钢丝绳

曳引钢丝绳是连接轿厢和对重装置的部件，除承受轿厢自重、载荷、对重质量及曳引钢丝绳自身质量等电梯的全部悬挂质量外，还要承受电梯启动、制动时的冲击；在电梯运行过程中，曳引钢丝绳绕着曳引轮、导向轮或反绳轮频繁弯曲，并在绳槽中承受着较大的比压，因此，曳引钢丝绳应具有较高的强度、挠度及耐磨性。

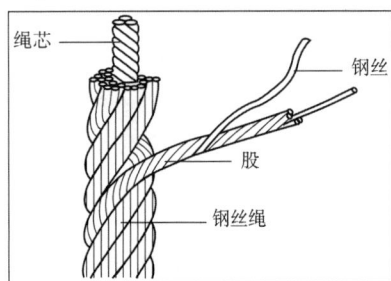

图 3-18　钢丝绳结构

曳引钢丝绳由钢丝捻成股，再由若干股和绳芯捻成钢丝绳，如图 3-18 所示。

《电梯用钢丝绳》（GB 8903—2024）对电梯用钢丝绳（包括曳引绳、限速器钢丝绳、补偿钢丝绳）的分类、结构、技术要求等列出了详细的要求，包括纤维芯（FC）、钢芯（WC）、钢基复合芯（SCC）。

曳引钢丝绳主要分为纤维芯曳引钢丝绳和钢芯曳引钢丝绳两种。纤维芯的绳芯含油率较高，在捻制成钢丝绳后，对钢丝绳的防锈和减少磨损更为有利。纤维芯曳引钢丝绳通常采用天然纤维绳芯，使用剑麻制造。钢芯曳引钢丝绳强度更高，多用于高速电梯。

对于曳引钢丝绳，有如下要求：

（1）曳引钢丝绳的公称直径不小于 8mm。

（2）曳引钢丝绳不得少于 2 根，每根曳引钢丝绳应是独立的。

（3）不论钢丝绳的股数多少，曳引轮、滑轮的节圆直径与悬挂绳的公称直径之比不应小于 40。

（4）曳引钢丝绳的最小安全系数需要根据曳引轮的直径和槽形、导向轮和反绳轮等滑轮的直径、数量、布置情况等因素计算确定，且在任何情况下不应小于下列值：

①对于用 3 根或 3 根以上曳引钢丝绳的曳引驱动电梯为 12。

②对于用 2 根曳引钢丝绳的曳引驱动电梯为 16。

电梯的实际安全系数不得小于规定的最小安全系数。实际安全系数是指装有额定载重量的轿厢停靠在最低层站时，一根曳引钢丝绳的最小破断负荷（N）与这根曳引钢丝绳所受的最大力（N）之间的比值。

此外，安全系数不应小于根据《电梯制造与安装安全规范 第 2 部分：电梯部件的设计原则、计算和检验》（GB/T 7588.2—2020）5.12（电梯悬挂钢丝绳安全系数的计算）得出的计算值。上述因素对最小安全系数的影响情况大致如下：

（1）曳引轮直径与曳引钢丝绳直径的影响：曳引轮直径越小，曳引轮直径与曳引钢丝绳直径的比值越小，要求的最小安全系数越大。

（2）其他滑轮（导向轮、轿厢侧及对重侧反绳轮）直径的影响：平均直径越小，要求的最小安全系数越大。

（3）滑轮数量的影响：滑轮数量越多，要求的最小安全系数越大。

（4）槽形的影响：对于 U 形槽以及带切口的 U 形槽，下部切口角 β 越大，要求的最小安全系数越大；对于 V 形槽，槽的角度 γ 越小，要求的最小安全系数越大。

2）复合钢带

复合钢带（图 3-19）改变了钢丝绳股的排列方式，在横排的钢丝绳股外包裹聚氨酯，形成带状结构。在具有相同承载力的情况下，复合钢带的整体质量比钢丝绳轻。聚氨酯与曳引轮的摩擦力大，能够提供更高的曳引能力；因为其中所包覆的钢丝绳直径小，所以柔韧性好，且能够减小曳引轮直径，能够有效地降低对曳引机力矩的要求，可以使曳引机的体积大为减小，易于实现无机房和小机房设计。

2. 端接装置

曳引钢丝绳端接装置（又称绳头组合）是使曳引钢丝绳末端固定在轿厢（对重）上或绕过轿厢（对重）上的滑轮机构，是系结在曳引钢丝绳固定部件的悬挂部位上的装置。曳引钢丝绳与端接装置连接后，才能与其他机件相连接。如图 3-20 所示，曳引钢丝绳在末端与端接装置连接后，才能通过端接装置与支承梁、支承板等部件连接。

曳引钢丝绳与其端接装置的结合处至少应能承受钢丝绳的最小破断负荷的 80%。

常用的曳引钢丝绳端接装置有锥套型和自锁楔形两种。

图 3-19　复合钢带

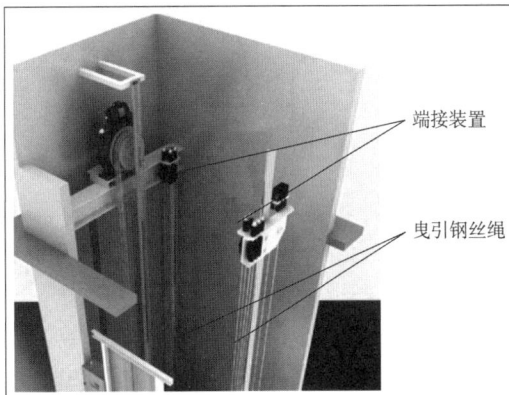

端接装置

曳引钢丝绳

图 3-20　曳引钢丝绳与端接装置

1）锥套型

锥套经铸造或锻造成型。根据锥套与吊杆的连接方式，锥套型曳引钢丝绳端接装置可以分为整体式、铰接式和螺纹连接式三种结构形式，如图 3-21 所示。这三种结构形式在电梯中都有应用。

安装时，将曳引钢丝绳末端靠近头部处用细铁丝扎紧，防止曳引钢丝绳散开，然后穿过锥套,将钢丝绳头部钢丝解散,并把各股向绳的中心弯成圆锥状,清洗后拉入锥套,浇注低熔点合金(通常使用巴氏合金),待冷凝后即可,如图 3-22 所示。巴氏合金浇注方法简单、方便,被广泛应用于电梯安装。它的主要缺点是,由于用火焰融化金属,液体金属外溢或飞溅时容易引起烫伤、可燃材料着火,且制作时间长,清洁、预热、浇注等受人为因素影响较大且不易控制。随着对环保的要求越来越高,采用巴氏合金浇注方式的端接装置将会逐渐减少。

图 3-21　锥套型端接装置

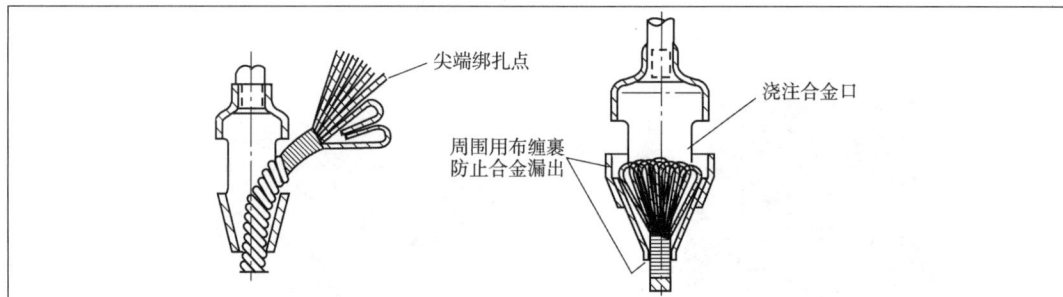

图 3-22　锥套型端接装置与钢丝绳的连接

2)自锁楔形

自锁楔形绳套主要由绳套筒、楔块和吊杆组成,如图 3-23 所示。

安装时,曳引钢丝绳绕过楔块套入套筒,在曳引钢丝绳拉力作用下,依靠楔形块与套筒内孔的斜面配合自动锁紧。楔块的下方一般设有开口销孔,插入开口销孔可以防止楔块松脱。

自锁楔形绳套无须浇注巴氏合金,装拆方便,工艺简单。

端接装置除了满足拉伸强度外,还应充分考虑安装和调节的方便,应至少在悬挂曳引钢丝绳的一端设有一个调节装置用来平衡各绳的张力,以减小曳引轮槽与曳引钢丝绳的磨损。参考《电梯安装验收规范》(GB/T 10060—2023)5.5.1.9 条的规定,张力调整装置应能使任何一根绳的张力与所有绳的张力平均值的偏差不大于 5%。张力调整装置通常采用压缩弹簧式和橡胶缓冲垫式。张力调整装置除了可以调节各根钢丝绳的张力外,还有缓冲和减振作用。带有张力调整装置的自锁楔形绳套结构如图 3-24 及图 3-23a)所示,实物如图 3-23 所示;带有张力调整装置的锥套型端接装置实物如图 3-21b)所示。

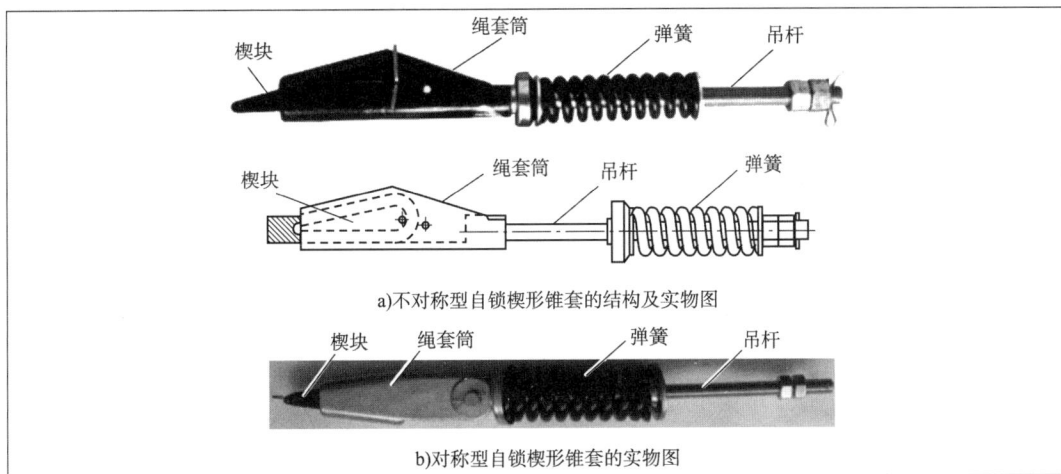

a)不对称型自锁楔形锥套的结构及实物图

b)对称型自锁楔形锥套的实物图

图 3-23　自锁楔形锥套

3. 曳引钢丝绳端接装置的安装

曳引钢丝绳端接装置一端连接曳引钢丝绳,另一端连接在轿厢架、对重架上(曳引比为 1:1 时),或连接在绳头梁或绳头板上(曳引比为 2:1 时),绳头梁或绳头板固定在机房或井道顶端。图 3-25 是曳引比为 2:1 的无机房电梯曳引钢丝绳端接装置安装后的图示,绳头板通过导轨和井道壁固定在井道顶端,端接装置的弹簧安装在绳头板上方,吊杆穿过弹簧后用螺母固定,端接装置的下端连接曳引钢丝绳。曳引钢丝绳的力通过端接装置作用在弹簧上,通过调节螺母(放松或拧紧)即可调整弹簧的变形,使各根曳引钢丝绳张力均匀。

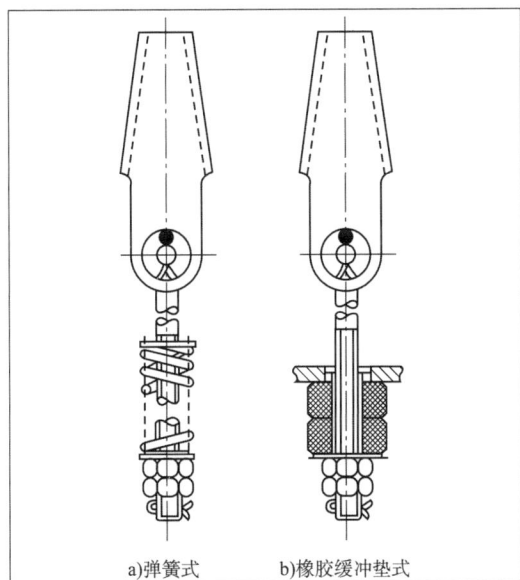

a)弹簧式　　b)橡胶缓冲垫式

图 3-24　带张力调整装置的自锁
　　　　　楔形绳套结构图

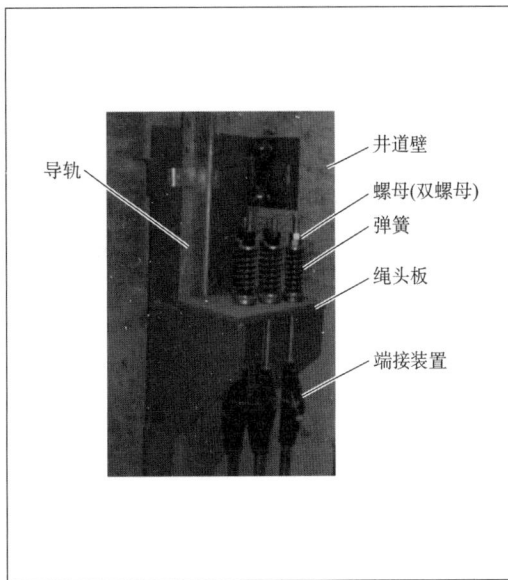

图 3-25　曳引钢丝绳端接装置安装于绳头板

课后思考

一、填空题

1. 电动机动力直接传递到曳引轮上没有减速机构的是_____曳引机。

2. 曳引机的制动器机械部件应分_____组装设。

3. 对于曳引比为1:1的电梯,为了增大轿厢和对重间的距离,通常需要设置_____。

二、单选题

1. 当曳引机的一组制动器不起作用时,应仍有足够的制动力使载有(   )以额定速度下行的轿厢减速下行。

    A. 额定载荷   B. 110%额定载荷

    C. 125%额定载荷   D. 50%额定载荷

2. 《电梯制造与安装安全规范 第1部分:乘客电梯和载货电梯》(GB/T 7588.1—2020)规定,曳引轮和滑轮的节圆直径与曳引钢丝绳公称直径之比不应小于(   )。

    A. 30   B. 40   C. 50   D. 60

3. 《电梯制造与安装安全规范 第1部分:乘客电梯和载货电梯》(GB/T 7588.1—2020)规定,曳引钢丝绳的最小公称直径为(   )mm。

    A. 6   B. 8   C. 10   D. 12

三、判断题

1. 曳引轮直径变大,不仅影响曳引机力矩大小,还会对曳引钢丝绳安全系数产生影响。

                                                   (   )

2. 一台电梯的规格(包括载重量、速度、提升高度、轿厢自重等)确定后,曳引轮直径、曳引钢丝绳直径不变,即使曳引轮绳槽发生变化,对曳引钢丝绳最小安全系数的要求也不变。

                                                   (   )

四、简答题

简述电梯曳引机制动器的设置及力矩要求。

◇ 知识点四　电梯轿厢系统

想一想

电梯轿厢似乎都是由一块块薄板拼装而成的,它的强度能够保证吗?乘客身处这样一个封闭空间,会不会有窒息的危险?当轿厢内人数过多时,会有信息进行提醒,这一功能如何实现?

轿厢是电梯中用于运载乘客或其他载荷的箱形装置。为了乘客的安全和舒适,轿厢的入口和内部的净高度不得小于2m。

不同用途的轿厢,在结构形式、结构尺寸、内部装饰等方面都存在不同,但基本结构相同,

一般都是由轿厢架、轿底、轿厢体等组成的,如图 3-26
所示。

图 3-26 轿厢结构

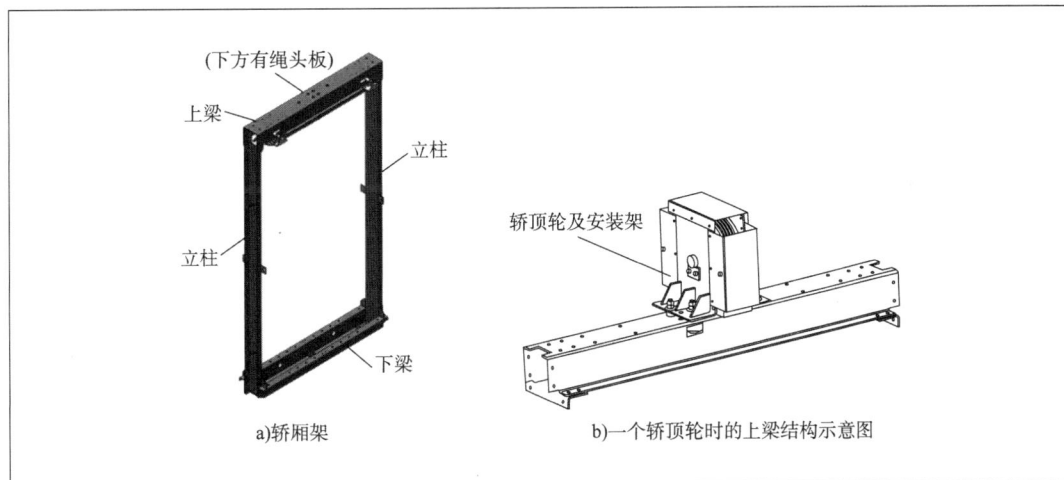

一 轿厢架

轿厢架是固定和支承轿厢的框架,是轿厢的承载结
构。轿厢的负荷(包括自重、载荷、下部悬挂的补偿链及随
行电缆等质量)由轿厢架传递到曳引钢丝绳。此外,在安
全钳动作或轿厢撞击缓冲器时,轿厢架还要承受由此产生
的反作用力,因此,轿厢架应具有足够的强度和刚度。

轿厢架由一根上梁、一根下梁和左右两根立柱组
成,形成一个框架结构。上梁、下梁和立柱通常采用槽
钢制作,或使用钢板折弯制作,相互之间用螺栓紧固连接。使用分体式安全钳时,下梁的底
部用于安装安全钳的钳体;一体式安全钳则把安全钳的框架作为轿厢架下梁。

当曳引比为 1:1 时,在上梁中间装有绳头板,用于穿入和固定钢丝绳端接装置;采用其
他曳引比时,配置有轿顶轮或轿底轮,则需在上梁或下梁处设置用于安装轿顶轮或轿底轮的
结构,如图 3-27 所示。

a)轿厢架
b)一个轿顶轮时的上梁结构示意图

图 3-27 轿厢架结构

为了防止轿厢内载荷偏心造成轿厢偏斜,改善轿厢架和轿
底受力,增强刚度,通常设置斜拉杆连接在轿厢架和轿底框架
之间。

轿顶位于上梁下方,通常作为维护的一个工作区域。当轿
顶外侧边缘与井道壁之间的距离超过 300mm 时,为避免轿顶
人员坠入井道,需要配置轿顶防护栏。轿顶防护栏通常与上梁
固定进行安装。图 3-28 所示为固定安装在上梁上的轿顶防
护栏。

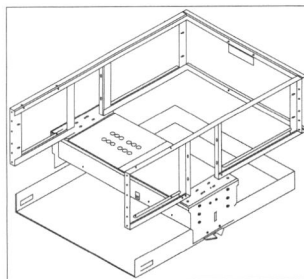

图 3-28 轿顶防护栏

二　轿底

轿底是直接承受载荷的部分，通常用型钢（槽钢、角钢）或钢板折弯件焊接成框架，并在框架中设置加强件以提高轿底的强度和刚度。在轿底框架上铺设底板，底板为钢板，底板的规格主要依据额定载重量及具体使用场合确定。客梯选用普通平面钢板，并在钢板上面铺一层塑料地板，对装潢要求比较高的电梯可以在钢板上铺设大理石地板；货梯则通常选用花纹钢板做底板，直接将底板作为地板使用。

通常客梯的轿底框架分为上、下两层，每层为一个独立的框架结构。下层框架与轿厢架的下梁用螺栓固定连接，上、下两层之间使用减振装置（如橡胶、弹簧等）进行连接，这样可以降低轿厢运行过程中从导轨、导靴、钢丝绳、反绳轮等处传递过来的振动对轿厢内乘客的影响，提高乘客乘坐的舒适感。此外，由于上、下层框架之间的减振装置在轿厢载荷不同时，其形状会发生变化，可以在两层框架之间设置称量装置，通过两层框架的位置变换来确定轿厢内的载荷数值。轿底结构如图 3-29 所示。

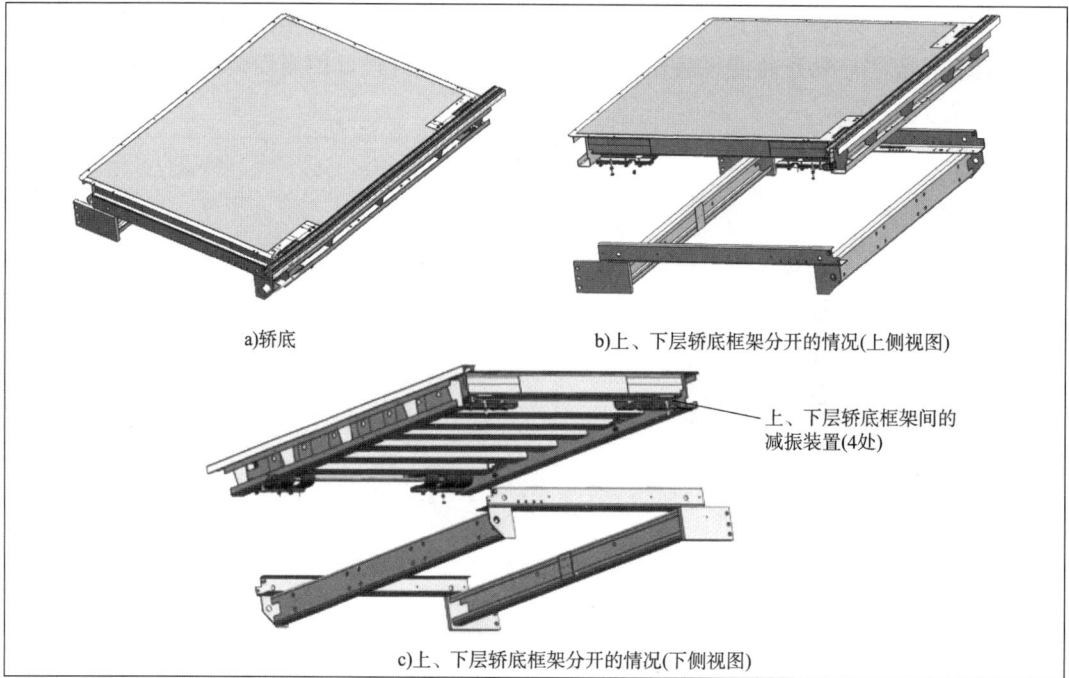

a)轿底　　　　　　　　　　b)上、下层轿底框架分开的情况(上侧视图)

上、下层轿底框架间的减振装置(4处)

c)上、下层轿底框架分开的情况(下侧视图)

图 3-29　轿底结构

为在轿门开关过程中对轿门进行导向，应在上层轿底出入口位置固定安装地坎。地坎的结构与门的类型有关。图 3-30 所示为中分门和双折门所用地坎。

三　轿厢体

轿厢体包括轿顶、轿壁。轿顶、轿壁与轿厢地板、轿门、操纵箱一起构成一个封闭的箱体，除了使用人员正常出入口、轿厢安全窗和轿厢安全门等紧急出入口及通风孔外不得有其他开口。但在轿厢体与轿底、轿厢体与轿门之间通常会留有一定的缝隙，以保证轿厢内人员的正常呼吸。图 3-31 所示为轿厢体,轿厢体安装在轿厢底上面。

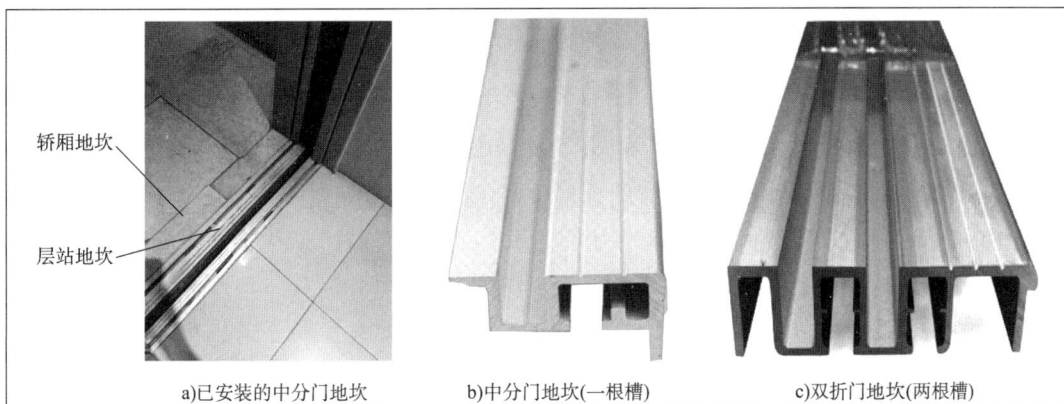

轿厢地坎

层站地坎

a)已安装的中分门地坎　　b)中分门地坎(一根槽)　　c)双折门地坎(两根槽)

图 3-30　地坎

1. 轿顶

轿顶本体采用薄钢板制作,一般由多块薄钢板拼装而成。轿顶需满足一定的强度和刚度要求,以保证维护人员在轿顶维护和救援时的安全。

轿顶一般都装有照明灯具和风扇,有些电梯还装有空调,轿顶本体上相应会开孔用于风扇的通风或空调的进、回风。

如有必要,可以在轿顶设置用于救援和撤离乘客的轿顶安全窗(图 3-32),安全窗平时关闭、锁紧,并通过一个电气装置(如微动开关)验证其锁紧状态。当锁紧失效时,轿厢将会被停止运行。

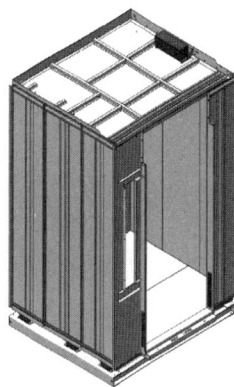

图 3-31　轿厢体

2. 轿壁

轿壁一般由薄钢板制成,按照位置分为前壁、侧壁和后壁,如图 3-33所示。每一面的轿壁一般由 2~3 块薄钢板拼接而成;根据需要在其背面敷设加强筋,以提高强度和刚度。轿壁间及轿壁与轿底、轿顶间用螺栓连接和紧固。一些观光电梯的轿壁由夹层玻璃制成,需要通过摆锤冲击试验。

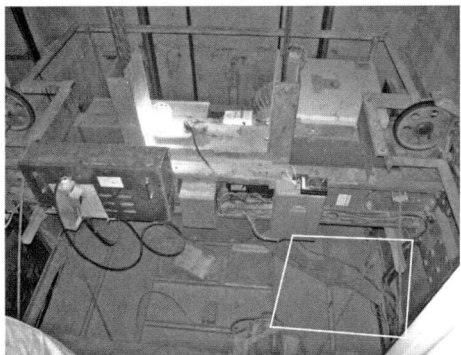

图 3-32　轿顶安全窗(框形区域中)

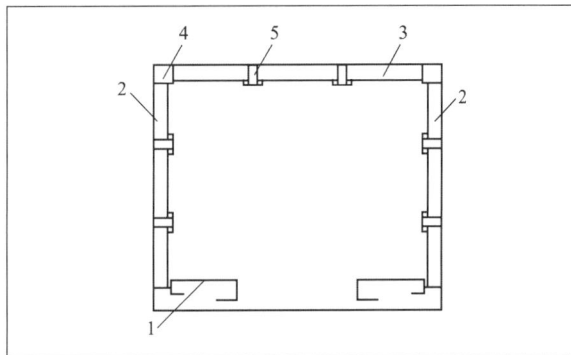

图 3-33　轿壁布置图

1-前壁;2-侧壁;3-后壁;4、5-轿壁连接件

通常,前壁上开孔用于安装轿厢操纵箱,或者直接将操纵箱与前壁制作成一体式结构,安装在前壁的位置。

四 称量装置

当轿厢超载(载荷超过额定载荷的 10% ,且至少为 75kg)时,电梯不能正常启动,并发出警告信号(声音报警或声光报警)。轿厢称量装置用以完成轿厢载荷的称量。称量装置可以设置在轿底、轿顶的上梁及机房内(无机房靠近井道顶部的位置)。称量装置安装于不同位置时,其在结构上可能会有所差异。

称量装置的基本结构是在具有弹性部件的相应位置安装若干个微动开关或质量传感器,当载荷增加至规定数值时触动微动开关发出信号,或由质量传感器发出与载荷相对应的连续信号。

按结构和工作原理,称量装置主要分为机械式称量装置和压力传感器式称量装置两种。

1. 机械式称量装置

机械式称量装置可分为轿底机械式、轿顶机械式和机房机械式三种形式。

1)轿底机械式称量装置

轿底机械式称量装置(图 3-34)的工作原理类似磅秤的工作原理。当轿厢没有载荷时,杠杆在秤砣的作用下,其头部顶住连接块,轿厢底部处于初始的平衡位置;当轿厢承受载荷后,连接块在重力作用下向下移动,当轿厢内质量达到设定值时,连接块上的开关碰块触动微动开关,电梯控制线路被切断,此时电梯不能启动,且发出报警信号。称量值可以通过主秤砣和副秤砣来调节。

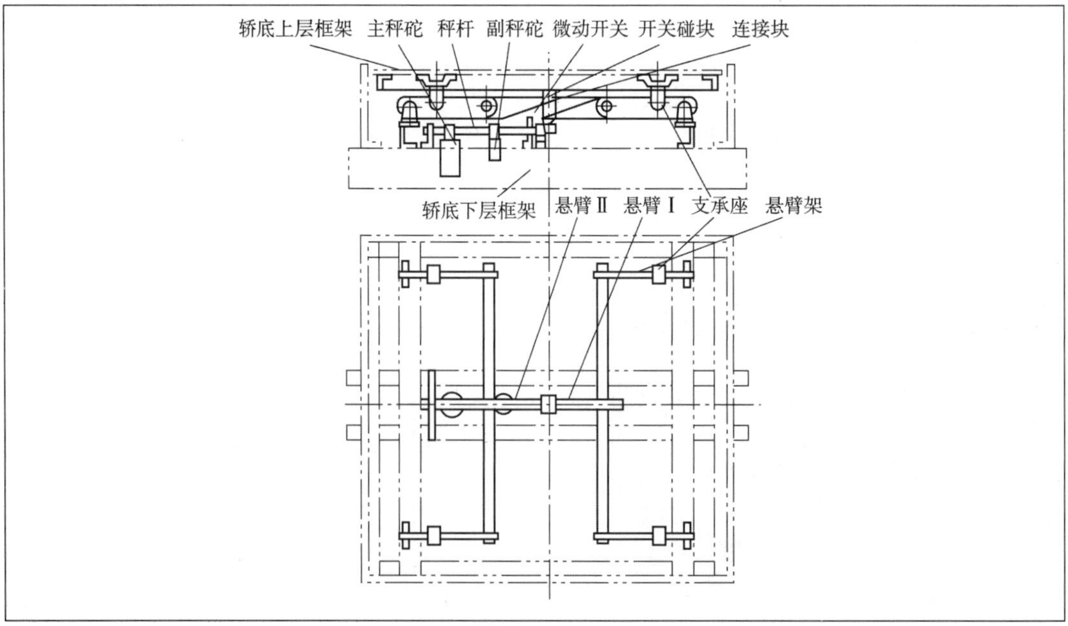

图 3-34　轿底机械式称量装置

2）轿顶机械式称量装置和机房机械式称量装置

轿顶机械式称量装置和机房机械式称量装置（图3-35）利用杠杆原理进行称量。称量装置与轿顶或机房中的绳头悬挂板组合在一起。相较于轿底机械式称量装置，轿顶机械式称量装置和机房机械式称量装置调节和维护比较方便。

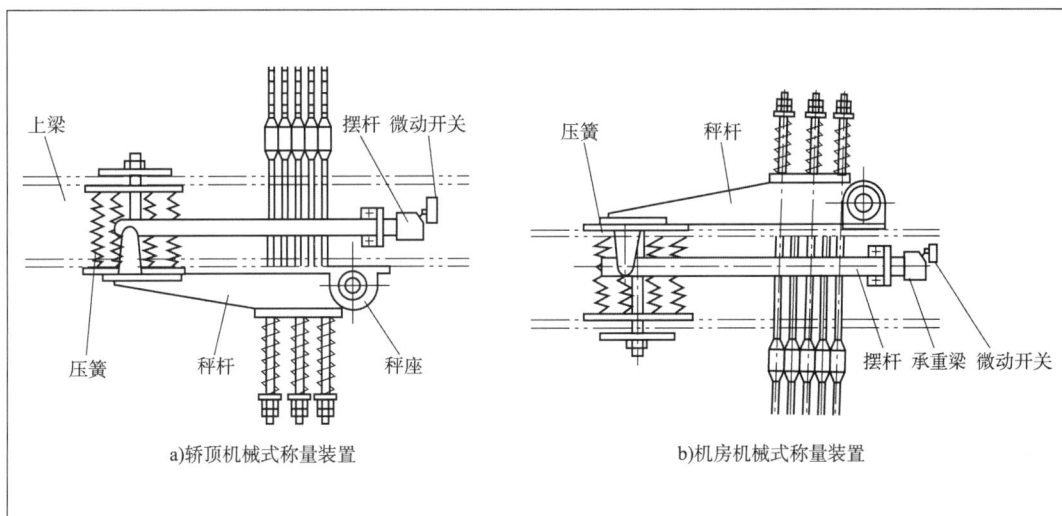

a）轿顶机械式称量装置　　　　　　　　　　b）机房机械式称量装置

图3-35　轿顶机械式称量装置、机房机械式称量装置

2. 压力传感器式称量装置

在一些情况下，不仅需要判断电梯是否超载，还需要对每台电梯的承载情况进行分析，如用于群控时的客流量分析和调度方式的选择。在这种情况下，可以使用压力传感器作为称重元件，它可以输出载荷变化的连续信号，当超载时控制电路工作，切断控制电路，发出报警信号。通常将压力传感器安装于轿顶或机房，也可以将传感器安装在轿底的上、下层框架之间。图3-36所示为安装于机房的压力传感器式称量装置。

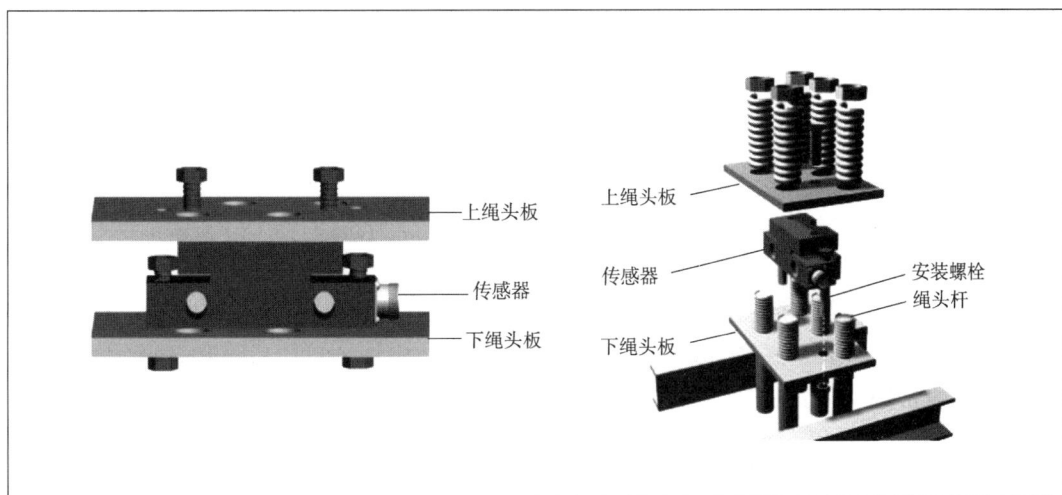

图3-36　安装于机房的压力传感器式称量装置

课后思考

一、填空题

1. 轿厢入口和内部净高最小为_____mm。

2. _____用于防止由于轿厢内载荷偏心造成轿厢偏斜,改善轿厢架和轿底受力,增强刚度。

二、单选题

1. 当轿顶外侧边缘与井道壁之间的距离超过( )mm 时,必须配置轿顶防护栏。

A. 200 B. 300 C. 400 D. 500

2. 曳引比为 1:1 时,曳引钢丝绳锥套与( )连接。

A. 轿厢架上梁 B. 轿顶轮 C. 轿底轮 D. 轿底

三、判断题

1. 如果要检测轿厢内载荷的连续变化情况,可以选用机械式称量装置。 ( )

2. 轿厢体与轿底、轿门、操纵箱形成一个完全密闭的空间。 ( )

3. 在轿底靠近出入口的地方安装地坎,其作用是在轿门开、关过程中对轿门进行导向。

( )

四、简答题

为了避免从导轨、导靴、钢丝绳、反绳轮等处传递的振动对轿厢内乘客的影响,通常对于客梯轿底采用何种结构?请简单描述。

◇ 知识点五 电梯门系统

想一想

某年 11 月,湖北省荆州市沙市区某在建楼盘工作人员到现场进行建筑工程竣工检查,在一楼按下"电梯层站召唤"按钮,层门打开后,该工作人员随即走了进去。但电梯轿厢此时并未停止在一楼,该工作人员直接坠入井道底坑,所幸经抢救脱离了生命危险。通过上述案例,我们可以进行以下思考:电梯门由哪些部分构成?电梯如何进行开关?结构设计上有相关保护吗?

电梯门是乘客或货物的进出口,按照安装位置可以分为层门(厅门)和轿门两种形式。层门设置在层站入口处,根据需要每个楼层可以设置一个或多个层门,对于电梯不停靠的楼层则不设层门。轿门安装在轿厢上,随轿厢一起升降。轿门的运动(打开和关闭)由轿厢上的自动门机进行驱动,是主动门;而层门没有单独的驱动机构,通过与轿门的机械联动机构由轿门带动打开和关闭,是被动门。

一 电梯门的主要类型

滑动门是电梯普遍采用的类型,按照开启形式分为水平滑动门和垂直滑动门。垂直滑动门仅允许用于载货电梯,对于乘客电梯则配置水平滑动门。水平滑动门又可分为中分式滑动门和旁开式滑动门,其特点见表3-2。

水平滑动门的分类与特点   表3-2

门的类型	中分式滑动门	旁开式滑动门

特点	开门速度快,效率高,但占用井道空间较大;适用于普通乘客电梯和货梯。
	  中分式滑动门有中分门(两扇)、中分双折门(四扇)、中分三折门(六扇)等结构
		开门宽度占用井道空间小,在井道宽度不变的情况下能得到较大的开门宽度;多用于病床电梯和货梯。
		  旁开式滑动门有双折门(两扇)、三折门(三扇)等结构

1. 中分式滑动门

中分式滑动门如图3-37所示。中分式滑动门以门的垂直中心线左右对称,开门时中心线两侧的门分别向左、右以相同的速度滑动打开,关门时以相同的速度向中间合拢。门扇一般为两扇(中分门),对于开门宽度较大的电梯,可以使用四扇(中分双折式)或六扇(中分三折式),甚至更多扇门扇。乘客电梯多配置中分门,在门扇关闭时两扇门形成一个平面,美观性较好。

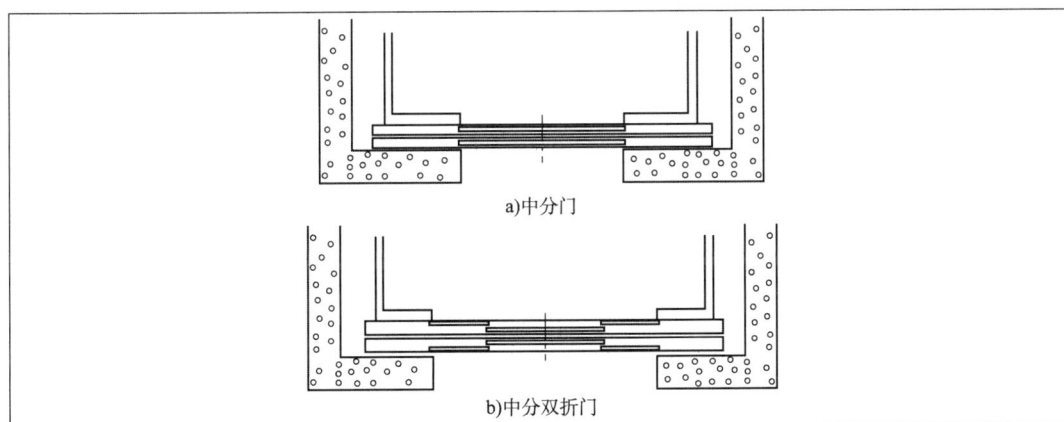

a)中分门

b)中分双折门

图3-37 中分式滑动门

2. 旁开式滑动门

旁开式滑动门如图3-38所示。旁开式滑动门所有门扇均由一侧向另一侧滑动打开或关闭,所有门扇在开、关过程中的运动方向是相同的。旁开式滑动门在打开时门扇是折叠在一起的,关闭时在前后方向各门扇平面之间有高差。

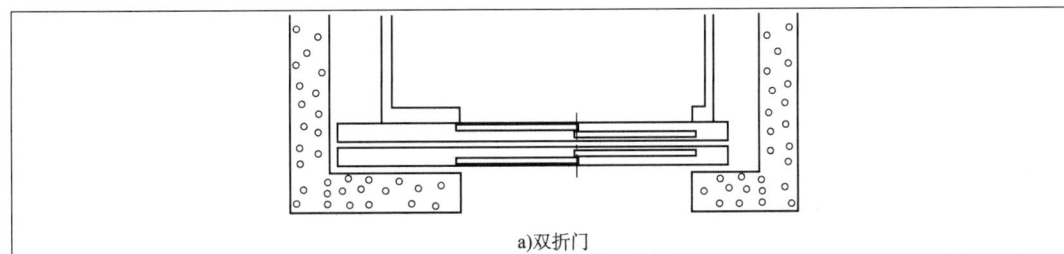

a)双折门

图 3-38

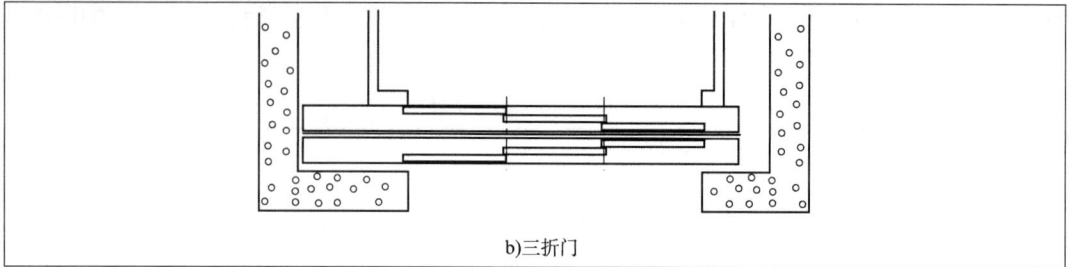

b)三折门

图 3-38　旁开式滑动门

旁开式滑动门多用于对开门宽度要求较大的场合,如病床电梯、货梯。在开门宽度相同的情况下,旁开式滑动门的开、关门时间比中分式滑动门长。

下面以中分式滑动门为例进行结构说明。

二　门机

图 3-39 所示为一种常用的配置自动开门机系统的轿门系统,它的工作原理是使用永磁同步无齿轮门电机通过同步齿形驱动门运动。门电机也可以使用三相异步电动机通过减速机构来带动同步带轮。门机带动门的机械形式除了图示的同步带传动外,还有曲柄连杆机构等形式,这里不做具体介绍。

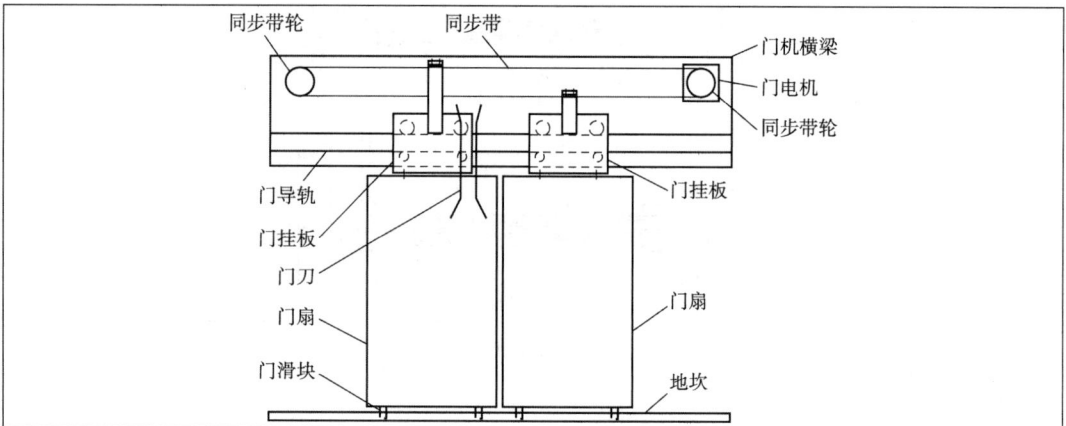

图 3-39　轿门系统组成示意图

门机是实现门的自动开闭的部件。门机系统主要包括门机横梁、门电机、同步带轮、同步带、门导轨等。

门机系统安装在轿门门扇上方,与轿厢架或轿顶固定连接。门电机是门机系统的驱动装置,门电机直接或通过减速机构驱动一个同步带轮,该主动同步带轮与另一侧一个从动同步带轮通过同步带构成一个循环的传动系统。此外,在门机系统的框架上装有门导轨,用于承载门扇的质量。

门扇上端与门挂板使用螺栓连接。每扇门的门挂板上装有两个特制的门滑轮,门挂板和门扇通过门滑轮挂在门导轨上。为减少运动中的噪声,门滑轮通常是在铁质轮子外面包覆耐磨减振的尼龙材料,具有凹形轮槽,与门导轨相配合。下面的两个滑轮用于防止开关门过程中加速度过大时门扇倾覆。门挂板如图 3-40 所示。

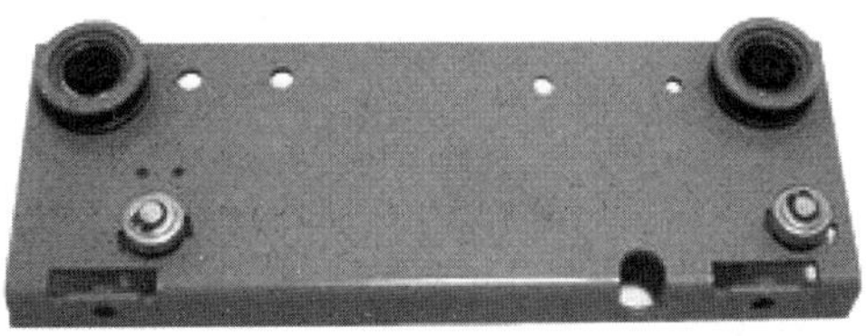

图 3-40　门挂板

两个门扇的门挂板分别用吊臂与同步带的上、下边固定连接。当门电机驱动主动同步带轮逆时针旋转时,上、下边同步带分别向左、向右运动,带动左、右门扇向两侧打开;当门电机驱动主动同步带轮顺时针旋转时,带动左、右门扇向中间关闭,从而实现轿门的打开和关闭。图 3-41 为门机系统实物图。

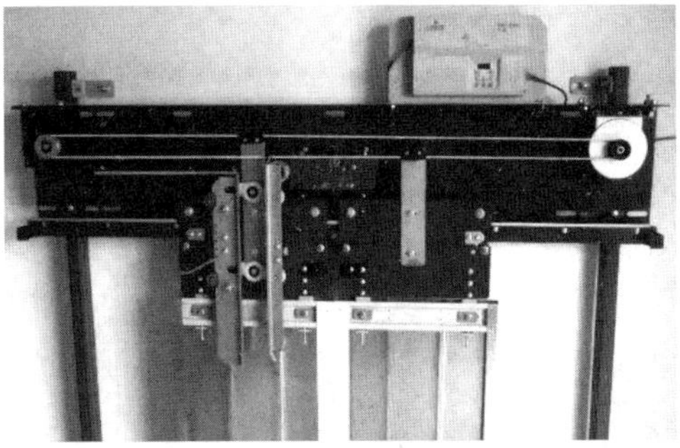

为了保证门扇在开关过程中的平稳性,可以在门的下部设置门滑块,在轿底的对应位置安装门地坎,门滑块在下部的地坎槽中滑移。

为了将轿门的开、关运动传递给层门,轿门上装有与层门联动的机械装置——门刀。门刀由两片片状的刀片组成,两片刀片之间的距离(间隙)随着门的开关运动会发生变化。门刀安装在一个门扇(门挂板)上,用于与层门装置上的对应的门球相配合。在轿门关闭时,门刀的两片刀片与门球之间有一定的间隙,因此,当轿厢通过不停站的层站时,轿门系统与层门系统之间不会发生干涉;当轿厢停在层站开、关门时,门刀刀片间隙变小,夹紧层门装置上的门球将层门解锁,并带动层门一起运动,实现轿门、层门的一起打开和关闭。门刀与门球如图 3-42 所示。

图 3-41　门机系统实物图

a)门刀(装在轿门侧)　　　　b)门球(装在层门侧)

图 3-42　门刀与门球

在上述轿门系统中,门电机通过同步带直接驱动轿门门扇的运动。当开门时,轿门打开一段距离后,带动门刀夹紧层门装置的门球,层门才开始打开,因此,轿门提前于层门打开。相反,当关闭时,层门会先关闭到位,轿门再运动一段距离才完全关闭,因此,轿门晚于层门完全关闭。也就是说,在开关门过程中,轿门和层门总是不完全同步的,这种门刀结构称为异步门刀。

另一种门刀结构称为同步门刀。对于使用同步门刀的门机系统,轿门、层门的打开和关闭是同步进行的。使用同步门刀的门机系统示意图和实物图分别如图 3-43、图 3-44 所示。

与使用异步门刀的门机系统相比,使用同步门刀的门机系统在结构上的主要区别如下:

(1)同步带不是直接驱动门扇(门挂板)运动,而是与门刀的一个刀片直接连接,在开门时,使刀机构先动作,夹紧层门装置上的门球,进行解锁,然后带动轿门、层门一起开门;关门过程则相反,当轿门、层门全部关闭后,门刀机构在同步带的驱动下继续动作,松开层门装置上的门球,使轿门、层门脱开啮合。使用异步门刀的门机系统是通过轿门门扇的运动带动门刀运动的,而使用同步门刀的门机系统是通过门刀的运动带动轿门门扇运动的。

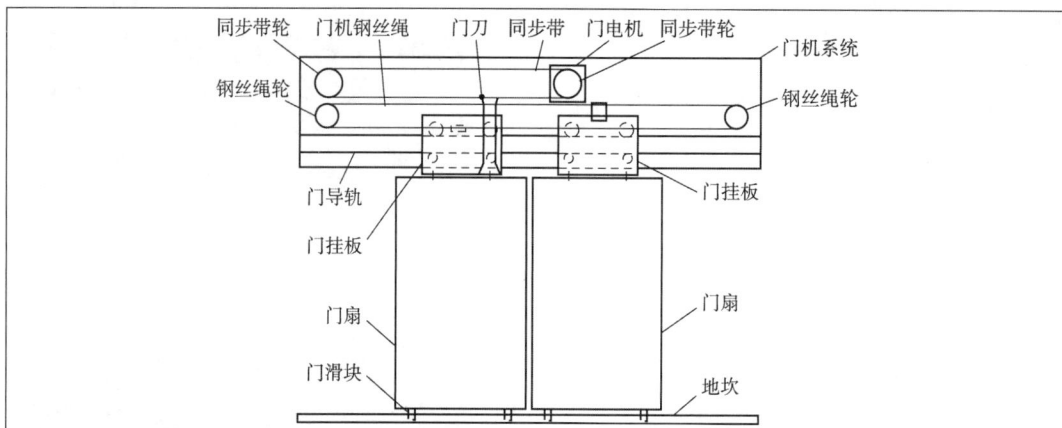

图3-43 使用同步门刀的门机系统示意图

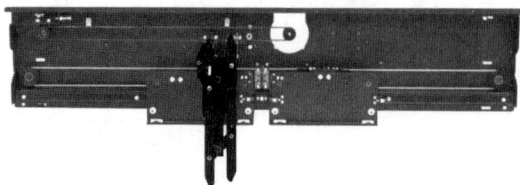

图3-44 使用同步门刀的门机系统实物图

(2)门扇(门挂板)不是直接与驱动同步带连接的,而是与另外设置的门机钢丝绳传动系统中的钢丝绳相连;同步带循环系统的长度减少一半。

轿门上需要设置电气安全装置,用于证实轿门的闭合。如果一个轿门(多扇轿门中的任何一扇门)开着,在正常操作情况下,应不能启动电梯或保持电梯继续运行。图3-44中两个门挂板之间的开关就是用于验证轿门闭合的电气安全装置,每个门扇(门挂板)对应配置一个开关,当轿门完全关闭时开关接通,未完全关闭时开关断开。

三 层门装置

如图3-45所示,层门系统不配置门电机,层门的打开和关闭是由轿门带动的。层门门扇的悬挂、联动由层门装置来完成。

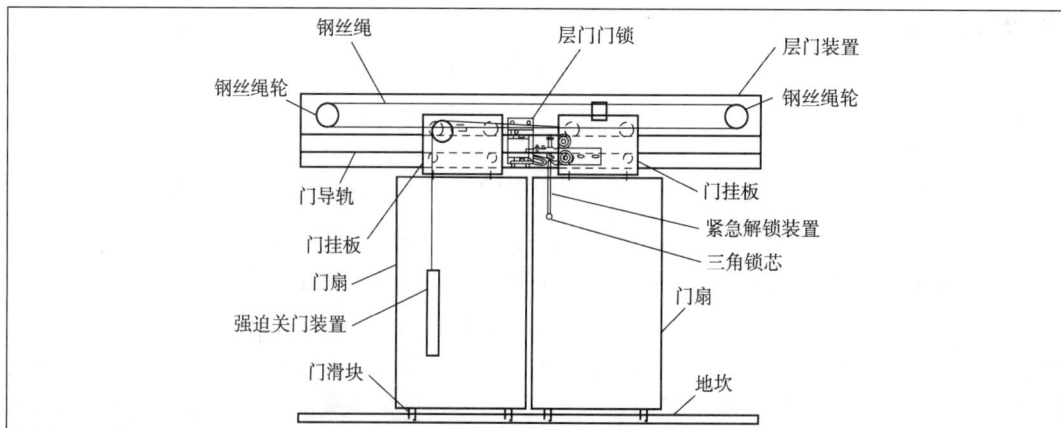

图3-45 层门系统示意图

层门装置安装在层站出入口上方,通常与层站建筑结构固定。与门机系统类似,层门装置设有门导轨,用于与门挂板上的门挂轮配合,对门扇进行悬挂和导向。钢丝绳、钢丝绳轮形成的循环系统使两个门扇能够同时向相反方向运动,从而打开或关闭层门。门扇下部安装有门滑块,门滑块插入安装在层站地面位置的层门地坎槽中滑移,能够有效保持门在运动过程中的平稳性。

如果一个层门或多扇层门中的任何一扇门开着,在正常操作情况下,应不能启动电梯或保持电梯继续运行。此外,层门还必须设置门锁装置,在轿厢运动前将轿门有效地锁紧在闭合位置,并用一个电气安全装置来证实其锁紧状态。图 3-46 所示的层门门锁就是其中一种。

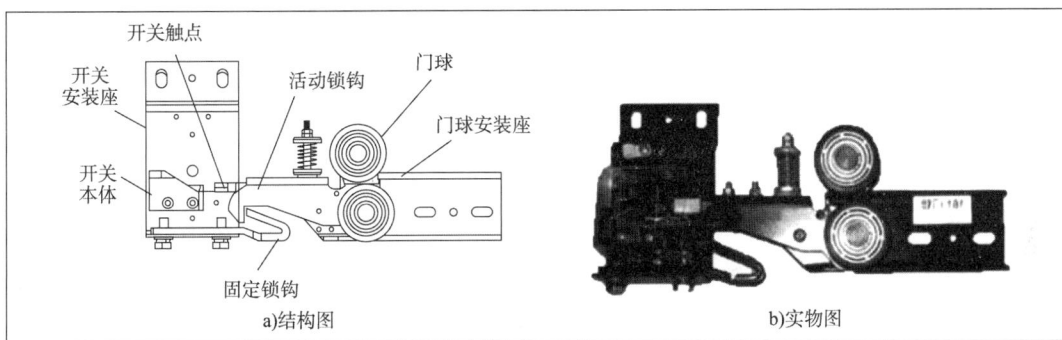

图 3-46 层门门锁结构

固定锁钩和开关本体装配在开关安装座上,固定在层门装置上不动;活动锁钩、门球和开关触点装配在门球安装座上,从而安装在门挂板上,随门挂板移动,其中活动锁钩、开关触点与上部一个门球可以沿下部门球的转轴转动。当电梯平层开门时,上部门球受到门刀的推力向右转动,将活动锁钩及开关触点抬起,固定锁钩与活动锁钩脱开啮合,开关触点与开关本体断开,门刀夹紧门球,轿门带动层门一起打开。关门接近闭合位置时,门刀与门球脱开,活动门球由于压缩弹簧力的作用向左转动,活动锁钩和开关触点落下,活动锁钩与固定锁钩啮合(要求啮合深度不小于 7mm),开关触点与本体接通,发出锁紧信号,电梯可以正常启动。在层门门锁锁紧状态,除了轿厢在平层位置开门时门刀能够解锁外,只有具有一定资质的人员使用三角钥匙才能从层站侧手动解锁打开层门(紧急解锁)。

此外,还需要设置相应的装置来保证层门装置的锁紧,该装置能保证层门被非正常打开后也能够自行关闭和锁紧,实现这个功能的装置称为强迫关门装置。该装置可以由重力、永久磁铁或弹簧产生的力来实现。强迫关门装置是使用了一个连接钢丝绳的重锤,钢丝绳一端连接重锤,另一端固接到右侧层门的门挂板上,悬挂在左侧层门门挂板的滑轮上,由重力作用将两个门扇关闭并一直施加一个关门力。在左侧门扇上应设置重锤的导向结构,强迫关门装置导槽。

四 门扇

门扇一般用薄钢板折边而成,为满足标准规定的强度和刚度要求,一般在门扇背面设置加强筋。图 3-47 为层门结构示意图。轿门结构与层门类似,但无须开三角锁芯孔,也不需要安装强迫关门导槽。

图 3-47 层门结构示意图

五 门入口保护装置

为防止乘客在关门过程中通过入口时被门扇夹伤,需要设置门入口保护装置。在门关闭过程中,人员通过入口时,保护装置应自动使门重新开启。常用的门入口保护装置有接触式保护装置和非接触式保护装置两种。

1. 接触式保护装置

接触式保护装置又称安全触板,安装在轿门上。图 3-48 所示为安全触板的结构示意图及实物图。接触式保护装置主要由触板、控制杆和微动开关组成。在关门过程中,触板凸出门扇一定距离(一般为 30~45mm),当它触碰人或物体时,触板被推动,带动控制杆,使微动开关触点动作,使门电机迅速反转,门重新被打开,从而避免挤伤乘客。

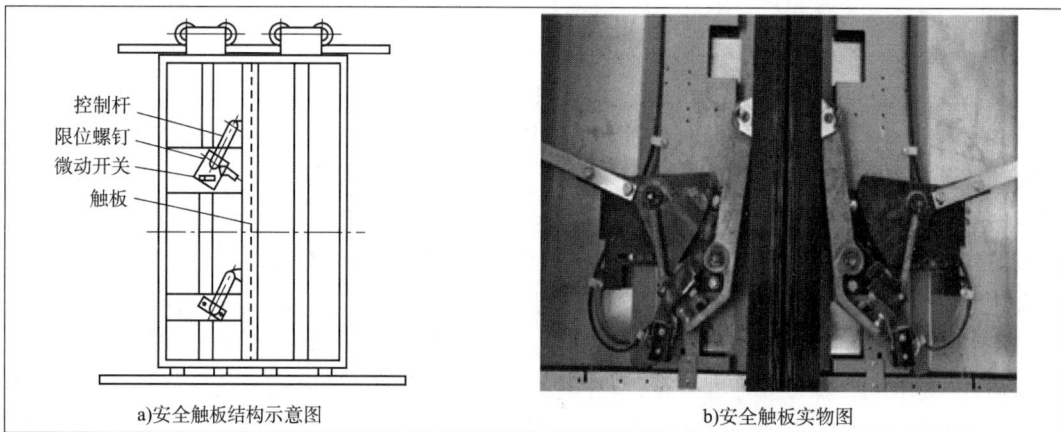

a)安全触板结构示意图　　　　b)安全触板实物图

图 3-48 安全触板的结构

图 3-49 红外线光幕保护装置示意图

2. 非接触式保护装置

常用的非接触式保护装置是红外线光幕保护装置,由安装在轿门两边的红外线发射装置和接收装置、安装在轿顶的电源盒及电缆组成,如图 3-49 所示。

在发射装置和接收装置内分别设有多个红外发射管和接收管,在微处理器的控制下,红外发射管和接收管依次打开,自上而下连续扫描开门区域。为提高检测准确度,减少检测盲区,红外线光幕保护装置通常采用交叉扫描的方式,形成一个密集交错的红外线保护区域。若有任何一束光线被遮挡,控制系统立即输出开门信号,停止关门并反向开启。

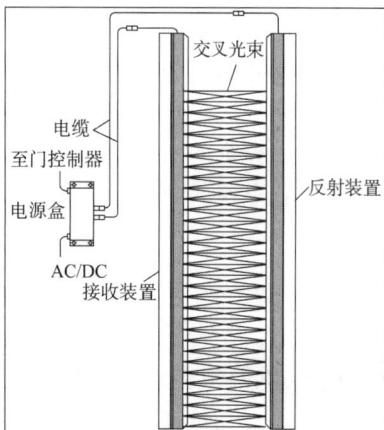

此外,将光幕保护装置与安全触板合二为一的双重保护装置(也称为光幕安全触板)也得到了广泛应用。

课后思考

一、填空题

1.门锁装置上的活动锁钩与固定锁钩的啮合深度不小于_____ mm 时,开关触点与本体接通,发出锁紧信号,电梯才可以正常启动。

2.实现轿门和层门联动的装置是安装于门机装置或轿门上的_____和安装于层门装置上的_____。

3._____用于保证层门的锁紧,即使层门被非正常打开也能够自行关闭和锁紧。

二、单选题

1.电梯中驱动门进行开关操作的是( )。

    A.层门装置   B.门机装置

    C.层门门板   D.轿门门板

2.门机上支承门板质量,并对门的开关运动进行导向的是( )。

    A.门挂板   B.导轨   C.地坎   D.同步带

3.层门装置上的( )用于保证层门在锁紧后电梯才能运行。

    A.门锁装置   B.三角锁芯   C.门球   D.门扇

三、判断题

1.中分门在开、关门时,两扇门板的运动方向总是相反;双折门在开、关门时,两扇门板的运动方向总是相同。 ( )

2.在层门门锁锁紧状态时,只有当轿厢在平层位置开门时门刀才能够解锁,不允许使用其他方式进行解锁。 ( )

3.在电梯运行时,如果层门门锁被异常打开,电梯将会发生急停。 ( )

四、简答题

描述轿门、层门同步打开和关闭的动作原理。

◇ 知识点六 电梯导向系统

想一想

为什么在电梯轿厢上升、下降的过程中在水平方向没有大幅度的晃动?是什么部件控制轿厢在水平方向的运动?

轿厢、对重各自应至少由两根刚性的钢质导轨导向,导轨垂直安装在电梯井道中;导轨支架作为导轨的支承件固定在井道壁上,用导轨压板将导轨固定在导轨支架上;导靴安装在轿厢架和对重架的上、下两侧,导轨卡在导靴中间。导轨、导轨支架和导靴这三个部分的组合限制了轿厢和对重的活动自由度,使轿厢和对重只能沿着导轨做上、下运行。图 3-50 所示为电梯轿厢和对重导向系统示意图。

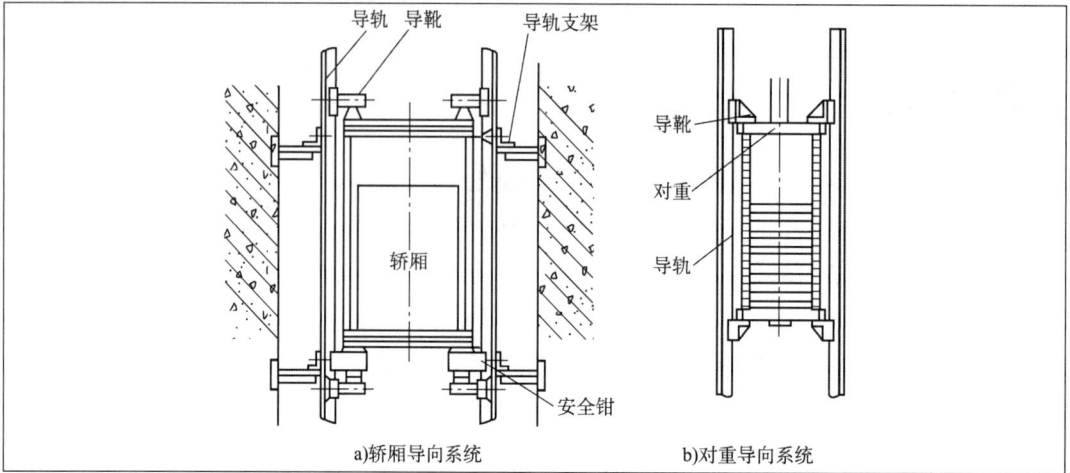

图 3-50 电梯轿厢和对重导向系统示意图

一 导轨

导轨是电梯在井道中上、下运行的轨道,其在起导向作用的同时,还要承受轿厢(对重)的偏载力、电梯制动时的冲击力以及安全钳紧急制动时的冲击力等,所以导轨的强度、刚度和稳定性都要有一定的保证。

1. 导轨分类

根据导向的部件,导轨分为轿厢导轨和对重导轨。根据截面形状,导轨主要分为 T 型导轨和空心导轨。具体导轨的选型需要通过计算确定。

1)T 型导轨

T 型导轨是实心导轨,可用于轿厢和对重的导向。按加工方式 T 型导轨可分为冷拔加工和机械加工两种,图 3-51 所示为 T 型机械加工导轨。

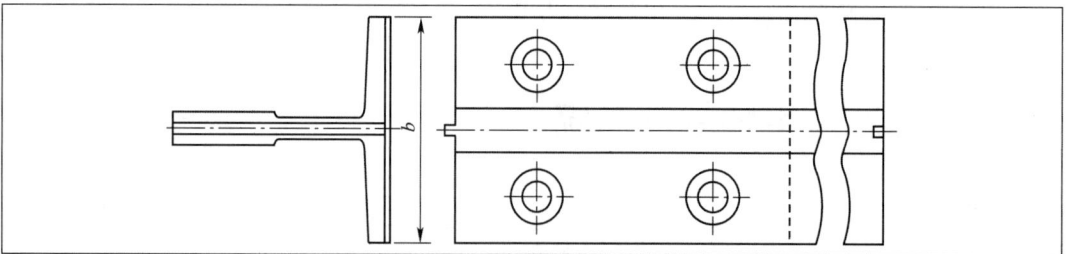

图 3-51 T 型机械加工导轨

按导轨底面宽度来说,T 型导轨有 T50、T70、T75、T78、T82、T89、T90、T114、T125、T127、T140 等类型;一些底面宽度相同的导轨又根据其底面厚度、导向面高度不同进一步细分成多个型号,如 T127 细分为 T127-1 和 T127-2,T140 细分为 T140-1、T140-2 和 T140-3。

《电梯 T 型导轨》(GB/T 22562—2008)对 T 型导轨的尺寸及尺寸公差、几何形状公差做出了具体规定。

　　T型导轨长度一般不超过5m,可对两个端部的底面进行加工并打孔,其端部一端加工成阳榫,另一端加工成阴榫。导轨与导轨连接时,阴榫和阳榫相互配合,并在底部用连接板固定,如图3-52所示。

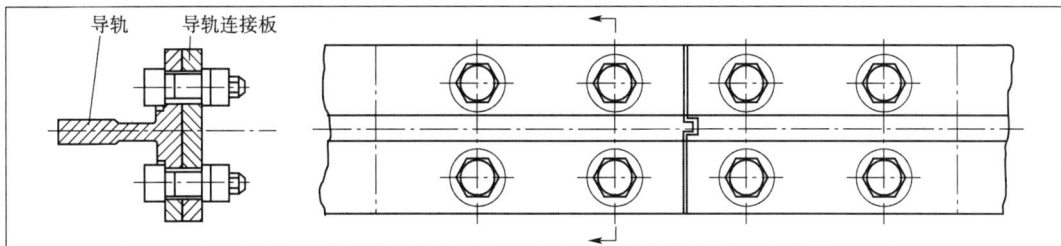

图3-52　T型导轨的连接

　　2)空心导轨

　　空心导轨是冷弯轧制导轨,由卷板材经过多道孔型模具冷弯成型,分为底面直边型和底面折边型,其截面形状如图3-53所示。空心导轨只能用于不配置对重安全钳的对重的导向。

a)底面直边　　　　　b)底面折边

图3-53　空心导轨截面形状

　　空心导轨的型号按照底面的形式和单位质量(单位为kg/m)来表示,底面直边空心导轨有TK3、TK5、TK8三种类型,底面折边空心导轨有TK3A和TK5A两种类型。

　　空心导轨的两个端部各加工4个孔,用导轨连接件进行两根导轨的连接。

2.导轨安装相关要求

　　导轨安装质量直接影响电梯的运行质量。《电梯安装验收规范》(GB/T 10060—2023)对导轨的安装进行了规定:

　　(1)每根导轨宜至少有两个导轨支架,支架间距不宜大于2.5m。

　　(2)每列导轨工作面(包括顶面和侧面)相对安装基准线每5m长度内的偏差,应不大于下列数值:

　　①轿厢导轨和装设有安全钳的对重导轨为0.6mm。

　　②不设安全钳的T型对重导轨为1.0mm。

　　(3)轿厢导轨和设有安全钳的对重导轨的工作面接头,该处不应有连续缝隙,局部缝隙应不大于0.5mm;工作面接头处台阶用直线度为0.01/300的平直尺或其他工具测量,应不大于0.05mm。不设安全钳的对重导轨工作面接头处缝隙应不大于1.0mm,工作面接头处台阶应不大于0.15mm。

　　(4)两列导轨面之间距离的允许偏差:轿厢导轨为$^{+2}_{0}$mm,对重导轨为$^{+3}_{0}$mm。

　　(5)导轨应使用压导板固定在导轨支架上,不应采用焊接或螺栓方式与支架连接。

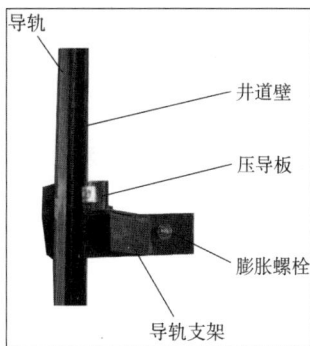

图3-54　导轨与导轨支架的连接

二　导轨支架

导轨通过压导板连接到导轨支架上，导轨支架与井道壁固定，从而起到支承导轨的作用，如图3-54所示。

1. 导轨支架及其安装方法

根据轿厢和对重在井道中的布局，导轨支架分为专门支承轿厢导轨的轿厢导轨支架、专门支承对重导轨的对重导轨支架，以及同时支承一根轿厢导轨和一根（或两根）对重导轨的共用导轨支架，如图3-55所示。一台电梯使用哪些类型的导轨支架应根据实际布置需要确定。

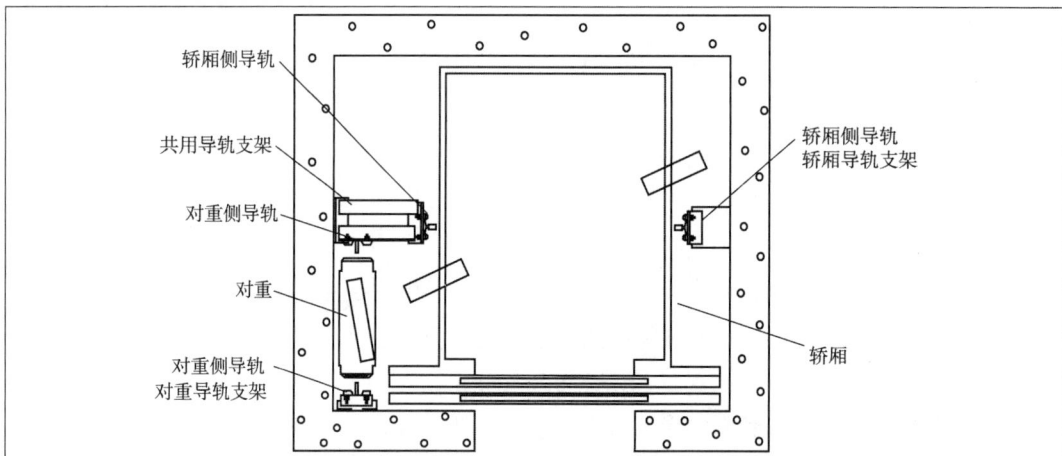

图3-55　轿厢及对重导轨支架

根据布置需要，导轨支架可以有多种结构形式。除满足强度要求外，还应设计一定的调节余量，以减小电梯井道建筑误差给导轨安装带来的影响。

导轨支架与井道壁的固定方法主要有以下三种：

（1）埋入地脚螺栓法：预先在井道壁中埋入地脚螺栓，通过地脚螺栓将导轨支架与井道壁连接。

（2）预埋钢板法：将钢板预埋件按要求先埋在井道壁上，安装时，将导轨支架与预埋钢板焊接。

（3）膨胀螺栓法：安装时，用冲击钻在井道壁上钻出与膨胀螺栓规格相匹配的孔，放入膨胀螺栓将导轨支架固定。

对于钢结构井道，通常将导轨支架与钢结构隔梁进行焊接固定。

2. 压导板

导轨应用压导板固定在导轨支架上，不应采用焊接或螺栓方式与支架连接。压导板分为固定压导板和弹性压导板。固定压导板通常为铸件材料，与导轨之间的摩擦力大，不会产生滑移，对于建筑物的正常沉降和混凝土收缩无法自动调节，因此仅用于井道高度比较低的场合(提升高度不超过 40m)。对于井道高度高的建筑(提升高度超过 40m),需要采用具有一定弹性变形性能的压导板,在发生上述情况时,导轨和压导板间能够产生一定的滑移,从而进行自动调节。固定压导板和弹性压导板的结构以及安装后的压导板如图 3-56 所示。

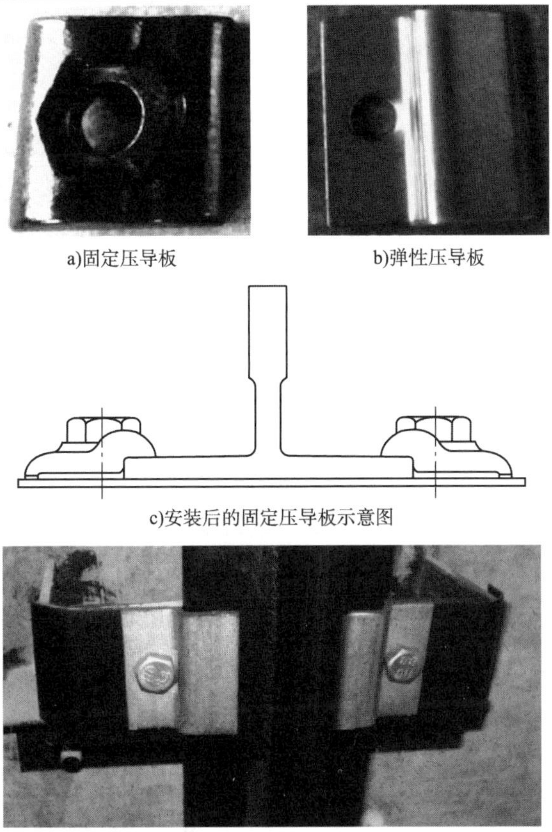

a)固定压导板   b)弹性压导板

c)安装后的固定压导板示意图

d)安装后的弹性压导板

图 3-56 压导板

三 导靴

轿厢导靴安装在轿厢架上梁上面和轿厢底部安全钳座下面,对重导靴安装在对重框架上梁上面和下梁下面,各配置 4 个,与导轨配合,限制轿厢、对重在水平方向的移动,保证轿厢和对重沿着导轨上下运行。导靴分为滑动导靴和滚轮导靴。

1. 滑动导靴

滑动导靴又分为固定滑动导靴和弹性滑动导靴。

1)固定滑动导靴

固定滑动导靴主要由靴座和靴衬组成,如图 3-57 所示。

图 3-57 固定滑动导靴

靴座由铸铁或钢板焊接而成,通过盖板将三面 C 形靴衬与靴座装配在一起。靴衬通常采用尼龙材料制作,其摩擦系数小、滑动性能好,且耐磨性好。

固定滑动导靴的靴衬与导轨做滑动配合,存在一定的间隙。由于存在相互摩擦,间隙会随着运行时间的延长而增大,但固定滑动导靴整体是与轿厢架或对重完全固定的,间隙增大无法调整,会导致轿厢或对重在运行时产生晃动甚至冲击,因而一般用在速度较低的电梯上(通常用于速度不超过 0.63m/s 的电梯)。

2)弹性滑动导靴

与固定滑动导靴相比,弹性滑动导靴的靴头与靴座之间通过弹性元件(弹簧或橡胶)连接,靴座与轿厢架或对重框架刚性连接,靴头可以浮动。在弹性力作用下,弹性滑动导靴在运行中具有一定的吸收振动作用,通常用于速度不超过 2.0m/s 的电梯。

弹性滑动导靴的结构如图 3-58 所示。靴衬在压缩弹簧的作用下,靴衬的底面始终压贴在导轨端面上,而当侧面靴衬与导轨接触受力时,设置在靴头和靴座间的橡胶也有一定的弹性缓冲作用,因此在运行中具有一定的吸振和减小冲击的作用。

为减小摩擦系数和降低磨损,需在弹性滑动导靴的靴衬和导轨面之间加注润滑剂。通常采用在轿厢和对重上部导靴上安装油杯的方式,自动对导轨面进行润滑。图 3-59 为安装了油杯的滑动导靴。

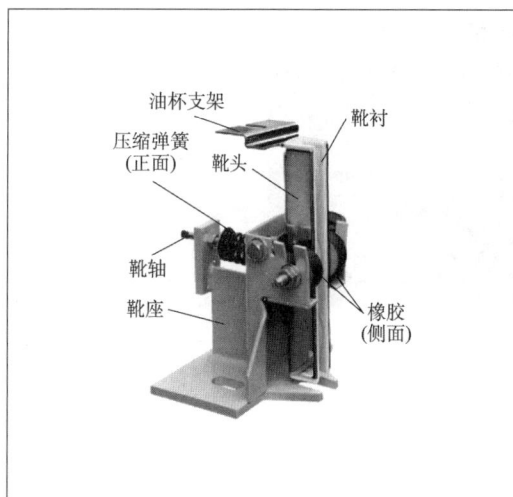

图 3-58　弹性滑动导靴

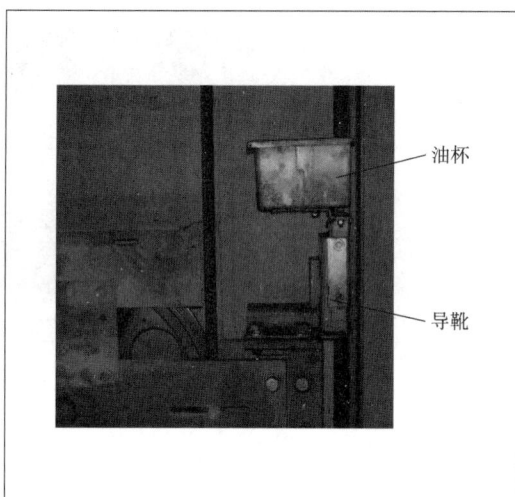

图 3-59　导靴与油杯

2. 滚轮导靴

如图 3-60、图 3-61 所示,滚轮导靴由与导轨正面和两个侧面相配合的 3 个滚轮组成。与滑动导靴相比,使用 3 个滚轮代替了滑动导靴靴衬的 3 个工作面,以滚动摩擦代替了滑动摩擦,大大减小了摩擦力。

滚轮与滚轮轴之间使用滚动轴承连接,以保证滚轮能够顺畅地滚动;滚轮轴与摆臂通过螺纹连接件固定。摆臂通过摆臂转轴与靴座连接,摆臂与摆臂转轴之间一般使用滑动轴承,使得摆臂可以绕着摆臂转轴转动。

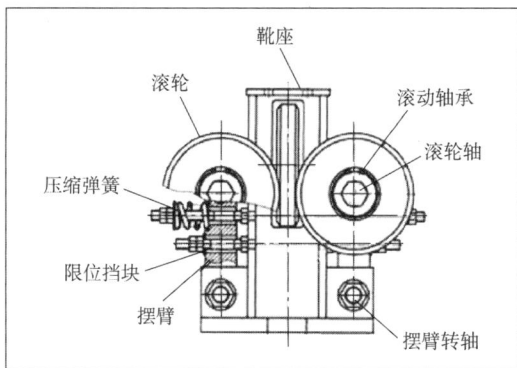

图 3-60 滚轮导靴结构图

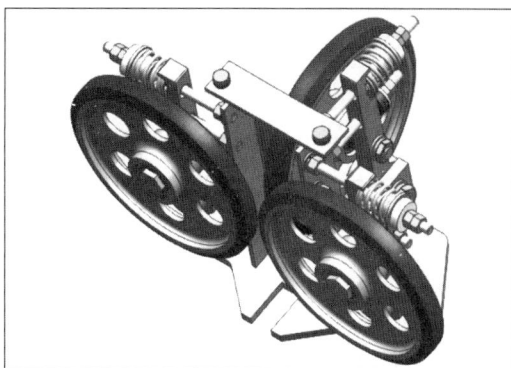

图 3-61 滚轮导靴三维模型

3 个滚轮各自有一套弹簧机构,在压缩弹簧力的作用下,3 个滚轮始终贴在导轨的 3 个工作面上,电梯运行时,滚轮在导轨面上滚动。由于弹性支承作用,以及滚轮外缘常用硬质橡胶或聚氨酯材料制成,因此,滚轮导靴具有吸收冲击力、减少振动的功能,能够提供较好的乘坐舒适性,一般用于速度较高的电梯。

滚轮导靴的 3 个滚轮对导轨的初压力可以通过调节压缩弹簧的压缩量加以调节。滚轮对导轨不应歪斜,并应在整个轮缘宽度上与导轨工作面均匀接触。图 3-62 所示为安装在轿厢架上梁上的滚轮导靴。

与滑动导靴需要润滑不同,为了保证滚轮导靴做纯滚动,以及避免润滑油对滚轮外缘橡胶的老化作用,在使用滚轮导靴时,其工作面(导轨面)上不允许加润滑油。

图 3-62 安装在轿厢架上的滚轮导靴

课后思考

一、填空题

1. 轿厢、对重各自应至少由_____根刚性的钢质导轨导向。

2. 按照运行时导靴与导轨摩擦方式的不同,导靴分为_____导靴和_____导靴两种。

3. 导向系统限制轿厢、对重在_____方向运动的自由度。

二、单选题

1. 通常情况下,1 根导轨至少配置(   )个导轨支架。

A. 1   B. 2   C. 3   D. 4

2. 当电梯的提升高度超过 40m 时,导轨与导轨支架间通过(   )连接。

A. 固定压导板   B. 弹性压导板   C. 焊接   D. 铆接

三、判断题

1. 只要强度、刚度能够满足要求,轿厢侧也可以使用空心导轨。 (   )

2. 当使用滑动导靴时，在安装在轿厢和对重上部的导靴上设置油杯，油杯中存放润滑剂，用于润滑导轨工作面和靴衬。 （　　）

3. 当配置滚轮导靴时，可以根据需要来确定是否对导轨进行润滑。 （　　）

◇ 知识点七　电梯质量平衡系统

💡 想一想

通过前面所学的知识我们知道，要使曳引钢丝绳和曳引轮之间形成足够的摩擦力来驱动电梯轿厢上下运行，仅有轿厢是不行的，还需要有对重配合。那么，对重的结构是怎样的呢？对重的质量怎样设定才合理？除了对重以外，是否还有其他部件在协助对重一起达到更好的效果呢？

电梯质量平衡系统有两个重要作用：①平衡轿厢质量、轿厢内载荷、曳引轮两端钢丝绳质量以及随行电缆的质量，使曳引轮两端的力差尽可能小，从而减小曳引机的力矩；②改善曳引条件。

电梯质量平衡系统包括对重和补偿装置两部分。

一　对重

对重是曳引式电梯正常运行必不可少的装置，起到平衡轿厢及载重的作用。悬挂装置经曳引轮连接轿厢和对重。

1. 对重的结构

对重由对重架和对重块组成。对重架由上梁、下梁和侧梁组合而成，形成框架结构；在对重架的顶部设置绳头板（曳引比为 1 时）或安装对重轮（曳引比大于 1 时），下部安装缓冲器撞块；对重块由对重架上部放入框架，将对重块全部放置好后，最上面一块对重块之上用压板（紧固件）固定，防止在电梯运行过程中对重块松动，影响运行的平稳性和发出碰撞声。

对重架应能够将对重块限制在框架内，一般用槽钢或折弯钢板制作而成。对重的结构如图 3-63 所示。

对重块一般用铸铁或钢板制成。一般每台电梯会配置几块薄钢板对重，用于调整对重平衡系数。

2. 对重质量的设定

对重质量的设定原则是：当轿厢处于提升高度一半位置（中间楼层）时，曳引轮两侧的静力差为零。按此原则，可以得到：

$$M_{cwt} = P + \alpha Q + \frac{w_3}{2} = P + \alpha Q + \frac{n_3 \rho_3 h}{4} \tag{3-13}$$

式中：M_{cwt}——对重质量，kg；

$\qquad$ P——轿厢自重，kg；

α——载荷系数(空载时为0,满载时为1);

Q——额定载重量,kg;

w_3——随行电缆从井道中部悬挂点至轿底悬挂点的质量,kg,$w_3 = n_3\rho_3 h/2$;

n_3——随行电缆的根数;

ρ_3——单根随行电缆的单位质量,kg/m;

h——提升高度,m。

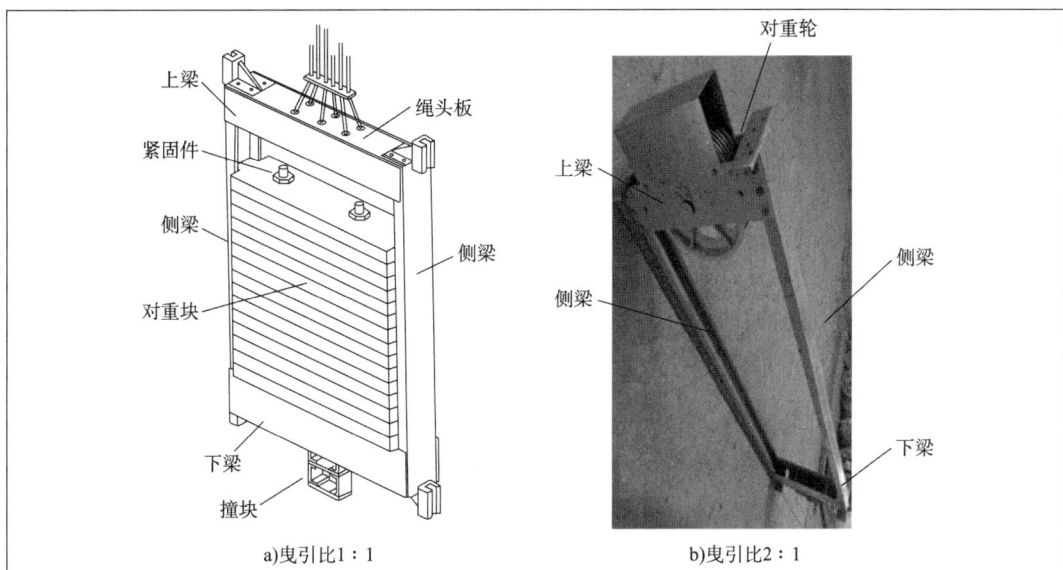

图3-63 对重的结构

此时,曳引轮两侧静力差为零,对曳引机的力矩要求最低,曳引能力也最优。但是,载荷系数 α 在每个楼层人员进出时都是变动的,对重质量无法做到随着变动。因此,按照半载时的载荷系数(α = 0.5),并给出一定的允许误差范围来进行对重质量的设定。考虑到大多数使用场所满载的情况通常不多,标准将这个范围规定为 0.4 ~ 0.5。这个系数称为对重平衡系数,用 β 表示,则实际对重质量为

$$M_{\text{cwt}} = P + \beta Q + \frac{w_3}{2} \qquad (3\text{-}14)$$

二 补偿装置

电梯运行时,轿厢侧和对重侧的曳引钢丝绳以及悬挂在轿厢下面的随行电缆的长度在不断变化。比如,当轿厢停在底层时,曳引钢丝绳质量主要分配在曳引轮的轿厢侧,而对重位于最高位置,对重侧的曳引钢丝绳质量很小,随行电缆主要由井道侧固定装置支承;当轿厢停靠在顶层时,曳引钢丝绳的质量则主要分配到对重侧,随行电缆大部分都悬吊在轿厢上。也就是说,当轿厢处在不同位置时,轿厢侧和对重侧曳引钢丝绳质量相差可能会很大,再加上在不同位置时轿厢侧随行电缆质量变化的影响,会使曳引轮两侧产生较大的力差。为了减小电梯运行过程中曳引轮两侧的力差,降低对曳引机力矩的要求,提高电梯的曳引能

力,采用补偿装置来对这种质量差进行补偿。补偿装置的一端悬挂在轿厢底部,另一端悬挂在对重底部。

补偿质量的设定原则是:轿厢在不同位置时,曳引钢丝绳和随行电缆所引起的曳引轮在轿厢侧、对重侧的力差不变(与轿厢在行程中间时相同)。

理想补偿质量的计算公式为

$$n_2\rho_2 = i \cdot n_1\rho_1 - \frac{n_3\rho_3}{4} \tag{3-15}$$

式中:i——曳引比;

n_1——曳引钢丝绳的根数;

ρ_1——单根曳引钢丝绳的单位质量,kg/m;

n_2——补偿链(绳)的根数;

ρ_2——单根补偿链(绳)的单位质量,kg/m;

n_3——随行电缆的根数;

ρ_3——单根随行电缆的单位质量,kg/m。

常用的补偿装置有补偿链、补偿缆和补偿绳。

1. 补偿链

补偿链的主体是链条,常在链条中穿上旗绳,或者在链条外部裹上一层复合聚氯乙烯(PVC)塑料,以降低运行时链节之间相互碰撞产生的噪声,并避免链条打结,如图3-64所示。补偿链的一端悬吊在轿厢底部,另一端悬吊在对重底部;通常使用U形螺栓进行固定,并设置二次保护,如图3-65所示。补偿链结构简单,无须设置导向装置,但一般在轿厢和对重之间靠近补偿链底部弯曲处设置隔挡,避免补偿链晃动与轿厢或对重发生干涉。这种补偿装置一般用于额定速度不超过2.0m/s的电梯。

a)穿旗绳补偿链　　　　　　　　　　b)包塑补偿链

图3-64　补偿链

2. 补偿缆

补偿缆(图3-66)是一种高密度的补偿装置,中间是链条,外层是圆形护套,在护套和链条间填充金属颗粒以及聚乙烯与氧化物混合物,达到较高的密度。补偿缆在运行中底部弯曲圆滑,运行噪声小,可以达到较大的悬挂长度(最大悬挂长度可达200m),可用于额定速度不超过 3.5m/s 的各类中、高速电梯。

图 3-65　补偿链安装图

图 3-66　补偿缆

　　补偿缆的自然弯曲半径相对较大,安装时需要注意:轿厢和对重悬挂点之间的水平距离应满足最小弯曲半径的要求,以免弯曲半径过小,运行中弯曲部位产生拱形。此外,为了防止补偿缆在运行中的晃动,一般在靠近补偿缆下部弯曲处设置导向装置,如图 3-67 所示。图 3-67a)所示为轿厢侧和对重侧均设置导向装置,根据情况,可以只在一侧设置,通常设置在对重侧。

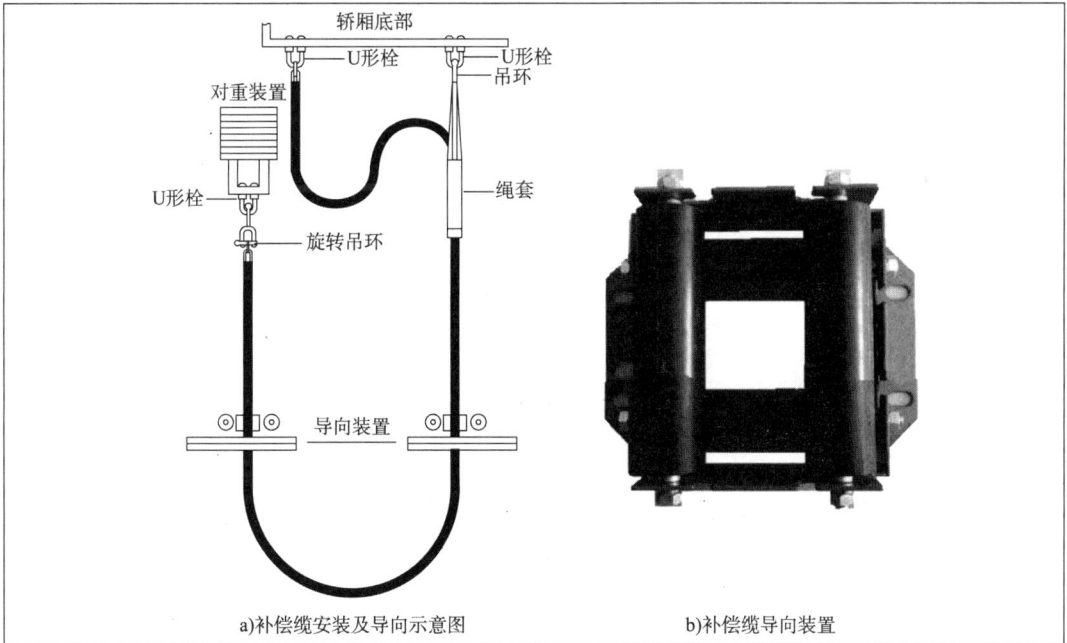

a)补偿缆安装及导向示意图　　　　　　　　b)补偿缆导向装置

图 3-67　补偿缆导向

3. 补偿绳

　　补偿绳是使用钢丝绳的补偿装置,通过钢丝绳端接装置悬挂在轿厢和对重底部。图 3-68 所示为悬挂在轿厢下部的补偿绳。

　　在使用补偿绳时,需要满足以下条件:

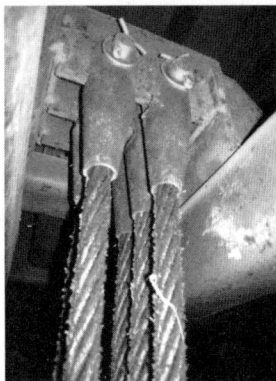

图 3-68　补偿绳悬挂

（1）使用张紧轮对补偿绳进行张紧。

（2）张紧轮的节圆直径与补偿绳的公称直径之比不小于30。

（3）张紧轮应设置防护装置。

（4）用重力保持补偿绳的张紧状态。

（5）用一个电气安全装置来检查补偿绳的最小张紧位置。

当电梯额定速度大于3.5m/s时,还应增设一个防跳装置。当防跳装置动作时,电气安全装置能使电梯驱动主机停止运转。

图3-69所示为补偿绳的张紧轮(又称补偿轮)。补偿轮依靠重力使补偿绳保持张紧,由补偿绳悬吊处于上下浮动状态,通过两根补偿轮导轨进行导向和限制水平方向的运动。由钢丝绳伸长或断绳等导致补偿轮位置过低,达到最小张紧位置时,最小张紧位置检测开关动作。

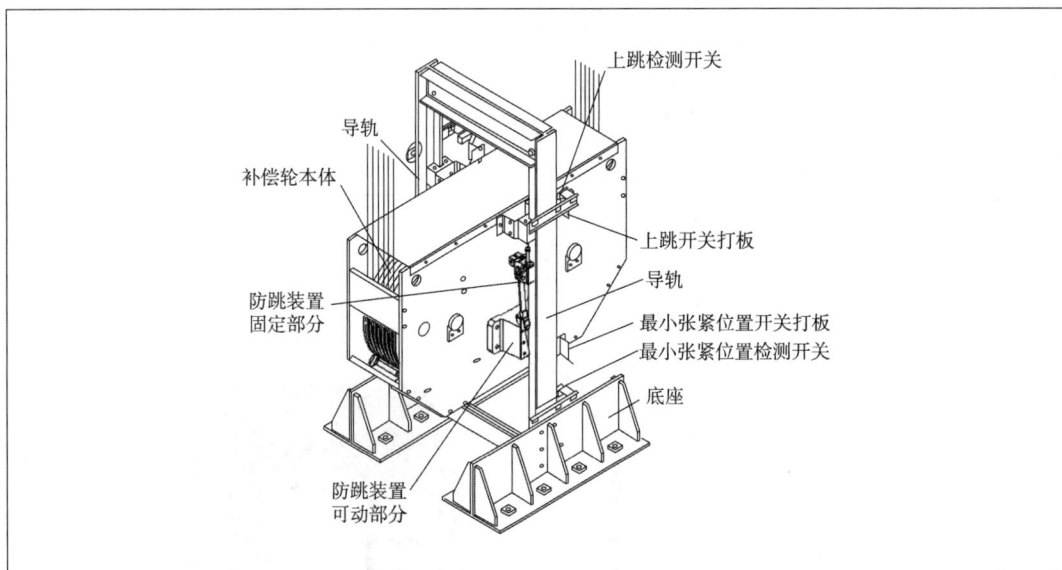

图 3-69　补偿轮

防跳装置分为固定部分和可动部分两部分。其中,固定部分安装在补偿轮导轨上,可动部分安装在补偿轮上。当由轿厢急停等引起补偿轮被补偿绳向上提起至一定高度时,随补偿轮一起被提起的可动部分与固定部分接触,从而防止补偿轮被提升过高。同时上跳检测开关动作,使电梯停止运行。

课后思考

一、填空题

1.一台额定载重量为1000kg的电梯,对重中用于平衡载荷的允许质量范围为_____kg。

2._____用于平衡运行中曳引钢丝绳、随行电缆质量变化所引起的曳引轮两端受力的变化。

3.对重质量用于平衡全部_____、部分轿厢内载荷，以及一半随行电缆的质量。

二、单选题

电梯额定速度为4m/s，应选择(　　)作为补偿装置。

A.补偿链　　　　　　B.补偿缆　　　　　　C.补偿钢丝绳　　　　D.以上都可以

三、判断题

1.在电梯额定速度不大于3.5m/s时，如果配置补偿钢丝绳，可以不配置电气安全装置来检查补偿绳的最小张紧位置。　　　　　　　　　　　　　　　　　　　　　　　　(　　)

2.当电梯额定速度为4m/s时，补偿装置还应增设一个防跳装置。当防跳装置动作时，一个电气安全装置能使电梯驱动主机停止运转。　　　　　　　　　　　　　　　　(　　)

3.在最顶部一块对重块的上面设置压板是为了将对重块限制在对重框架中。　(　　)

四、简答题

对重的平衡系统的作用：一是保证和改善曳引条件，二是平衡轿厢侧质量，降低对曳引机力矩的要求以及达到节能的效果。标准规定对重平衡系数的范围为0.4~0.5。从降低曳引机力矩和节能的角度考虑，这个系数是否最优？请简要说明原因。

◇ 知识点八　电梯电气系统

💡 想一想

机械部件齐全了，要想让曳引机动起来，以平滑的速度曲线加速、匀速、减速、平层停梯，当我们按下目的层按钮后，电梯是向上还是向下运行？在哪些层站需要停靠？哪些层站直接通过？

电梯的电气系统由电力拖动系统和电气控制系统两部分组成。电力拖动系统按照设定的速度曲线控制电梯进行启动、加速、匀速、减速、平层停梯等操作，决定电梯运行的速度、加减速度、平层精度、乘坐舒适性等指标。而电梯运行方向的确定(什么时候向上、什么时候向下)、电梯到某一层是否停靠、电梯门的开关等的控制则是由电梯的电气控制系统来完成的。

一　电力拖动系统

1.交流变压变频调速系统介绍

电梯的拖动系统可分为直流调速拖动系统、交流双速拖动系统、交流调压调速拖动系统和变压变频(Variable Voltage Variable Frequency，VVVF)调速系统等多种形式。其中，VVVF调速电梯拖动系统是日本三菱公司在1984年推出的电梯拖动系统，采用交流电动机驱动，通过矢量变换控制和正弦波脉冲宽度调制(Pulse Width Modulation，PWM)控制。VVVF调速系统电梯具有舒适性好、平层准确、运行效率高、节能等特点。

2. 交流变压变频调速的基本原理

三相异步电动机的转速和电压、频率、磁通量及转矩之间的关系如下：

$$n = \frac{120f}{p}(1 - S) \tag{3-16}$$

$$\Phi = K_1 \frac{V}{f} \tag{3-17}$$

$$M = K_2 \Phi i = K_3 \frac{V}{f} i \tag{3-18}$$

由上式可知，交流异步电动机的转速 n 与频率 f 成正比，与极数 p 成反比，转差率 S 的变化也会改变电动机的转速。在 VVVF 调速系统中，电动机的调速是采用改变频率 f 的方法来进行的。但是，如果仅改变频率 f，磁通量 Φ 也将改变。比如，当频率 f 增大时，磁通量 Φ 减小，转矩 M 的值也将减小。如果要维持电动机输出最大转矩不变，就会使电动机定子电流 i 大为增加，可能烧毁电动机。为了在改变频率 f 时保持磁通量 Φ 不变，就必须同时改变电动机的输入电压 V，并且使比值 V/f 保持为常数。当 V/f 保持为常数时，磁通量 Φ 始终保持不变，因此转矩 M 仅和定子电流 i 相关，而与频率和电压的变化无关。

3. 交流变压变频调速系统的构成

1）整流回路

在低速电梯（$v \leqslant 2.0\text{m/s}$）中，整流器部分采用 3 块二极管模块，每块模块有两只二极管组成的三相桥式全波整流电路；在中、高速电梯（$v \geqslant 2.5\text{m/s}$）中，整流器部分采用 6 块晶闸管模块，每块模块有两只晶闸管组成的三相全控桥式整流电路，晶闸管的导通角开放大小由正弦波脉幅调制（Pulse Amplitude Modulation，PAM）控制，输出可调直流电压。电梯在加速、匀速运行时，晶闸管的输出电压是恒定的；仅在减速时，晶闸管模块作为由电动机侧来的再生能量反馈电网时的通路，此时，其输出电压是连续变化的。

2）充电回路

充电回路如图 3-70 所示，主要用来在主电源开关接通时，预先对大容量电解电容器进行充电，以便当主回路整流器开始工作时，不能形成一个很大的冲击电流，导致二极管模块或晶闸管模块损坏。充电回路中的变压器（与基极驱动回路为同一只）采用升压变压器，匝比为 1:1.1。当输入电压为 V，主电源合上时，充电侧回路的整流器输出 $V_D = 1.1V$。当大容量电解电容器 C 充电到 $V_{DC} = V$ 时（约 2s），给控制计算机发出充电完成信号，然后由控制计算机发出电梯可以启动的信号。如果此时电梯不要求启动，则电容器 C 继续充电至 $V_{DC} = \sqrt{2} \times 1.1 \times V$。当电梯启动时主回路整流器开始工作，其输出电压 $V_Z = \sqrt{2}V$。而电容器 C 的电压从 $V_{DC} = \sqrt{2} \times 1.1 \times V$ 经电阻 R_2 放电到 $V_{DC} = \sqrt{2}V$。由于充电电路有一只隔离二极管 D，所以主回路电流不能流向充电回路。

3）逆变回路

逆变回路简图如图 3-71a）所示。早期 VVVF 调速系统电梯逆变器采用 6 个大功率电力晶体管（GTR）模块，每个模块有一只 GTR 和续流二极管。因为大功率晶体管被导通时，相当于起到一个开关作用,所以可将图3-71a)简化成图3-71b)。

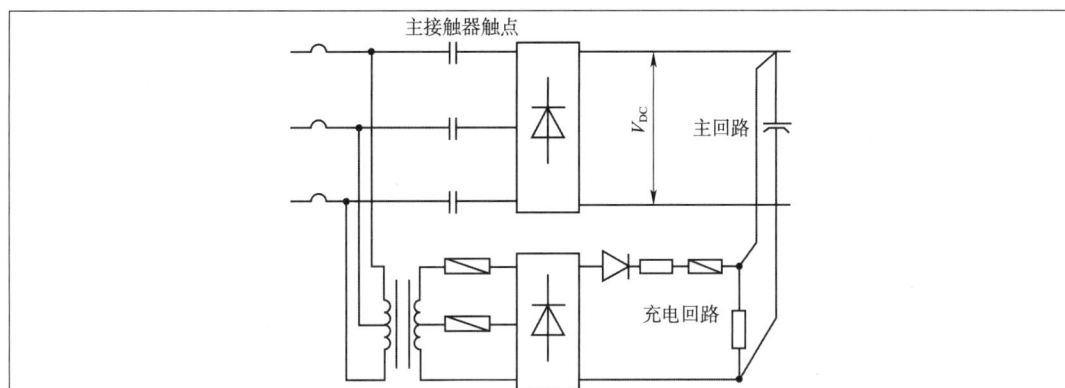

图 3-70 充电回路

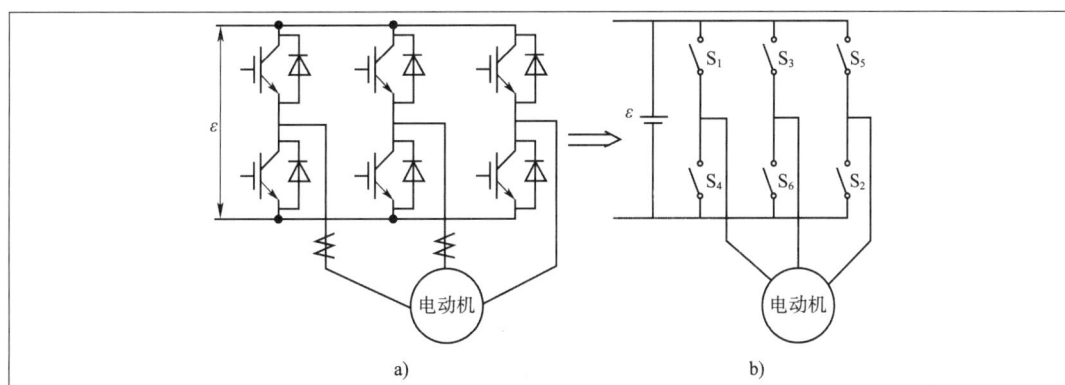

图 3-71 逆变回路

当来自正弦波 PWM 控制回路的三相系列矩形脉冲经基极驱动回路放大后,按相序分别触发大功率晶体管基极,使其导通。由于三相系列脉冲每相相位差 120°,所以逆变器中大功率晶体管 S_1、S_2、S_5 分别以 120°角滞后导通。而同一相上、下的大功率晶体管 S_1、S_4,S_3、S_6,S_5、S_2 之间分别以 180°角区间内导通。例如,S_1 在 A 相的正半周导通,S_4 在 A 相的负半周导通。这样在每相之间输出电压为一个交变电压,其线电压也为一个交变电压。新型 VVVF 调速系统电梯逆变器采用 3 个绝缘栅双极晶体管(IGBT),每个模块内部集成两个 IGBT 功率元件,3 个模块相当于 3 组桥臂,但其工作原理与早期 VVVF 调速系统电梯逆变器相同。

4)再生回路

再生回路仅用于采用二极管模块的整流器。在电梯运行由恒速转为减速状态直至停止的这段时间,系统处于再生控制工作状态。再生回路就是提供系统再生能量释放的回路,其再生能量消耗在再生回路的电阻上。再生电阻通常装在控制柜箱体外壳的顶上。

当电梯减速时,电动机的再生能量通过逆变器向直流侧的大容量电解电容充电。当电容器的电压 $V_D > \sqrt{2} \times 1.1 \times V + 5$ 时,由基极驱动回路发出信号,驱动再生回路中大功率晶体管导通,然后电动机的再生能量消耗在再生回路的电阻上(以发热方式消耗)。同时,大容量电容器电压 V_{DC} 通过该电阻放电至 $V_{DC} \leq \sqrt{2} \times 1.1 \times V - 5$ 时,再生回路中的大功率晶体管

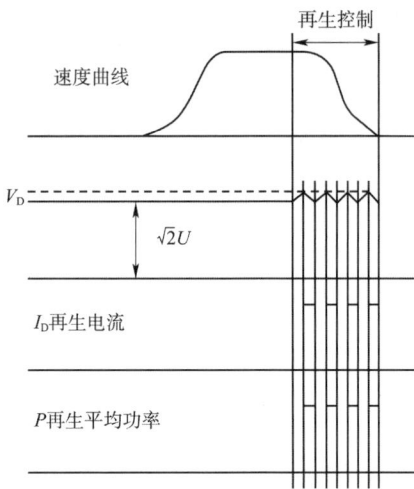

图 3-72　再生回路波形图

截止，则电动机的再生能量重新向大容量电容器充电，重复前面的过程，直至电梯完全停止为止，其波形图如图 3-72 所示。

5）基极驱动回路

由正弦波 PWM 控制回路的系列脉冲信号必须经基极驱动回路放大后，才能控制逆变器中大功率模块的基极，使其导通。在电梯减速时，VVVF 调速系统的再生能量必须经过再生回路释放。因此，VVVF 调速系统在再生控制时，主回路大容量电容器的电压 V_{DC} 和充电回路输出的电压 V_D 在基极驱动回路比较后，经信号放大，来驱动再生回路中大功率晶体管的导通。

基极驱动回路除具有以上两个功能外，还有主回路部分安全回路检测的功能，检测主回路直流侧的过电压、主回路直流侧的欠电压、基极驱动回路的逆变器大功率晶体管输出的欠电压、主回路直流侧充电电压的欠电压，检测主回路大容量电容器充电电压 $V_{DC} = \sqrt{2} \times 1.1 \times V - 5$ 是否已达到；若达到，则向控制计算机发出充电完成信号。

6）其他

（1）电流检测器。电流检测器是 VVVF 调速系统电梯中的专用电子器件，其作用是检测主回路中的交、直流电流数值，并通过本身装置转换成 2V 或 4V 的直流电压信号。VVVF 调速系统采用了 3 路电流检测器：其中一路用于主回路直流侧短路电流和过载电流的检出。一般情况下，短路电流整定为额定电流的 120%，过载电流整定为额定电流的 110%，时间为 10s。另外两路电流检测器用于逆变器输出交流侧电动机 A 相和 B 相电流的检出，其检出的输出直流电压信号输入正弦波 PWM 控制回路，作为电流反馈信号。因为 C 相电流为 A 相与 B 相电流矢量之和，所以 C 相的电流检测器省略，C 相的电流反馈信号可从正弦波 PWM 控制回路中得到。

（2）光电编码器。光电编码器用于电梯速度反馈信号和电梯轿厢实际运行距离检测，它由光栅盘和光电检测装置组成。光电编码器与电动机非负载侧轴端同轴安装，其输出为脉冲信号。光电编码器具有输出精度高、机械寿命长、无误动作现象等优点。

光栅盘在圆盘上等分地开通了 512 个长方形孔。当电动机旋转时，由于光电编码器与电动机同轴，所以光栅盘以与电动机相同的转速旋转，经由发光二极管等电子元件组成的检测装置检测，输出为每转 512 个脉冲信号。该信号经放大后直接输入控制计算机，作为速度反馈信号，用于电梯实际运行距离检测。

由于系统采用了光电编码器，其输出直接经控制计算机计算后就可作为电梯运行位置信号，因此，不必使用传统的机械式选层器或安装于井道内用于发出电梯减速点信号的永磁继电器，这为提高电梯运行可靠性、解决电梯运行减速点受限制等问题提供了很好的途径。

二 电气控制系统

电梯的电气控制主要是指对电梯电动机及门机的启动、减速、停止、运行方向、层站显示、层站召唤、轿厢内指令、安全保护等指令信号进行管理。

1. 电气控制系统的分类

以前,电梯的电气控制系统采用继电器-接触器控制系统和半导体逻辑控制系统,现在大部分使用微机控制系统。

电梯的微机控制系统实质上是使控制算法不再由硬件逻辑固定,而是通过一种所谓程序存储器中的程序(软件)而固定下来的控制系统。因此,对于有不同功能要求的电梯控制系统,只要改变程序存储器中的程序指令——软件即可,既减小了控制系统体积,又降低了能耗和维护费用。电气控制系统——微机控制相关资源请扫描二维码。

电气控制系统——
微机控制

2. 电气控制的基本原理

1)电梯运行的充要条件

(1)确定电梯的运行方向。司机或乘客按所需到达的楼层一次做多个指令或召唤登记,利用第一个被登记的指令信号或召唤信号所指的楼层数 $n_{指}$ 或 $n_{召}$ 与轿厢所处的楼层数 $n_{轿}$ 比较,来确定电梯的运行方向。在无司机工作状态下,在某一段时间内指令信号比召唤信号具有优先权,具体如下:

①若 $n_{指}$ 或 $n_{召} > n_{轿}$,则电梯自动定为上行。

②若 $n_{指}$ 或 $n_{召} < n_{轿}$,则电梯自动定为下行。

③若 $n_{指}$ 或 $n_{召} = n_{轿}$,由于本站指令和召唤信号不能被登记,故不能定向。

(2)关好电梯的层门及轿门。电梯的各层层门及轿门必须关好,以保证门锁继电器吸合。只要有一扇层门或轿门未关好,电梯便无法启动。

2)电梯的工作状态

集选电梯有三种工作状态,即有司机工作状态、无司机工作状态和检修工作状态。

(1)有司机工作状态。在此工作状态下,司机根据乘客所需到达的楼层逐一按下相应的指令按钮,然后按启动按钮,电梯便能自动关门,并启动、加速和满速运行。在电梯运行过程中,按预先登记的指令信号逐一自动停靠并自动开门;司机只需操作启动按钮,电梯便能自动换向,执行另一个方向的预先登记指令信号;召唤信号能实现顺向(与运行方向一致)截梯。

(2)无司机工作状态。在此工作状态下,乘客只需按下指令按钮或召唤按钮,电梯在到达预定停站时间后,便自动关门并启动、加速和满速运行。在电梯运行过程中,按预先登记的指令信号和顺向召唤信号逐一自动停靠并自动开门;在完成全部指令信号和顺向召唤信号后,电梯自动换向应答反向召唤信号。当无指令信号和召唤信号时,电梯便自动关门,门关好后就地等待。

(3)检修工作状态。在此工作状态下,检修人员可按轿厢操纵箱上的启动按钮或轿顶检修箱上的启动按钮,点动控制电梯上、下慢速运行,这样可以方便、安全地检修电梯。

3)电气控制系统的主要组成部分

(1)开(关)门电路。通过开门继电器和关门继电器来改变门电动机的转向,实现轿门的自动开启和关闭。在检修工作状态下,则利用开门按钮和关门按钮来实现轿门的开启和关闭。

(2)楼层控制电路。通过轿厢上的感应插板插入或离开装在每个楼层的干簧式永磁继电器,或利用旋转编码器计数来实现楼层信号的控制,从而控制电梯的运行方向、停站和楼层显示等。

(3)自动定向电路。通过指令信号或召唤信号所指的楼层与轿厢所处的楼层比较来确定电梯的运行方向。在检修工作状态下,直接利用向上、向下启动按钮来确定电梯的运行方向。

(4)启动、加速和满速运行控制电路。首先确定运行方向,等所有层门及轿门关好后,通过此控制电路发出信号给驱动装置,接通曳引电动机的电源使曳引电动机运行。

(5)停站控制电路。轿厢接近要停站的楼层时,发送停站信号给驱动装置,使电动机进行制动减速。

(6)自动平层和停梯电路。当轿厢满速运行达到某层位置时,通过该层感应插板与轿顶上的平层感应器配合,使轿厢准确停靠。

(7)检修运行控制电路。电梯出现故障不能正常运行或平时常规检修时,转动检修开关使电梯处于检修工作状态。这时利用轿厢操纵箱上的启动按钮或轿顶检修箱上的启动按钮来点动控制电梯上、下慢速运行。

(8)直驶电路。电梯在有司机工作状态下,如果轿厢已满载,司机可以控制直驶电路不应答召唤信号,直接运行到轿厢内指令所指的楼层。

(9)消防电路。有些电梯设置消防电路,以便在发生火灾时将乘客立即送到基站,然后电梯供消防人员用来救灾、灭火。

课后思考

一、填空题

1. VVVF调速系统的整流回路,电梯在_____和_____运行时,晶闸管的输出电压是恒定的,仅在_____时,输出电压是连续变化的。

2. 集选电梯的三种工作状态分别是_____工作状态、_____工作状态和_____工作状态。

二、单选题

1. VVVF调速系统电梯拖动系统中整流回路的作用是( )
   A. 把交流电整流成直流电   B. 把直流电逆变成交流电
   C. 稳定电动机端电压

2. VVVF调速系统电梯拖动系统中逆变回路的作用是( )
   A. 把交流电整流成直流电   B. 把直流电逆变成交流电
   C. 稳定电动机端电压

3.当电梯运行由恒速转为减速状态直至停止时,由(　　)提供系统能量释放。

  A.整流回路   B.逆变回路

  C.再生回路   D.充电回路

三、判断题

1.电梯的电力拖动系统对电梯的启动加速、稳速运行、制动减速起着控制作用。(　　)

2.由于 VVVF 调速系统电梯使用交流电动机,所以其速度≤2m/s。   (　　)

3.VVVF 调速系统电梯中的光电编码器一般用于电梯速度反馈信号和电梯轿厢实际运行距离检测。   (　　)

◇ 知识点九　电梯安全保护系统

想一想

  我们从在层站等候电梯开始,可能就有各种担心:进出电梯时会不会被门夹到? 电梯会不会超载? 会不会钢丝绳全断了轿厢直接坠落下去? 电梯会不会超速直接冲上去? 这些担心其实就是在电梯使用过程中可能出现的风险。那么对于这些风险有没有相应的保护措施,应如何实现?

一　电梯安全保护系统概述

  电梯的功能是运送乘客或货物,除了要保证在正常情况下实现其功能以外,还要针对各种可能发生的危险,设置专门的安全保护系统,以确保在任何情况下都能保证乘客、所载货物及电梯本身设备的安全。

二　电梯安全保护装置的作用

1.防止乘客(货物)通过出入口时被撞击

  乘客进出轿厢时需要通过轿门和层门,由于乘客进出轿厢的速度不同、先后次序不同,有时会发生乘客被门撞击、夹住等事故。为了减少在关门过程中出现上述事故,需要采取相应的保护措施。

  1)保护要求

  《电梯制造与安装安全规范　第 1 部分:乘客电梯和载货电梯》(GB/T 7588.1—2020)要求,在门关闭过程中,人员通过入口时,保护装置应自动使门重新开启。此外,还要求阻止关门力不大于150N,以避免乘客受到撞击时产生伤害。

  2)保护装置

  在轿门上安装门入口保护装置,常见的有接触式保护装置(安全触板)和非接触式保护装置(光幕保护装置),以及将两者合二为一的双重保护装置(光幕安全触板)。

2. 防止乘客(货物)受到剪切

当层门未关闭时,如果轿厢仍然能够上下运行,就可能会对乘客产生挤压、剪切的伤害。当层门未关闭、锁紧时,确保轿厢无法运行是防范上述风险的关键。

1)保护要求

除在开锁区域进行平层、再平层和预备操作以及层门和轿门旁路操作外,如果一扇层门或多扇层门中的任意一扇开着,在正常操作情况下,不能启动电梯,也不能使其保持运行。

在层门未被锁住且轿门未关闭的情况下,由于轿厢安全运行所依赖的驱动主机或驱动控制系统的任何单一元件失效都会引起轿厢离开层站的意外移动,电梯应具有防止该移动或使移动停止的装置。

2)保护装置

(1)层门门锁。层门门锁的锁紧元件在啮合深度不小于7mm时才接通用于验证其锁紧状态的电气安全装置,轿厢才能够启动;一旦该电气安全装置断开,将断开电梯的安全回路,正在运行的电梯将会紧急停止。

(2)轿厢意外移动保护装置。若由于某些故障引起层门未锁紧、轿门未关闭,轿厢突然发生异常移动,轿厢意外保护装置应能够防止这种移动,或使轿厢在移动一定距离之后停止。

电梯轿厢意外移动保护装置由检测子系统、制动子系统和自检测子系统组成。检测子系统的功能是检测轿厢是否存在意外移动的风险和倾向,以及是否已经发生了意外移动;制动子系统的功能是,如果已经发生移动,则制停轿厢使其保持停止状态以防止溜车;如果制动子系统是电梯正常运行时控制速度或减速、制停轿厢或保持停止状态的部件,那这些部件应存在内部的冗余且自检测正常工作。在使用驱动主机制动器的情况下,自检测包括对机械装置正确提起(释放)的验证和(或)对制动力的验证。

常见的检测传感器主要有以下几种:

①安装在轿厢上的位置信号开关,如磁感应式接近开关、光电式平层开关、多路光电开关等。

②通过限速器检测,如可检测意外移动的离心式限速器等。

③使用绝对值编码器或者井道位置感应器来检测,如井道绝对位置传感器。

常见的制停部件主要有以下几种:

①作用于轿厢或者对重,如轿厢(对重)安全钳、双向安全钳、夹轨器等。

②作用于悬挂绳或者补偿绳系统,如钢丝绳制动器。

③作用于曳引轮或者只有两个支承的曳引轮轴,如永磁同步无齿轮曳引机的块式制动器、盘式制动器、钳盘式制动器等。

3. 防止乘客坠入井道

1)保护要求

防止乘客坠入井道有防止乘客从层站坠入井道、防止乘客从轿厢内坠入井道及防止乘客从轿顶坠入井道三种情况。

（1）防止乘客从层站坠入井道。在电梯正常运行时，应不能打开层门或多扇层门中的任意一扇，除非轿厢在该层门的开锁区域内停止或停站。开锁区域不应大于层站地平面上下0.2m。在用机械方式驱动轿门和层门同时动作的情况下，开锁区域可增加到应不大于层站地平面上下0.35m。

应从结构上保证层门锁紧元件正常情况下的锁紧状态。应考虑锁紧元件的耐冲击性、耐热性。

（2）防止乘客从轿厢内坠入井道。如果一个轿门或多扇轿门中的任何一扇门开着，在正常操作情况下，应不能启动电梯或保持电梯继续运行；为了限制轿厢内人员开启轿门，轿厢运行时，开启轿门的力大于50N；轿厢停靠在开锁区域以外时，在开门限制装置处施加1000N的力，轿门开启不能超过50mm。

（3）防止人员从轿顶坠入井道。安全保护装置主要用于保护在轿顶作业的维护人员，在异常情况下需要从轿顶救援轿厢内乘客时，也用于保护进入轿顶的其他人员，防止其坠入井道。

在水平方向上轿顶外边缘与井道壁之间的净距离大于0.30m时，轿顶应设置护栏。护栏应由扶手和位于护栏高度一半处的横杆组成。当护栏扶手内侧边缘与井道壁之间的水平净距离不大于0.50m时，护栏高度至少为0.70m；当护栏扶手内侧边缘与井道壁之间的水平净距离大于0.50m时护栏高度至少为1.10m。扶手外侧边缘与井道中的任何部件（如对重、开关、导轨、支架等）之间的水平距离不应小于0.10m。护栏应设置在距轿顶边缘最大为0.15m的位置。

2）保护装置

（1）层门门锁及强迫关门装置。层门门锁及强迫关门装置用于防止乘客从层站坠入井道。

层门门锁保证轿厢停靠在开锁区域以外时，层门保持锁紧状态，除授权人员使用三角钥匙外，其余人无法打开层门。

强迫关门装置保证层门即使被非正常打开也能够自行关闭和锁紧，并一直提供一个关门保持力。

（2）轿门锁及开门阻止装置。当轿厢位于开锁区域以外时，轿门锁和开门阻止装置能够保证轿厢内乘客从轿厢内打开轿门不超过50mm宽度，从而避免轿厢内乘客从轿厢与井道壁之间坠入井道的危险。当轿厢位于开锁区域以内异常停止时，轿厢内乘客能够从轿厢内打开轿门，并联动打开层门进行自救。两者的区别在于轿门锁需要带有电气安全装置，用来验证其锁紧状态。当电梯井道内表面与轿厢地坎、轿门框架或滑动门的最近门口边缘的水平距离超过150mm时，必须配置轿门锁；而开门阻止装置用于该水平距离不超过150mm的情况，开门阻止装置无须配置电气安全装置验证其锁紧状态。

（3）轿顶防护栏。当轿顶边缘与井道壁的自由距离超过0.3m时，为防止在轿顶上的人员从轿顶与井道壁的间隙坠入井道，需要设置轿顶防护栏。图3-73所示为安装于轿厢架上部的轿顶防护栏。

图3-73 轿顶防护栏

4. 防止电梯超载运行

轿厢超载可能会引起电梯机械构件损坏或造成曳引能力不足，从而导致溜车下滑，因此，应对超载状况进行限制。

1）保护要求

当轿厢超载（最迟在载荷超过额定载重量的110%时检测出）时，电梯应不能正常启动及再平层，轿厢内应有听觉和视觉信号通知使用者，门保持在完全开启位置。

2）保护装置

超载保护通过设置在轿底、轿顶的上梁或机房内（无机房靠近井道顶部的位置）的称量装置来实现。

5. 下行超速保护

1）保护要求

当轿厢下行速度超过额定速度的115%达到规定值时，甚至在悬挂装置断裂的情况下，限速器操纵安全钳动作，安全钳能够夹紧导轨使装有额定载重量的轿厢制停并保持静止状态。在电梯速度达到限速器动作速度之前，通过限速器或其他部件上的电气安全装置使电梯驱动主机停止运转。

2）保护装置

（1）动作过程。限速器是当电梯运行速度超过额定速度一定值时能够断开安全回路，并能够进一步触发安全钳动作的装置；安全钳是当限速器触发其动作后能够夹紧导轨使轿厢（对重）减速制停并保持静止状态的装置。

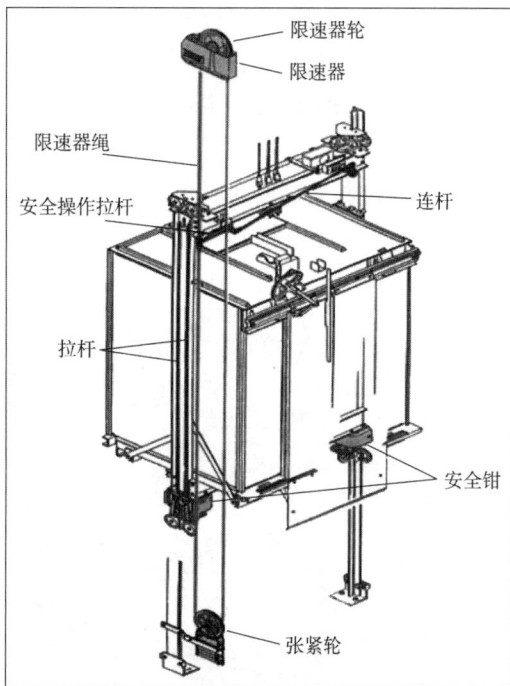

图3-74　限速器、安全钳联动示意图

限速器、安全钳联动示意图如图3-74所示。

整个限速机构由限速器、限速器绳及张紧轮组成。限速器一般安装在机房（有机房电梯）或井道顶部位置（无机房电梯），张紧轮安装在井道底坑；限速器绳两端分别绕过限速器和张紧轮的绳轮，与安装在轿厢架上的安全钳拉杆固定。张紧轮对限速器绳进行张紧，使限速器绳与限速器绳轮间产生足够的摩擦力。

电梯运行时，轿厢的运动带动限速器绳，限速器绳通过摩擦力带动限速器和张紧轮的绳轮旋转，将轿厢的垂直运动转化为限速器的旋转运动。正常运行时，安全钳处于非动作状态，其制停元件（钳块）与导轨之间保持一定的间隙。当限速器绳轮旋转速度达到预设的限定值时，限速器会触发超速开关，切断电梯的控制回路，使曳引机和制动器失电，制停电梯;如果制动失效或制动器延时过长等导致电梯继续加速,限速器会卡住限速器绳,拉动安全钳拉杆,使安全钳动作,通过安全钳钳块与导轨的摩擦使轿厢制停在导轨上。

(2)限速器。

①按照动作原理,限速器分为摆锤式限速器和离心式限速器两种。

a. 摆锤式限速器实物图及结构示意图如图 3-75 所示。其绳轮上设有凸轮,凸轮在旋转过程中与摆锤一端的滚轮接触,摆锤的摆动幅度与绳轮的转速有关。当摆锤的振动频率超过预定值时,摆锤的棘爪卡进绳轮的棘轮,使限速器停止运转,限速器绳拉动安全钳拉杆使安全钳动作。限速器上的超速安全开关在棘爪动作之前被触发,断开安全回路。

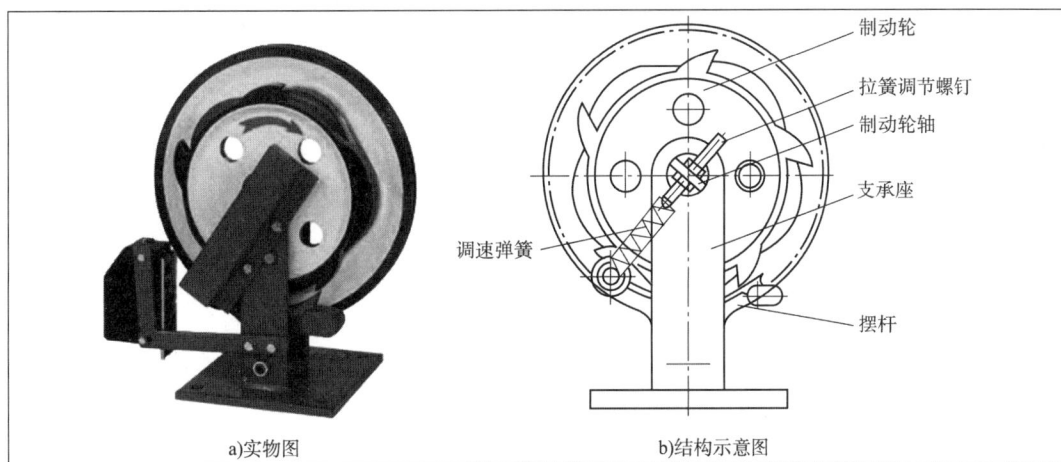

图 3-75　摆锤式限速器

b. 常用的离心式限速器为水平轴转动型离心式限速器,其实物图如图 3-76 所示,其结构图如图 3-77 所示。

当限速器绳轮转动时,离心力的作用使甩块向外甩开。两个甩块由螺栓弹簧固定,由连杆连接在一起,绕各自枢轴转动,保证同步运动。当轿厢速度超过额定速度的预定值时,甩块的凸出部位使超速开关动作,切断控制回路,使制动器失电抱闸。

图 3-76　水平轴转动型离心式限速器实物图

如果轿厢速度进一步增加,甩块继续向外甩开,触发棘爪的触发锁舌,使棘爪沿其固定在绳轮上的销轴逆时针转动,卡入棘轮的齿槽,推动棘轮克服弹簧力绕其轴逆时针转动,与棘轮通过销轴连接的拉杆被向左拉动,压块向左侧压紧,将限速器钢丝绳压紧在限速器绳轮轮槽中。此时,限速器绳轮停止转动,限速器钢丝绳被卡紧,拉动安全钳拉杆使安全钳动作。

②限速器按功能分为单向限速器和双向限速器两种。前文所述的限速器均为单向限速器,仅能对下行超速进行保护,而双向限速器能够对上、下行均进行保护。图 3-78 所示为双向限速器的实物图(水平轴转动型离心式)。双向限速器相应地与双向安全钳配套使用,或者下行与安全钳配套,上行与夹绳器配套使用,既可实现下行超速保护,又可实现上行超速保护。

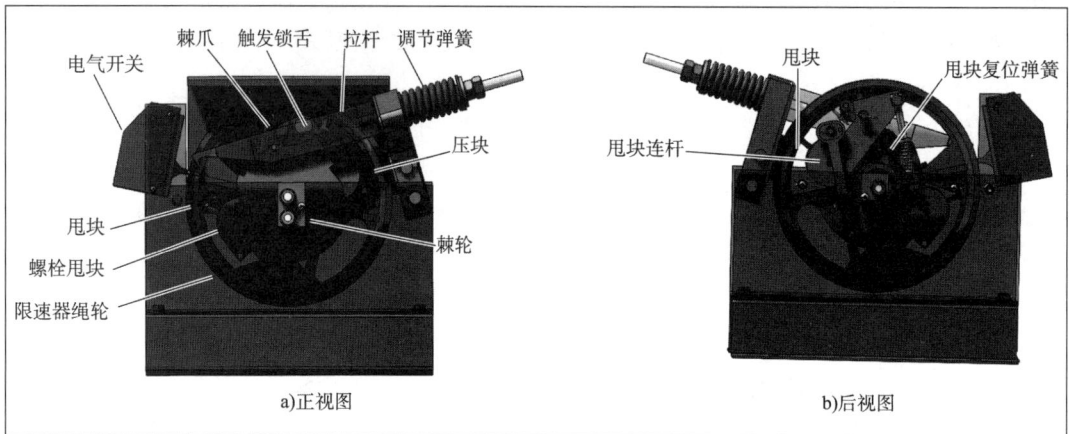

图 3-77　水平轴转动型离心式限速器结构图

③对限速器有如下要求：

a. 限速器钢丝绳的公称直径不应小于 6mm。

b. 限速器绳轮的节圆直径与绳的公称直径之比不应小于 30。

c. 限速器绳应用张紧轮张紧，张紧轮（配重）应有导向装置。

d. 限速器动作时，限速器绳的提拉力不得小于 300N，并不得小于动作所需力的 2 倍。

（3）张紧轮。张紧轮的作用是使限速器绳与绳轮之间具有足够的摩擦力，使绳轮能够准确反映电梯的实际速度。张紧轮的结构示意图如图 3-79 所示。

图 3-78　双向限速器

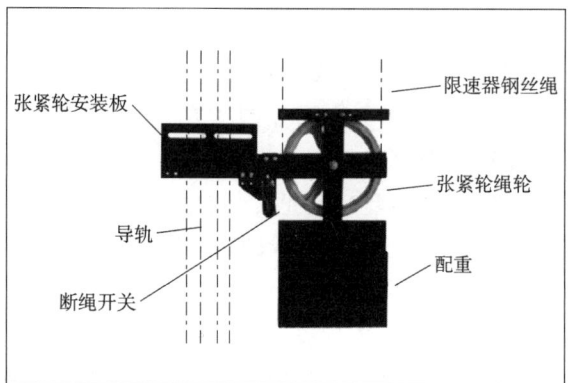

图 3-79　张紧轮结构示意图

为了防止限速器绳断裂或过度伸长而导致张紧轮碰到地面失去作用，在张紧轮上装有断绳开关。当张紧轮下落到设定位置时，就会触动断绳开关，切断电梯控制电路。

（4）安全钳。电梯轿厢必须配置安全钳，对重根据要求确定是否配置。轿厢和对重安全钳的动作由各自的限速器进行控制。

轿厢安全钳安装在轿厢侧立柱下梁处，主要由钳座、钳块、连杆机构、拉杆等组成。图 3-80 所示为一种常用的安全钳结构，其中拉杆在图中未显示，其下端与拉杆座连接，上端在上梁附近与限速器钢丝绳连接。

当限速器动作时,限速器钢丝绳被卡住不动,由于轿厢继续超速下行,安全钳的拉杆与限速器钢丝绳连接,从而被提起,钳块向上滑动与导轨接触,通过钳块与导轨间的摩擦消耗电梯的动能,把轿厢制停在导轨上。当安全钳动作时,其中的安全钳开关(行程开关)被断开,电梯安全回路断开。安全钳的连杆保证两侧钳块同步动作。

根据安全钳对电梯制动过程的动作不同,安全钳可分为瞬时式安全钳和渐进式安全钳。

①瞬时式安全钳。瞬时式安全钳是能瞬时使夹

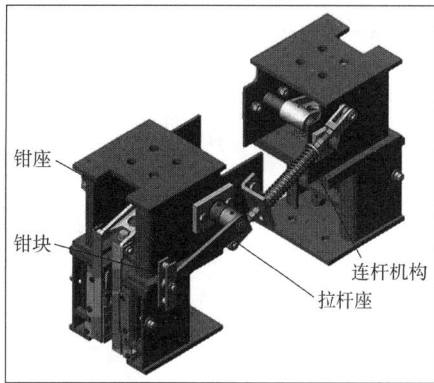

图 3-80　安全钳

紧力达到最大值,并能完全夹紧在导轨上的安全钳。瞬时式安全钳的动作是刚性的,制动时间极短,制动距离短,因而冲击力大,导轨表面也会受到较大损伤。当额定速度不超过 0.63m/s 时,瞬时式安全钳可以用作轿厢侧安全钳;当额定速度不超过 1m/s 时,瞬时式安全钳可以用作对重侧安全钳(对重安全钳作为轿厢上行超速保护装置的除外)。

根据结构形式,瞬时式安全钳又可以分为楔块型瞬时式安全钳、偏心块型瞬时式安全钳和滚柱型瞬时式安全钳。

a. 楔块型瞬时式安全钳。图 3-81 所示为常见的双楔块型瞬时式安全钳结构示意图。

电梯正常运行时,楔块(钳块)与导轨两个侧工作面一般保持一定的工作间隙(一般为 2~3mm)。当限速器动作时,限速器绳带动拉杆,拉杆拉动楔块上滑,导向滑槽和斜面的作用迫使楔块靠近导轨,直至夹住导轨。由于楔块斜面与垂直面夹角为自锁角,所以与导轨越夹越紧,使轿厢(对重)减速制停在导轨上。

为了增大动作时楔块和导轨之间的摩擦系数,通常将楔块与导轨对应的工作面加工成细齿花纹。为了减小楔块与钳体之间的摩擦系数,一般在其间设置表面经过硬化的镀铬滚柱,安全钳动作时,楔块在滚柱上相对钳体滑动。

b. 偏心块型瞬时式安全钳。图 3-82 所示为偏心块型瞬时式安全钳结构示意图。

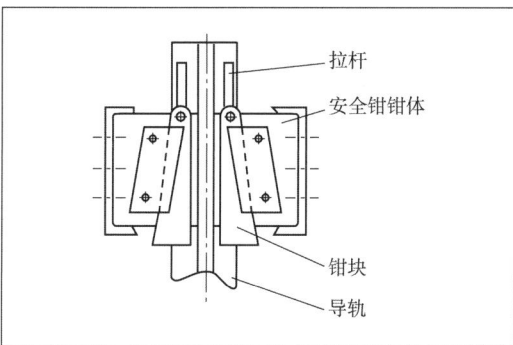

图 3-81　楔块型瞬时式安全钳结构示意图

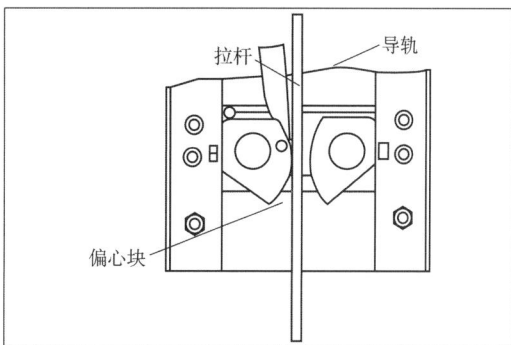

图 3-82　偏心块型瞬时式安全钳结构示意图

偏心块型瞬时式安全钳由两个硬化钢制的带有半齿的偏心块组成,有两根联动的偏心块连接轴。当拉杆提起时,两个偏心块连接轴相对转动,直至夹住导轨,使轿厢(对重)制停。

c.滚柱型瞬时式安全钳。图 3-83 所示为滚柱型瞬时式安全钳实物图。

当拉杆被限速器钢丝绳提起时,淬硬的滚花钢制滚柱在钳体楔形槽里向上滚动,当滚柱贴上导轨时,整个钳体被导轨推动做水平移动,消除另一侧固定钳体与导轨的间隙,最终滚柱和另一侧钳块夹紧导轨,使轿厢(对重)减速制停。

②渐进式安全钳。渐进式安全钳是采用弹性元件,使夹紧力逐渐达到最大值,最终能完全夹紧在导轨上的安全钳。渐进式安全钳与瞬时式安全钳的主要区别是,渐进式安全钳通过弹性元件的

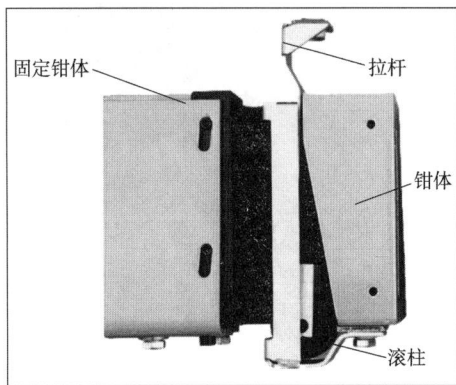

图 3-83　滚柱型瞬时式安全钳实物图

弹性变形使夹紧力逐渐增大,轿厢有一定的制动距离,以减小制停减速度。渐进式安全钳动作时的平均减速度为 $(0.2 \sim 1.0)g_n$。

当额定速度大于 0.63m/s 时,轿厢侧必须配置渐进式安全钳;当额定速度超过 1m/s 时,若对重侧需要配置安全钳,也应配置渐进式安全钳。如果对重侧安全钳作为上行超速保护装置使用,不管额定速度为多少,都应使用渐进式安全钳。

渐进式安全钳常用的结构形式有弹性元件为螺旋弹簧的渐进式安全钳、弹性元件为 U 形板簧的渐进式安全钳及弹性元件为碟形弹簧的渐进式安全钳。

a.弹性元件为螺旋弹簧的渐进式安全钳。图 3-84 所示为弹性元件为螺旋弹簧的渐进式安全钳,其中图 3-84a)为实物图,图 3-84b)为二维结构图。

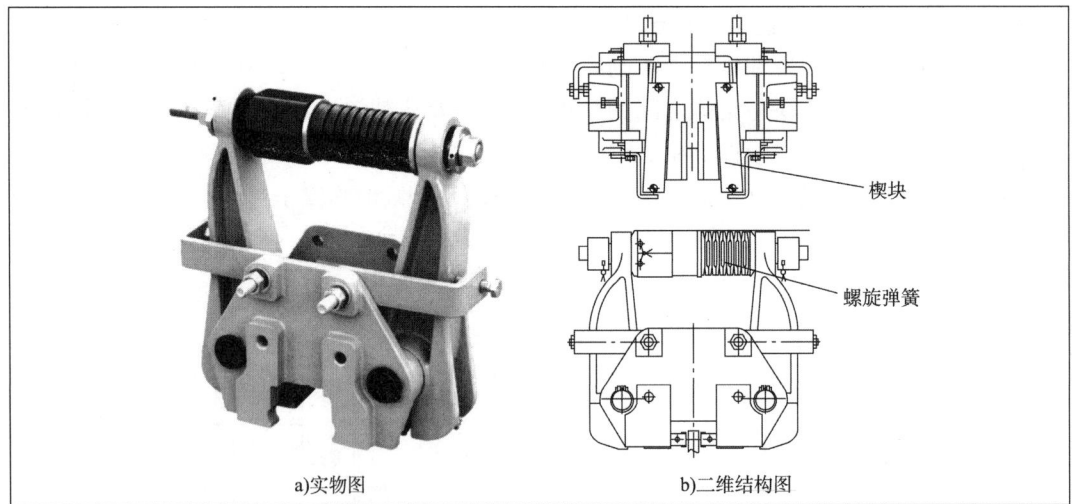

a)实物图　　　　　　　　b)二维结构图

图 3-84　弹性元件为螺旋弹簧的渐进式安全钳

安全钳动作时,楔块被拉杆提起,其背面有滚柱组,沿钳体的楔形导向轨道相对钳体向上移动,当楔块与导轨面接触后继续上滑,直到达到限定位置。在此过程中,钳体张开,使螺旋弹簧受到逐渐增大的压缩力。楔块作用于导轨面正压力的大小取决于螺旋弹簧所受压力的反力大小。

b. 弹性元件为 U 形板簧的渐进式安全钳。图 3-85 所示为弹性元件为 U 形板簧的渐进式安全钳。

钳座一般由钢板焊接而成,再由 U 形板簧、楔块、滚子等组成。楔块被提起并接触导轨时,产生向外扩张的力,撑开 U 形板簧,板簧的反作用力产生制动力,使轿厢减速;在轿厢继续下滑的过程中,楔块进一步提起,加大对板簧的作用力,直到楔块达到行程的极限位置,其夹持力的大小由 U 形板簧的变形量确定。

c. 弹性元件为碟形弹簧的渐进式安全钳。图 3-86 所示渐进式安全钳的弹性元件为两组碟形弹簧(图中所示的楔块处于动作状态)。

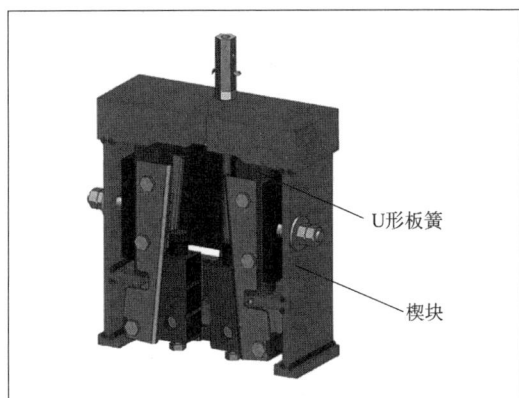

图 3-85　弹性元件为 U 形板簧的渐进式安全钳

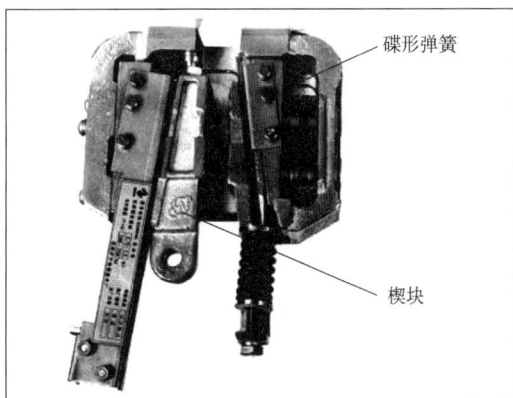

图 3-86　弹性元件为碟形弹簧的渐进式安全钳

图 3-86 中所示左侧楔块可以沿楔形导向轨道上下移动,向上移动的过程中与导轨面的间隙将逐渐减小;另一侧楔块上下移动范围很小,当其受到压力时,会将力传递给碟形弹簧,使碟形弹簧产生变形,从而产生反作用力。限速器动作时,限速器钢丝绳被卡住,提起拉杆,楔块被拉杆提起并与导轨面接触。由于导轨力的作用,整个钳体水平移动,消除另一侧楔块与导轨的间隙;左侧楔块继续向上移动,碟形弹簧变形逐渐增大,使轿厢(对重)减速制停。当左侧楔块到达设定的最高位置时,碟形弹簧产生的作用力也达到最大。

通常在楔块(钳块)与钳体的楔形导向轨道之间加入一排滚子,以减小动作时楔块与钳体导向轨道之间的摩擦力,当安全钳制动后也易于复位。

6. 上行超速保护

1)保护要求

电梯应装设上行超速保护装置,该装置包括速度监控和减速元件,应能检测出上行轿厢的速度失控,其下限是电梯额定速度的 115%,并应能使轿厢制停,或者使其速度降低至对重缓冲器的设计范围。该装置应作用于轿厢、对重、钢丝绳系统(悬挂绳或补偿绳)或曳引轮(如直接作用在曳引轮,或作用于最靠近曳引轮的曳引机轮轴上)。该装置动作时,应使一个电气安全装置动作。

2)保护装置

轿厢上行超速保护装置的速度监控元件一般使用限速器。常用的减速元件有曳引机制动器、双向安全钳、对重安全钳和夹绳器。

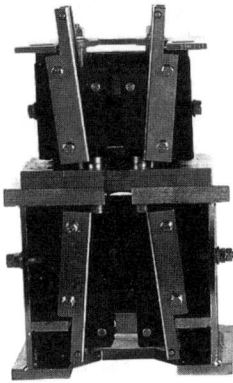

图 3-87　双向安全钳

（1）曳引机制动器。当驱动主机为无齿轮曳引机时，曳引机制动器作用在靠近曳引轮的曳引轮轴上（通常为与曳引轮刚性连接的制动轮/制动盘处），此时可以将曳引机制动器作为上行超速保护装置的减速元件。当轿厢上行速度达到限速器的电气开关动作速度时，断开控制回路，使曳引机失电抱闸，使轿厢减速。

（2）双向安全钳。双向安全钳应与双向限速器配合使用。双向安全钳如图 3-87 所示。

双向安全钳安装在轿厢上，当轿厢上行速度达到双向限速器的上行动作速度时，限速器动作，拉动向上方向的安全钳动作，安全钳钳块夹住轿厢侧导轨，使轿厢减速制停。

（3）对重安全钳。对重安全钳应与对重限速器配合使用。对重安全钳安装在对重上，当对重下行速度（轿厢上行速度）达到对重限速器动作速度时，对重限速器动作，拉动对重安全钳动作，安全钳钳块夹住对重侧导轨，使对重和轿厢减速制停。用于轿厢上行超速保护的对重安全钳必须使用渐进式安全钳。

（4）夹绳器。夹绳器直接将制动力作用在曳引钢丝绳上，一般安装在机房内曳引轮和导向轮之间的曳引机机架上，也有将其安装在导向轮下部的，但必须保证安装牢固可靠。当轿厢上行超速时，触发夹绳器动作，夹住曳引钢丝绳，使曳引钢丝绳减速停止，从而使轿厢减速制停。夹绳器如图 3-88 所示。

a)夹绳器实物图　　　　　　　　　　　　　b)安装在曳引轮和导向轮之间的夹绳器

图 3-88　夹绳器

7. 缓解撞击力

1）保护要求

当电梯由于某种原因失去控制越过最底层下冲或越过最顶层上冲时，应能够吸收轿厢或对重的动能，迅速降低其速度，直至停止，并且减速度需要满足一定的范围要求。

2）保护装置

《电梯制造与安装安全规范　第 1 部分：乘客电梯和载货电梯》（GB/T 7588.1—2020）规定了保护装置为缓冲器，设置在轿厢和对重的行程底部极限位置（底坑）。

缓冲器是防止电梯冲顶或蹲底的最后一道安全装置，能对失控的轿厢或对重起缓冲作用;在满足顶层空间相关要求的情况下,也能避免轿厢和对重上冲至机房楼板。

电梯用缓冲器分为蓄能型缓冲器和耗能型缓冲器两种形式。

(1)蓄能型缓冲器。蓄能型缓冲器只能用于额定速度小于或等于1m/s的电梯,常用的蓄能型缓冲器为弹簧缓冲器和聚氨酯缓冲器。

①弹簧缓冲器。弹簧缓冲器是以弹簧变形来吸收轿厢或对重动能的一种线性蓄能型缓冲器,其总行程应至少等于相当于115%额定速度的重力制停距离的2倍,即$0.135v^2$(m),且不得小于65mm。

如图3-89所示,弹簧缓冲器一般由缓冲橡胶垫、缓冲座、压缩弹簧、底座组成,其中压缩弹簧焊接在底座上。对于行程较大的弹簧缓冲器,为了增加弹簧的稳定性,可在弹簧下部设置套管。当弹簧缓冲器受到撞击时,弹簧被压缩变形,将轿厢或对重的动能转化为弹性变形能,使轿厢或对重得到缓冲。但弹簧的压缩变形会产生反弹力,造成电梯的反弹,反复多次,直至能量耗尽,电梯才能真正停止下来。这会使弹簧缓冲器工作过程不平稳,因此其只能用于低速电梯。

②聚氨酯缓冲器。聚氨酯缓冲器是指利用聚氨酯材料的微孔气泡结构来吸收轿厢或对重动能的一种非线性蓄能型缓冲器。聚氨酯缓冲器的特点是体积小、质量轻、安装方便、耐冲击、抗压性能好、成本较低,但耐湿热性能较差,在使用过程中需要注意紫外线、湿度等环境引起的聚氨酯材料老化问题。聚氨酯缓冲器如图3-90所示。

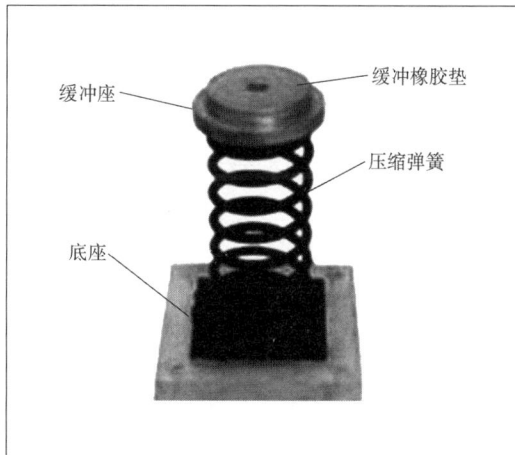

图3-89 弹簧缓冲器

图3-90 聚氨酯缓冲器

(2)耗能型缓冲器。耗能型缓冲器可以用于任何额定速度的电梯,其总行程应至少等于相当于115%额定速度的重力制停距离,即$0.0674v^2$(m)。

液压缓冲器是以液体作为介质吸收轿厢或对重动能的一种耗能型缓冲器,其实物图和结构示意图如图3-91所示。

在正常情况下,液压缸腔内充满液压油,柱塞由于复位弹簧的作用伸出液压缸。当轿厢(对重)撞击缓冲器时,柱塞向下运动,压缩油缸内的油将轿厢或对重的动能传递给液压油,使油通过环形节流孔喷向柱塞内腔。当液压油通过节流孔时,由于流动面积突然变小,形成涡流,将动能转化为热量散发掉,消耗了电梯的动能,使电梯以一定的减速度停止下来。柱塞杆为锥形,柱塞向下运动时节流孔逐渐减小,液压油进入柱塞的阻力增大,下降速度逐渐降低并吸收冲击,起到缓冲作用。当轿厢(对重)离开缓冲器时,柱塞在复位弹簧的作用下向上复位,柱塞内腔的液压油重新流回液压缸内。

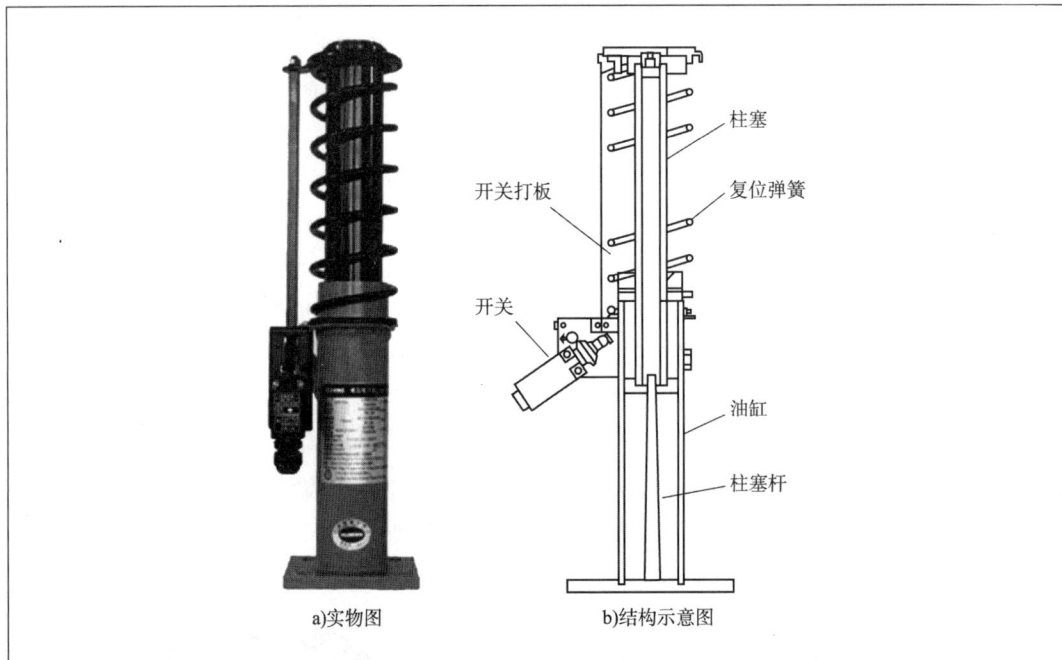

图3-91 液压缓冲器

液压缓冲器具有缓冲平稳的优点,在条件相同的情况下,液压缓冲器所需的缓冲行程比弹簧缓冲器小一半。除了高速梯以外,如果希望降低底坑深度和顶层高度尺寸,也可配置液压缓冲器。对于液压缓冲器,需要配置一个电气安全装置用于检查缓冲器的正常复位;在缓冲器动作后,只有其恢复至正常伸长位置后,电梯才能正常运行。

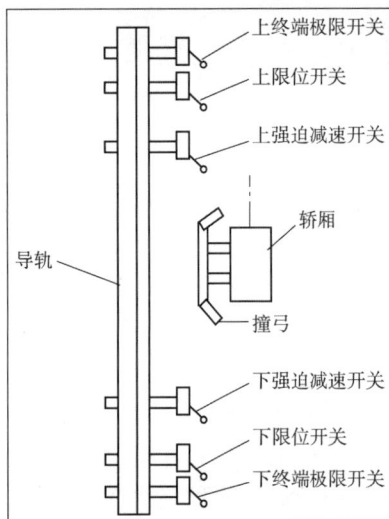

图3-92 终端保护装置

8. 防止电梯超越行程

为了防止轿厢由于控制方面的故障越过上、下端站继续运行,发生冲顶或蹲底事故,必须设置终端保护装置。该装置一般由强迫减速开关、限位开关和终端极限开关组成。这些开关设在井道内上、下端站附近,通常安装在固定于导轨的支架上,通过安装在轿厢上的撞弓触动而动作,如图3-92所示。

1)强迫减速开关

强迫减速开关设在端站正常减速点稍后一些的位置,当开关被撞弓碰到时,电梯速度高于规定值,控制系统会计算出一条减速曲线作为速度指令。此时的减速度会大于正常减速度,仍然以轿厢在终端层平层停止为控制目标。强迫减速开关是防止电梯超越行程运行的第一道保护。

2）限位开关

限位开关安装在超过终端平层位置一定距离的地方（一般为 30～50mm），是防止电梯超越行程运行的第二道保护。当轿厢在终端层没有停止而继续运行，撞弓碰到限位开关时，控制系统将直接使电梯停止运行，但只是限制了电梯向超越行程的方向运行，其仍可以后退向安全方向运行。也就是说，上限位开关动作时，电梯不能上行但能下行；下限位开关动作时，电梯不能下行但能上行。

3）终端极限开关

终端极限开关是防止电梯超越行程运行的第三道保护，一般安装在超出端站平层位置 100～200mm 的位置。如果限位开关动作后电梯仍不能停止运行，撞到极限开关时，会切断电梯安全回路，使曳引机电源被切断，迫使电梯迅速停止运转。根据《电梯制造与安装安全规范 第 1 部分：乘客电梯和载货电梯》（GB/T 7588.1—2020）的要求，极限开关应在轿厢或对重接触缓冲器之前起作用，并在缓冲器被压缩期间保持其动作状态。极限开关必须符合电气安全触点要求，不能使用普通的行程开关和磁开关或干簧管开关等传感装置，但强迫减速开关和限位开关则可以使用。

9. 防止人员被困在轿厢或井道

当人员被困在轿厢或井道中时，要有能够通知救援人员的措施；救援人员能够对被困人员施救。

1）报警和通信装置

为使乘客在遇到危险时能向轿厢外求援，轿厢内应装设乘客易于识别和触及的报警装置。报警装置的供电来自紧急照明电源。操作报警装置的按钮一般设在轿厢内操纵箱的醒目位置，上面有黄色的报警标志，按下后会启动对讲系统。轿厢内也可以设置内部直线报警电话或与电话网连接的电话。

考虑到在电梯井道底坑和轿厢顶部工作的人员也存在被困的危险，在这两个位置也应安装报警和对讲装置，与轿厢、机房和监控室一起构成五方通话系统，使乘客或工作人员被困后能尽快得到救援。

2）救援装置

（1）紧急操作时轿厢位置的确定。在进行紧急操作时，经常需要确定轿厢所在的位置。比如，手动移动轿厢时，需要知道轿厢是否到达平层区域，以及在哪个层站平层，以便进行救援。

确定轿厢位置的常用做法是在曳引钢丝绳上用油漆做标记。例如，4 根曳引钢丝绳时，可以按图 3-93 进

楼层	钢丝绳			
	钢丝绳1	钢丝绳2	钢丝绳3	钢丝绳4
1层				
2层				
3层				
4层				
5层				
6层				
7层				
8层				
9层				
10层				
11层				
12层				
13层				
14层				
15层				
16层				
17层				
18层				
19层				

图 3-93 通过钢丝绳标记轿厢位置

行标记,将标记与轿厢所在楼层对应的关系写在机房操作地点的附近,在机房中就可以根据所看到的钢丝绳上的标记来确定轿厢所在的位置。

(2)曳引机的紧急手动操作装置。紧急操作时,如果向上移动装有额定载重量的轿厢所需的操作力不大于400N,电梯驱动主机应装设手动紧急操作装置,以便借用平滑且无辐条的盘车手轮将轿厢移动到一个层站;同时,装有手动紧急操作装置的电梯驱动主机应能用手松开制动器并需要以一持续力保持其松开状态。

通常手动紧急操作装置称为盘车手轮,手动松开制动器的装置称为松闸扳手。当电梯在运行中由于某些异常状态(如停电、故障等)停在两个层门之间,乘客无法撤离轿厢时,维修人员到机房,使用松闸扳手使制动器松开,并操作盘车手轮转动曳引轮,人工移动轿厢至就近层站,撤离乘客。

操作时为防止电梯的异常运行,首先要切断电源,然后由两人配合进行操作:一人使用松闸扳手松开制动器,另一人双手握紧盘车手轮并转动,从而移动轿厢。操作时两人要配合好,防止一人松开制动器后,另一人未能握住盘车手轮,从而由于轿厢侧和对重侧质量差发生轿厢移动过快的现象。

如果松闸扳手和盘车手轮是可以从驱动主机上拆卸下来的,应放置在机房内容易接近的地方;盘车手轮应涂成黄色,松闸扳手应涂成红色。

由于松闸和盘车操作时需要人员接近曳引机,紧急手动操作装置仅用于有机房电梯。

(3)曳引机的紧急电动运行装置。如果向上移动装有额定载重量的轿厢所需的操作力大于400N,应设置紧急电动运行装置来移动轿厢。紧急电动运行装置运行时,电梯驱动主机由正常的电源供电或由备用电源供电。

对于无机房电梯,需要进行紧急操作时,一般情况下难以接近曳引机,安全地对曳引机进行盘车操作更是不太可能。因此,无机房电梯一般仅配有紧急电动运行装置,并且需要考虑停电状态下如何使曳引机松闸(可使用应急蓄电池或手动松闸),以及轿厢和对重平衡时移动轿厢的措施。

(4)电梯的停电应急装置。有些电梯配有停电应急装置,在停电或电梯发生某些故障时自动接入;使用蓄电池向电动机供电,在确保安全的条件下,向力矩小的方向低速将轿厢移动至相邻的车站。

(5)轿厢安全窗。轿厢安全窗设置在轿顶,用于无法从轿门进行救援的特殊情况。

如果设置轿厢安全窗,其尺寸不应小于0.35m×0.50m。轿厢安全窗设有手动上锁装置,从轿厢外不用钥匙即可开启,从轿厢内可以使用三角钥匙打开。轿厢安全窗上设有用于验证锁紧状态的电气安全装置,当安全窗未锁紧时,电梯不能运行或启动。轿厢安全窗应向外开启,且开启后不得超出电梯轿厢的边缘。

使用轿厢安全窗进行救援时,救援人员将乘客从轿厢内通过轿厢安全窗救援至轿顶,然后再通过层门或井道安全门进入层站。

(6)井道安全门。当相邻两层门地坎间的距离大于11m时,要在这两个层门之间设置井道安全门(除非设置了轿厢安全门)。井道安全门不应向井道内开启,应装设用钥匙开启的锁,但即使井道安全门在锁住的情况下,也能不用钥匙从井道内部将门打开。井道安全门需要设置用于验证其关闭状态的电气安全装置,只有在井道安全门关闭的情况下电梯才能运行。

此外,当同一井道内有多台电梯时,可以在相邻轿厢的轿壁相应位置开设轿厢安全门,用于电梯之间的互救。这种设计多用于高层建筑的高速电梯。

10. 电气安全保护

电气控制系统需要具有良好的绝缘性,以防止直接触电,并采用安全保护性接地防止间接触电。除此以外,还要进行电气故障的防护。

1) 曳引电动机的过载保护

为防止电动机过载被烧毁,应设置曳引电动机的过载保护。采用双金属片热继电器保护是一种传统的保护方式。热元件接在电动机主电路中,当电动机过载运行超过一定时间时,较大的过载电流使热继电器中的双金属片变形,从而断开串接在安全保护回路中的触点,切断控制回路,保护电动机不因长期过载而烧毁。另外一种过载保护电路是将热敏电阻埋在电动机的绕组中,电动机过载时线圈发热引起热敏电阻的阻值变化,经测量转换并放大后使微型继电器吸合,断开其串接在安全回路中的触点,切断控制回路,使电动机失电停止运转。

2) 电梯控制系统中的短路和过电流保护

一般使用熔断器或断路器进行短路保护。当电流过大时,熔断器被熔断,切断电源,对电气设备起到保护作用。断路器的作用是切断和接通负荷电路,以及自动及时地断开故障电路,能有效地防止故障范围或事故的扩大,保证电梯在安全状态下运行。

3) 错相、断相保护

对于三相电源直接驱动电动机的电梯,当供电系统由于某种原因三相动力电源的相序与原相序有所不同时,可能会使电动机旋转方向发生变化,电梯原定的运行方向变为相反的方向,会给电梯运行造成极大的危险。另外,为了防止曳引电动机在电源缺相的情况下运转不正常而导致电动机烧毁,需要在电气线路中设置相序、错相和断相保护继电器,当发生异常时及时切断控制电路,使电梯不能运行。

4) 电气安全装置和安全电路

《电梯制造与安装安全规范 第 1 部分:乘客电梯和载货电梯》(GB/T 7588.1—2020) 附录 A 列出了电梯的电气安全装置表。电气安全装置包括一个或几个满足规范要求的安全触点或安全电路,多数电气安全装置采用的是安全触点。这些电气安全装置都串接在电梯的安全回路中,其中任何一个动作时都要防止电梯驱动主机启动,或使其立即停止运转。

电梯的电气安全装置主要包括各个位置(如机房、底坑轿顶等)的停止装置、机房中的限速器开关、盘车手轮开关,轿厢上的安全钳开关、轿厢门锁开关、轿顶安全窗开关,层站处的层门门锁开关,井道中的缓冲器开关、终端层极限开关、限速器绳张紧开关、补偿绳张紧开关等。

一、填空题

1. 轿门入口保护装置通常有_____、_____和_____三种类型。

2. 电梯门的阻止关门力不应大于_____N。

3. 电梯轿厢意外移动保护装置由_____子系统、_____子系统和_____子系统组成。

4. 当轿厢停靠在开锁区域以外时,轿门开启不能超过_____mm,以防止人员从轿厢坠入井道。

5. 在水平方向上轿顶外边缘与井道壁之间的净距离大于_____mm时,轿顶应装设护栏。

6. 电梯的下行超速保护通过_____和_____联动实现。

7. 按照动作原理,限速器分为_____式限速器和_____式限速器。

8. 瞬时式安全钳可用于额定速度不超过_____m/s的轿厢侧安全钳。

9. 当作为上行超速保护装置时,对重侧安全钳应使用_____式安全钳。

10. 一部电梯的安全钳拉杆动作需要200N的力,则对应的限速器在动作时,限速器钢丝绳的提拉力不得小于_____N。

11. 当不作为上行超速保护装置时,瞬时式安全钳可用于最大额定速度为_____m/s的对重侧安全钳。

12. 蓄能型缓冲器能够用于最大额定速度为_____m/s的电梯。

13. 一部电梯额定速度为2m/s,其配置的液压缓冲器行程至少为_____mm。

14. 有机房电梯通常使用在_____上面做标记的方法来确定紧急操作时轿厢的位置。

15. 当相邻两层门地坎间的距离大于_____m时,要在这两个层门之间设置井道安全门。

16. 如果向上移动装有额定载重量的轿厢所需的操作力大于_____N,应设置紧急电动运行装置来移动轿厢。

17. 电梯的五方通话中的五方是指_____、_____、_____、_____和监控室。

二、单选题

1. (　　)是防止电梯发生剪切事故的重要安全部件。
　　A. 层门门锁　　　　B. 曳引机制动器　　　C. 轿门门刀　　　　D. 轿厢安全钳

2. 限速器钢丝绳的最小公称直径为(　　)mm。
　　A. 6　　　　　　　B. 8　　　　　　　　C. 10　　　　　　　D. 12

3. 限速器绳轮的节圆直径与绳的公称直径之比应不小于(　　)。
　　A. 20　　　　　　B. 30　　　　　　　　C. 40　　　　　　　D. 50

4. 一部电梯额定速度为1.5m/s,且需要配置对重安全钳,则轿厢侧、对重侧安全钳的类型应选择(　　)。

A. 轿厢侧瞬时式、对重侧瞬时式　　　　B. 轿厢侧瞬时式、对重侧渐进式

C. 轿厢侧渐进式、对重侧渐进式　　　　D. 轿厢侧渐进式、对重侧瞬时式

5. 构成电梯终端保护装置的三组开关中,(　　)必须符合电气安全触点要求。

A. 平层开关　　　　B. 强迫减速开关　　　C. 限位开关　　　　D. 终端极限开关

6. 终端极限开关的动作应在轿厢或对重撞击缓冲器(　　)。

A. 之前　　　　　　　B. 之后　　　　　　　C. 同时

7. 构成电梯终端保护装置的三组开关中,(　　)是安装在电梯正常行程之内的。

A. 平层开关　　　　　　　　　　　　B. 强迫减速开关

C. 限位开关　　　　　　　　　　　　D. 终端极限开关

8. 当强迫减速开关被撞弓碰到时,若此时电梯速度高于规定值,控制系统将(　　)减速度。

A. 加大　　　　　　　　B. 减小　　　　　　　　C. 维持

三、判断题

1. 轿门入口保护装置在关门的整个过程中都要进行保护。　　　　　　　　　(　　)

2. 当电梯门保护装置检测到人员正在通过出入口时,将会使门停止不动,或使门重新开启。　　　　　　　　　　　　　　　　　　　　　　　　　　　　　　(　　)

3. 有齿轮曳引机的制动器可以作为轿厢意外移动的制停部件。　　　　　　　(　　)

4. 当轿厢停在开锁区域时,乘客可以从轿厢内打开轿门,并带动层门一起打开。(　　)

5. 渐进式安全钳可用于任何额定速度的电梯。　　　　　　　　　　　　　　(　　)

6. 当轿厢侧仅配置下行安全钳时,限速器上的电气开关也只有在下行超速时才会动作,上行超速时不动作。　　　　　　　　　　　　　　　　　　　　　　　　(　　)

7. 张紧轮上安装的断绳开关,只有当限速器绳断裂时才会被触发。　　　　　(　　)

8. 液压缓冲器必须配置电气安全装置用于检查缓冲器的正常复位。　　　　　(　　)

9. 液压缓冲器只能用于额定速度大于 $1m/s$ 的电梯。　　　　　　　　　　　(　　)

10. 如果对重配置了安全钳,就可以作为上行超速保护装置的减速元件。　　　(　　)

11. 曳引机的制动器都可以作为上行超速保护的减速元件。　　　　　　　　　(　　)

12. 上行超速保护装置可以作用于曳引钢丝绳,也可以作用于补偿钢丝绳。　　(　　)

13. 当终端保护装置中的限位开关动作时,安全回路将被断开,曳引机制动器动作。　　　　　　　　　　　　　　　　　　　　　　　　　　　　　　　　(　　)

14. 电梯的停电应急装置可以保证电梯即使在停电状态也可以正常运行。　　　(　　)

15. 驱动主机配有手动紧急操作装置时,还需同时配置松闸扳手用于制动器的手动松闸。　　　　　　　　　　　　　　　　　　　　　　　　　　　　　　　(　　)

四、简答题

简述限速器-安全钳联动系统的动作过程。

实践单元一　电梯的日常维护

教学引导

本单元主要学习电梯中机房主要设备、门系统、悬挂系统、导轨、导靴、对重装置、轿厢称量装置、端站保护装置、轿厢内及层站主要设备和底坑主要设备的维护,以及电梯维护前和维护中的安全工作。

技能目标

(1)掌握电梯维护作业前和维护作业中的安全工作。

适用岗位:机电检修岗位、电梯维修人员、电梯安全管理人员。

(2)掌握电梯中机房主要设备、门系统、悬挂系统、导轨、导靴、对重装置、轿厢称量装置、端站保护装置、轿厢内及层站主要设备以及底坑主要设备的维护。

适用岗位:机电检修岗位、电梯维修人员、电梯安全管理人员。

(3)通过制定学习工作单归纳总结知识点。

适用岗位:机电检修岗位、电梯维修人员、电梯安全管理人员。

(4)树立安全质量意识,提升团队组织协调能力、语言表达能力和沟通能力。

适用岗位:机电检修岗位、电梯维修人员、电梯安全管理人员。

◇ 任务一　电梯维护的安全操作规程

任务导入

电梯是一种特殊的交通工具,如果不能按要求进行维护,在运行过程中就有可能发生相关事故。《电梯维护保养规则》(TSG T5002—2017)中关于"维护保养"的含义为:维护保养,是指对电梯进行的清洁、润滑、调整、更换易损件和检查等日常维护与保养性工作。其中清洁、润滑不包括部件的解体,调整和更换易损件不会改变任何电梯性能参数。

任务实施

一　维护作业前的安全准备工作

(1)轿厢内或入口的醒目处应挂上"检修停用"标志牌。

（2）让无关人员离开轿厢或其他检修工作场地，关好层门。不能关闭层门时，必须用护栅挡住入口处，以防无关人员进入电梯。

（3）检修电气设备时，应切断电源或采取适当的安全措施。

（4）在轿顶上做检修工作时，必须先按下轿顶检修停止按钮，将轿顶检修开关置于检修状态，关好层门。

（5）进入底坑时应先打开底坑内的低压照明，然后按下底坑停止开关，切断电梯控制回路，使轿厢停止运行。

二　维护作业中的安全规定

（1）给转动部位加油、清洗，或观察钢丝绳的磨损情况时，必须关闭电梯电源。

（2）在轿顶上工作时，站立之处应选择妥当，脚下不得有油污，否则应打扫干净，以防滑倒。

（3）在轿顶上准备开动电梯以观察有关电梯部件的工作情况时，必须牢牢握住轿厢绳头板、轿厢架上梁或防护栅栏等部件，不能握住钢丝绳，应注意整个身体置于轿厢外框范围之内，防止被其他部件碰伤。需由轿厢内的司机或维修人员开电梯时，要交代和配合好，未经许可不准开动电梯。

（4）在多台电梯共用一个井道的情况下，检修电梯应加倍小心，除注意本电梯的情况外，还应注意其他电梯的动态，以防被其碰撞而受伤。

（5）禁止将安全开关如急停开关、安全窗开关、安全前开关、门联锁开关等用机械或电气方法短接后运行。如需维修或查找故障只能临时短接，并应在排除故障后立即拆除跨接线。

（6）检修电梯部件时，应尽可能避免带电作业，必须带电操作或难以在完全切断电源的情况下操作时，应预防触电，并有主持和助手协同进行；应注意电梯突然启动运行。

（7）使用的手灯必须采用护罩，电压为 36V 以下的安全灯。

（8）严禁维修人员站在井道外探身到井道内，以及站在轿厢顶与层门上坎之间，或层门上坎与轿顶踏板之间进行长时间的检修操作。

（9）进入底坑后，应将底坑急停开关或限速张紧装置的断绳开关断开。

（10）维修作业间隙需暂时离开现场时，应采取以下安全措施：

①关好各层门，若一时关不上，必须设置防护装置并在该层门口悬挂"危险""切勿靠近"警示牌。

②切断总电源开关。

③切断热源，如喷灯、烙铁、电焊机和强光灯等。

④通知有关人员，必要时应设专人值班。

（11）当维修作业结束时，还应做好以下工作：

①收集、清点工具和材料，清理并打扫工作现场，除去警示牌和告示牌。

②将所有开关恢复到原来位置，并试运行，检查各机构、电气设备等是否完好无损。

③填写维修记录。

④把修好的电梯交付验收、使用。

简述维修、维护人员在维修电梯主要部件时的安全操作规定。

◇ 任务二　门系统的检查及维护

任务导入

电梯门由门扇、门滑轮、门导轨、门地坎、门滑块等部件组成。在门的上部装有门滑轮，门通过门滑轮悬挂在门导轨上；门的下部则装有门滑块，滑块嵌入地坎槽，运行时靴衬沿着槽的两侧滑动，配合门滑轮起导向和限位作用，并使门扇在正常外力作用下不至于倒向井道。电梯门又分为层门和轿门。当电梯运行时，电梯轿厢离开层站，层门封闭井道入口，以防厅内人员坠入井道；轿门封闭轿厢出入口，以保证乘客的安全。当电梯轿厢运行到某一层站时，该层站的层门通过轿门的启动才能打开，因此，轿门是主动门，层门是被动门。

任务实施

一　轿门部件维护

轿门是在轿厢靠近层门的侧面设置的供司机、乘用人员和货物出入的门。轿门按开门方向可分为左开门、右开门和中开门三种。轿门滑块设置在轿门上，使轿门沿导轨运动的滑动块(图3-94)，其用来防止轿门门扇脱离导轨运动。

图3-94　轿门滑块

当轿厢平层停站后，安装在轿门上的门刀把装于层门上的门锁滚轮夹在中间，并与这两滚轮保持一定间隙。当收到电控柜的开门信号时，门电机驱动门机开门，当门刀夹住门锁滚轮移动距离超过开锁行程时，锁壁与锁钩脱离啮合，此时开锁完成，并由轿门门刀带动层门门锁滚轮继续走完整个开门过程。简单的轿门结构图如图3-95所示。

轿门系统的维护要求具体如下：

（1）检查开、关门启动、减速，应平稳无卡阻，速度适中；检查开、关门到位，应无碰撞声，如有异常应及时处理，如图3-96所示。

（2）检查门机传动链、传动带，应不松弛和无过度磨损现象，如有异常应及时处理，如

图 3-97 所示。

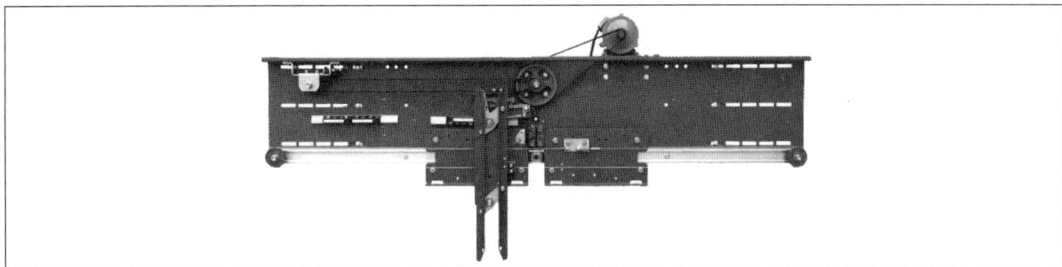

图 3-95 轿门结构图

图 3-96 检查开、关门是否平稳、无卡阻

图 3-97 检查门机传动装置

(3)门刀、杠杆各转动部位应用油布擦净后加少量机油,应无挂痕,确保动作灵活,如图 3-98 所示。

(4)检查门系统各接线端子,确保标志和编号清晰、接线紧固、无氧化及腐蚀现象。

(5)检查门刀与层门地坎间隙,应为 5 ~ 10mm,如有超标应立即调整,如图 3-99 所示。

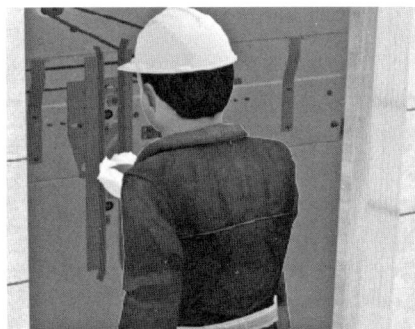

图 3-98 擦拭门刀、杠杆各转动部位

图 3-99 检查门刀与层门地坎间隙

(6)检查门刀与层门锁滚轮啮合量,应≥8mm,如有超标应立即调整,如图 3-100 所示。

(7)检查轿门上坎、滑轮,应无杂质、无严重磨损现象;检查偏心轮,应运转灵活,无异常,如有异常应及时处理;必要时用油布涂抹并擦净各部位,如有异常应及时处理,如图 3-101 所示。

(8)检查轿门滑块固定位置及伸入地坎深度,位置及深度应合适、无卡阻,严重磨损时应更换门滑块,如图 3-102 所示。

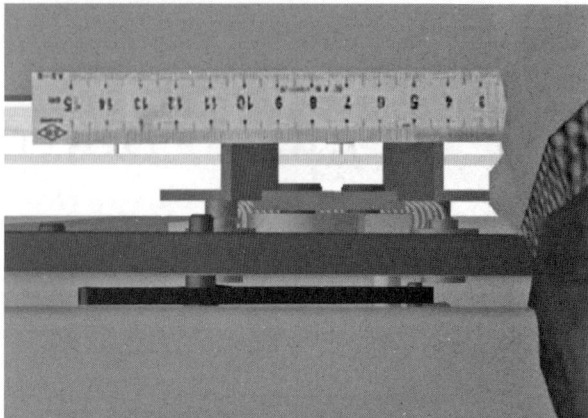

图 3-100　检查门刀与层门锁滚轮啮合量

图 3-101　检查轿门上坎、滑轮

图 3-102　检查轿门滑块

二　层门部件维护

电梯的层门由门扇、门套、门地坎、门导轨、门锁、联动机构等组成。其中,门套由侧板和门楣组成,它的作用是保护门口侧壁,装饰门厅。门导轨的作用是保证层门门扇沿着水平方向做直线往返运动。门锁是电梯重要的安全装置。门锁除了可以锁门,使层门只有用钥匙才能在层站外打开,还起电气联锁的作用。只有各层层门都被确认在关闭状态时,电梯才能启动运行;同时,在电梯运行中,任何一个层门被打开,电梯就会立即停止运行。

电梯的层门以轨道式滑动门最为常见,轨道式滑动门按其开门方向又可分为中分式门、旁开式门和直分式门等。层门部件的维护要求具体如下:

(1)各层门表面用软布擦净,外观应光洁、无尘、无油、无挂痕。

(2)应使用毛刷清扫地坎,保证清洁、无杂物,如图3-103所示。

(3)各层门应手推至开门终端,强迫关门装置应灵活,重锤与滑道应无碰撞声或其他异常声响,如有异常应及时处理,如图3-104所示。

图 3-103　清扫地坎

图 3-104　测试强迫关门装置

（4）中分式层门关闭时，门缝在整个高度上应不大于2mm；双折式层门装饰板与轿厢壁应平齐，误差应小于2mm，如有超标应及时调整。

（5）扒门试验。在层门最不利位置施加外力，中分式层门门扇之间的间隙应不大于30mm，且无停梯现象，如图3-105所示。

图3-105 扒门试验

（6）电气联锁触点应用毛刷和抹布擦净，保证无尘、无油渍，积垢严重时用细砂纸清除，如图3-106所示。

（7）自动门锁各转动部位应注入少量机油并擦净，无油挂痕，如图3-107所示。

（8）层门钩子锁的啮合深度要大于7mm，如不合格应及时调整，如图3-108所示。

（9）检查层门上坎、滑轮，应无杂质、无严重磨损现象。

（10）偏心轮应运转灵活，无异常声响。必要时用油布擦净各部位，如有异常应及时处理。

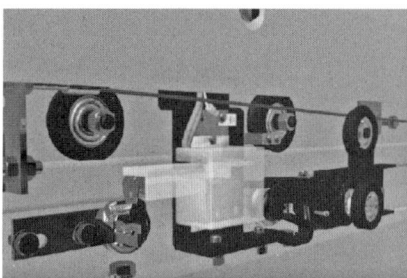

图3-106 清洁电气联锁触点

（11）层门滑块固定位置及深入地坎深度应合适、无卡阻，磨损严重时应更换门滑块，如图3-109所示。

（12）对于乘客电梯，测量门与地坎、门扇与门扇、门扇与门套之间的间隙，应≤6mm，如有超标应及时调整，如图3-110所示。

（13）三角锁应逐层手动开锁，动作及复位应灵活、可靠，如有异常应及时处理，如图3-111所示。

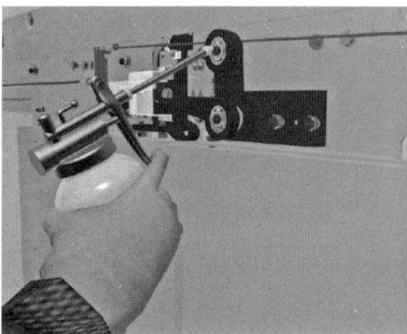

图3-107 自动门锁各转动部位注入机油

三 门保护装置维护

门保护装置是在乘客电梯轿厢入口设置的安全保护装置，在关门过程中，当安装在轿厢入口的光信号或机械保护装置探测到有人或物体在此区域时，立即重新开门。大多数电梯的轿门背面除做消声处理外，还装有防撞击人的装置，这种装置在关门过程中能防止动力驱动的自动门门扇撞击乘用人员。当轿厢出入口有乘客或障碍物时，通过电子元件或其他元件发出信号，停止关闭轿门或关门过程中立即返回开启位置。

常用的防撞击人装置有安全触板式、光电式、红外线光幕式等多种形式。

门保护装置的具体维护要求如下：

（1）安全触板或光幕功能正常。安全触板的动作

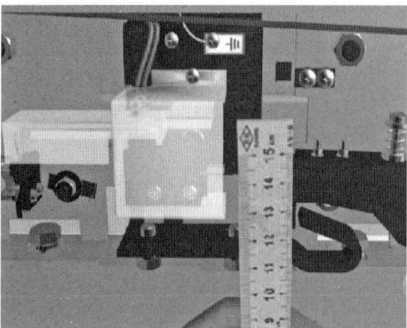

图3-108 测量层门钩子锁的啮合深度

应灵活可靠,功能可靠,其碰撞力不大于5N。在关门行程达1/3后,阻止关门的力不应超过150N。光幕应检查其工作表面是否清洁,功能是否可靠,如图3-112所示。

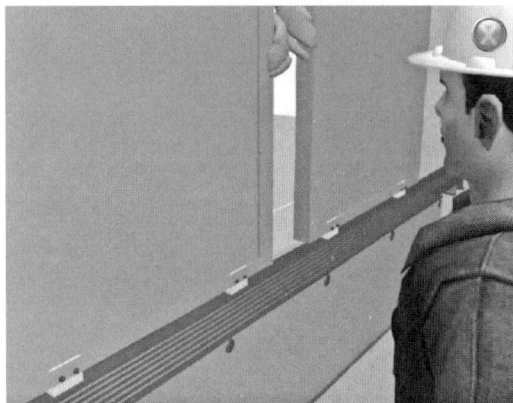

图3-109　检查层门滑块　　　　　　　　　图3-110　测量门与地坎、门扇与门扇的间隙

(2)光幕表面应无尘、无油渍,必要时用软布清洁,如图3-113所示。

图3-111　检查三角锁　　　　图3-112　检查光幕功能　　　　图3-113　清洁光幕

(3)电缆、接插件、开关接头固定可靠,无松动现象,如有异常应立即处理。

任务评价

电梯门系统的维护见配套实训工作手册实训12。

书证融通

一、判断题

1.门刀的端面与各层门地坎间的间隙和各层机械电气联锁装置的滚轮与轿厢地坎间的间隙应为5~8mm。　　　　　　　　　　　　　　　　　　　　　　　　　　　　　(　　)

2.锁钩必须动作灵活,在证实锁紧的电气安全装置动作之前,锁紧元件的最小啮合长度为7mm。　　　　　　　　　　　　　　　　　　　　　　　　　　　　　　　　　(　　)

3.在门扇装完后,应将强迫关门装置装上,使层门处于关闭状态。层门应具有自闭能

力,被打开的层门在无外力作用时应能自动关闭,以确保层门口的安全。 (　　)

二、单选题

1. 中分式层门关闭时,门缝在整个高度上应不大于(　　)。

  A. 1mm   B. 2mm   C. 3mm   D. 4mm

2. 进行扒门试验时,在层门最不利位置施加外力,中分式层门门扇之间的间隙不大于(　　),且无停梯现象。

  A. 20mm   B. 25mm   C. 30mm   D. 35mm

3. 对于乘客电梯,门与地坎、门扇与门扇、门扇与门套之间的间隙应(　　)。

  A. ≤4mm   B. ≤5mm   C. ≤6mm   D. ≤7mm

4. 层门地坎至轿厢地坎之间的水平距离偏差为0 ~ +3mm(企业标准:0 ~ +2mm),且最大距离严禁超过(　　)mm。

  A. 34   B. 35   C. 36   D. 37

5. 与层门联动的轿门部件与层门地坎之间、层门门锁装置与轿厢地坎之间的间隙应为(　　)mm。

  A. 3 ~ 10   B. 4 ~ 10   C. 5 ~ 10   D. 5 ~ 8

◇ 任务三　对重系统的检查及维护

任务导入

  对重是由曳引绳经曳引轮与轿厢相连接,在曳引式电梯运行过程中保持曳引能力的装置,如图3-114所示。对重的用途是使轿厢的质量与有效载荷部分保持平衡,以减少能量的消耗及电动机功率的耗损。

  对重装置主要由对重架、对重块、导靴、缓冲器碰块、压块及与轿厢连接的曳引绳和反绳轮(指曳引比为2:1的电梯)等组成,如图3-115所示。

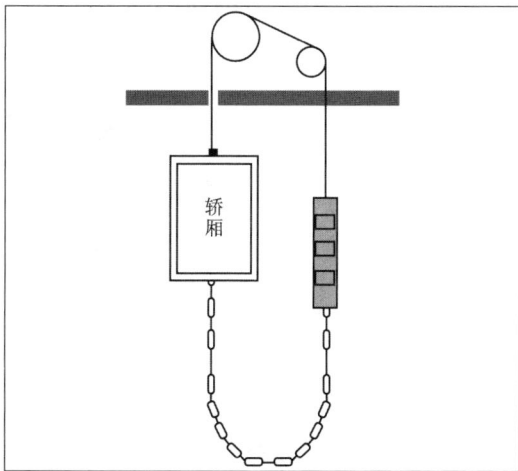

图 3-114　对重和轿厢示意图

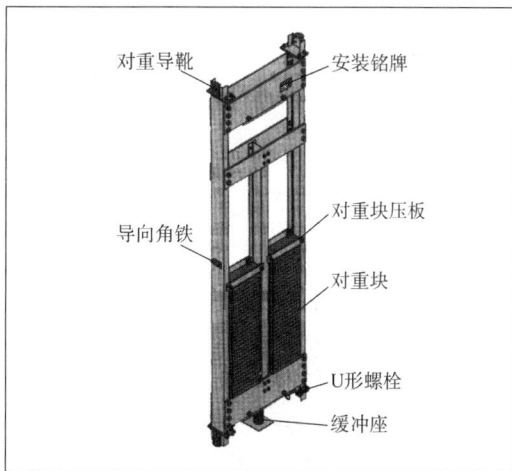

图 3-115　对重示意图

任务实施

一 定期检查对重总质量

检查对重总质量是否等于轿厢自重加上轿厢额定载重的50%左右(以平衡系数为准)。

检查方法:在轿厢内放置该电梯额定载重量一半的标准砝码(每块为20kg),按电梯规定运行速度上下运行,检查各项有关性能指标是否符合本梯的最佳工作状态。

二 定期检查放置在对重架上的砣(铁)块

对重架的砣(铁)块应当压牢,不允许砣(铁)块在运行中产生抖动或窜动。

检查方法:在轿顶检查对重装置,检查压块有无松动;检查对重块在框架内的安放情况,有无晃动;检查在对重块之间或其他处有无用塞垫片或其他碎件作为垫平防晃之用。

三 定期检查对重轮或绳头装置

在检查放置在对重架上的砣(铁)块的同时,当轿厢和对重装置的位置基本对齐时,在轿顶上检查对重轮(2:1绕比的电梯)润滑是否正常,有无异声、损裂;对于采用绳头组合装置(1:1绕比的电梯)的应检查绳头装置有无问题,螺母和卡销等有无松动、损坏及丢失。

四 检查对重导靴与导轨顶面间隙

对重导靴与导轨顶面间隙应保持在1~4mm,如超标应及时调整,如图3-116所示。

五 检查靴衬

如靴衬磨损过大无法达到以上标准要求,应及时更换靴衬,如图3-117所示。

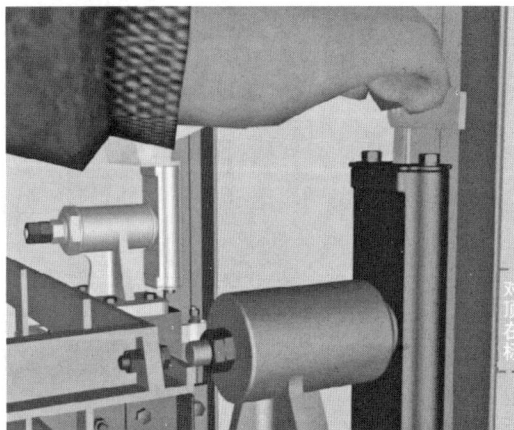

图3-116 检查对重导靴与导轨顶面间隙

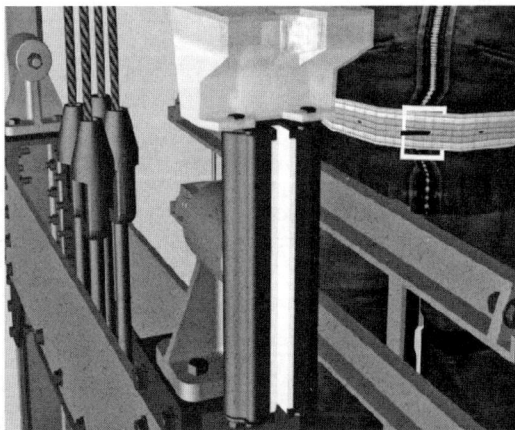

图3-117 检查靴衬

知识拓展

对重质量值的计算和确定

为了使对重装置能起到最佳的平衡作用,必须正确计算其质量,保证使电梯分别处在满载和空载状态时,曳引绳两端质量差值最小,曳引机消耗功率最少,钢丝绳不易打滑。

对重的总质量通常按以下公式计算:

$$W = G + kQ$$

式中:W——对重的总质量(含对重架),kg;

　　G——轿厢自重,kg;

　　k——电梯平衡系数,一般取 $0.4 \sim 0.5$;

　　Q——轿厢额定载重量,kg。

任务评价

电梯对重系统的维护见配套实训工作手册实训 13。

书证融通

一、判断题

1. 对重的用途是使轿厢的质量与有效载荷部分保持平衡,以减少能量的消耗及电动机功率的耗损。　　　　　　　　　　　　　　　　　　　　　　　　　　　　　( )

2. 对重装置位于井道内,通过曳引绳经曳引轮与轿厢连接,并使轿厢与对重的质量通过曳引绳作用于曳引轮,保证足够的驱动。　　　　　　　　　　　　　　　　　( )

3. 曳引绳是连接轿厢和对重装置的机件,并靠与曳引轮槽的摩擦力驱动轿厢升降,承载着轿厢、对重装置、额定载重量等质量的总和。　　　　　　　　　　　　　　( )

二、案例分析

故障现象:

电梯一运行,井道内就发出"哗啦、哗啦"的声音,但有时又无声。

请思考可能的原因和处理方法。

◇ 任务四　导向系统的检查及维护

任务导入

电梯导向系统的作用是限制轿厢和对重的活动自由度,使轿厢和对重只沿着各自的导轨做升降运动,使两者在运行中保持平稳,不会偏摆。导向系统由导轨、导靴和导轨架组成。

任务实施

一　导轨的维护

导轨是安装在井道的导轨支架上,确定轿厢和对重相对位置,并引导其运动的部件。轿

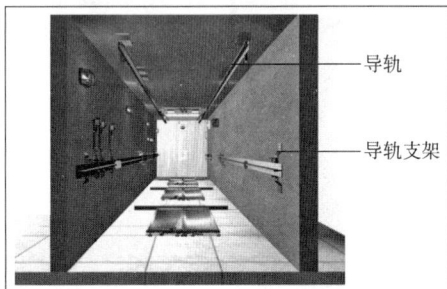

图 3-118　电梯导轨示意图

厢导轨可作为轿厢在竖直方向运动的导向,限制轿厢自由度。对重导轨可作为对重在竖直方向运动的导向,限制对重自由度。

电梯导轨示意图如图 3-118 所示。

导轨的具体维护要求如下:

(1)检查导轨表面,应清洁、无杂质,必要时用清洗油进行清洗,如图 3-119 所示。

(2)检查导轨支架,应清洁、无杂物,如图 3-120

所示。

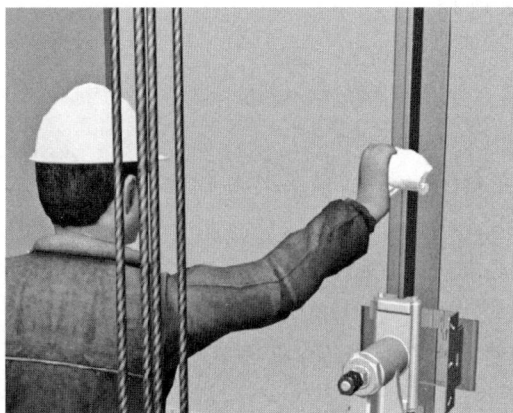

图 3-119　检查导轨表面

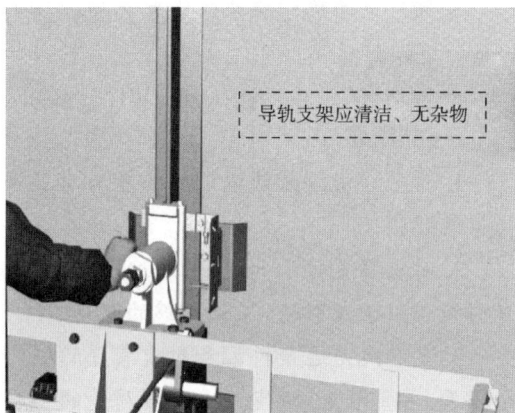

导轨支架应清洁、无杂物

图 3-120　检查导轨支架

(3)检查导轨支架、压板的紧固件,应无松动现象,如有异常应及时处理,如图 3-121 所示。

(4)限速器、安全钳联动试验后,应将导轨上安全钳动作痕迹打磨平整,如图 3-122 所示。限速器安全钳联动试验及联动工作原理相关资源请扫描二维码。

二　导靴的维护

导靴是引导轿厢和对重服从于导轨的部件。轿厢导靴安装在轿厢上梁上面和轿底部安全钳座下面,共 4 个。对重导靴安装在对重架上部和底部,共 4 个。导靴和导轨上堆积的脏物可能造成噪声问题及失火风险,因此对导靴的维护工作每月至少需要进行一次。

导靴的具体维护要求如下:

（1）检查固定导靴与导轨顶面间隙，应保持在 1～4mm，如超标应及时调整，如图 3-123 所示。

（2）如靴衬磨损过大，无法达到以上标准要求，应及时更换靴衬，如图 3-124 所示。

图 3-121　检查导轨支架、压板的紧固件

图 3-122　将导轨上安全钳动作痕迹打磨平整

限速器安全钳
联动试验

限速器安全钳
联动工作原理

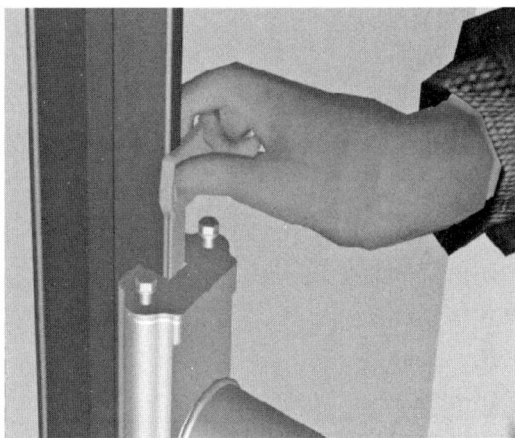

图 3-123　检查固定导靴与导轨顶面间隙

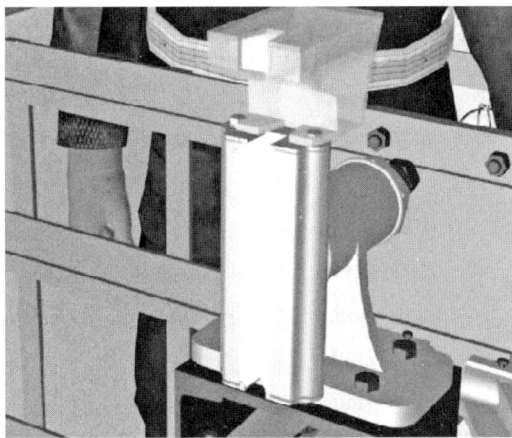

图 3-124　检查靴衬磨损

三　导轨支架的维护

导轨支架的具体维护要求如下：

（1）定期检查导轨支架有无裂纹、变形、移位等；如有，应及时处理。

（2）定期检查导轨支架焊接或紧固情况,若发现支架焊接不牢或已脱焊,应及时重新补焊;同时对紧固螺母进行检查,如有问题,应及时紧固好。

（3）定期检查导轨支架的不水平是否超差,支架有无严重的锈蚀情况。

任务评价

电梯导向系统的维护见配套实训工作手册实训14。

书证融通

一、判断题

1.每根导轨必须至少用2个导轨支架固定。　　　　　　　　　　　　　　（　　）

2.只需单独检查每一列导轨的垂直度,不需要进行两列导轨之间的平行度检查。

（　　）

3.固定滑动导靴只能用于电梯运行速度 $v \le 0.63 \text{m/s}$ 的电梯轿厢或低速 $v \le 1 \text{m/s}$ 的电梯对重。　　　　　　　　　　　　　　　　　　　　　　　　（　　）

4.由于固定滑动导靴的靴头是固定死的,因此靴衬底部与导轨端部要留有间隙,以容纳导轨间距偏差,间隙不应大于1mm,通常为0.5~1mm。　　　　　　　　　　　（　　）

二、单选题

1.每根轿厢导轨的直线度不应超出(　　),整根导轨最大弯曲不超过0.6mm。

A.1/5000　　　　　　　　　　　　　　B.1/6000

C.1/70000　　　　　　　　　　　　　　D.1/80000

2.轿厢导轨和设有安全钳的对重导轨,工作面接头处应无连续缝隙,局部缝隙不应大于(　　)。

A.0.5mm　　　　　　　　　　　　　　B.0.6mm

C.0.7mm　　　　　　　　　　　　　　D.0.8mm

3.不设安全钳的对重导轨工作面接头处缝隙不应大于1.0mm,工作面接头处台阶不应大于(　　)。

A.0.11mm　　　　　　　　　　　　　　B.0.12mm

C.0.13mm　　　　　　　　　　　　　　D.0.15mm

4.检查弹性导靴与导轨顶面,应无间隙,两边伸缩之和应(　　)。

A.≤2mm　　　　　　　　　　　　　　B.≤3mm

C.≤4mm　　　　　　　　　　　　　　D.≤5mm

5.检查固定导靴与导轨顶面间隙,应保持在(　　)范围内。

A.1~2mm　　　　　　　　　　　　　　B.1~3mm

C.1~4mm　　　　　　　　　　　　　　D.1~5mm

◇ 任务五　驱动装置的检查及维护

任务导入

　　根据电梯不同的使用条件,电梯的驱动方式可分为曳引驱动、液压驱动、卷筒驱动及齿轮驱动等。其中,曳引驱动安全性能好,能适应较大的提升高度,且曳引机结构简单,安装、维护方便,应用最为广泛。

　　曳引机又称主机,是电梯的动力来源。依靠曳引机的运转带动曳引绳,拖动轿厢和对重沿导轨向上或向下启动、运行、制动和停止。曳引机由电动机、曳引轮和制动器等组成。图 3-125 为有齿轮曳引机实物图。

图 3-125　有齿轮曳引机实物图

任务实施

一　曳引机的检查及维护

　　(1)检查曳引机表面,应无积尘、无油污、无油漆脱落。

　　(2)通过手摸、耳听,检查曳引机运转有无异常发热、有无异常噪声,如润滑不足,应用油枪给轴承注入适量润滑脂,如图 3-126 所示。

　　(3)检查电动机的接线端子,确保线头固定可靠、接触良好,无氧化、腐蚀现象,如图 3-127 所示。

图 3-126　给轴承注入适量润滑脂

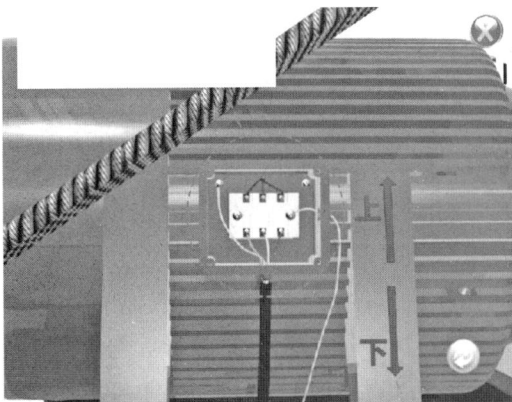

图 3-127　检查电动机的接线端子

　　(4)检查曳引轮和导向轮的绳槽,应无严重油污、异常磨损,如图 3-128 所示。

　　(5)曳引轮、导向轮应运转灵活,无异常声响,必要时轴承应加注润滑脂,如图 3-129 所示。

　　(6)断电情况下,钢丝绳与曳引绳轮配合良好。当绳槽磨损严重时,应及时向主管和客户汇报,确认更换或监护使用。

图3-128　检查绳槽

图3-129　给轴承加注润滑脂

（7）断电情况下，确保曳引轮在各负载状态下，垂直度偏差不大于2mm。

二　制动器的维护

对于制动器，每年须进行一次拆卸、检查、清洁、润滑、调整等例行维护工作。建议在每年12月份进行这项工作，因为12月份气温较低，制动单元较易发生故障，及时维护有利于系统安全工作。

1. 拆卸制动器

（1）将电梯轿厢运行至顶层，停止电梯运行，最好将电梯置于检修状态，切断主电源。

（2）测量并记录制动器各弹簧长度，以便在恢复制动器时，能将弹簧恢复至适合的压缩长度。

（3）对于双弹簧的制动器，要分别测量两个弹簧的长度。如果测量弹簧长度不方便，也可以测量弹簧杆的长度，一般双弹簧的长度应该相等。

（4）使用开闸扳手打开抱闸，缓慢溜车，使电梯轿厢冲顶，让对重落在对重缓冲器上。

（5）从弹簧杆的弹簧端开始拆卸抱闸，依次拆除开口销、定位锁母、调节螺母、垫圈、制动弹簧、垫片、制动弹簧杆。

（6）拆卸制动臂上的轴定位销、定位螺钉等固定物。

（7）拆下两个制动臂。

（8）拆下铁芯、铜垫片，放置在柔软的材料上，防止碰伤。

（9）拆下所有的销轴、螺母等物件。

在拆卸过程中，一定要按照拆卸顺序摆放拆卸下来的零部件，不要弄乱顺序，尤其是两侧制动臂、铁芯、垫片等，要标记对准方向。

2. 清洁润滑制动器

（1）目测检查制动器底部有无因为摩擦而出现的闸衬粉末。如有则说明制动单元调整不当，有闸衬磨损的现象。

（2）启动电梯上下运行，仔细听电梯在启动、运行、停止过程中制动器有无摩擦声。可以使用较长的螺丝刀,一端顶在制动器制动臂上,另一端顶在耳朵上,来达到听清楚的目的。如果曳引机有风机,可以暂停风机,降低噪声,以方便检查。

(3)观察制动器各活动部件、磁铁铁芯的动作是否平滑无声;制动器释放时,检查各活动销轴和铁芯是否能够活动自如。

(4)用手感触制动器磁铁线圈温度,温升不应超过60℃。

(5)用手感触制动器制动臂温度,制动臂温度应该与室温差不多。

(6)通过在不同负载情况下乘坐电梯或者观察制动轮的运转状况,可以发现制动器存在的问题:

①空载状态下,制动器抬起过早,则可能发生下列问题:轿厢上行时发生碰撞,轿厢下行时制动轮发生倒溜。轻微的倒溜是系统掩饰齿轮碰撞的结果。

②如果轿厢满载,制动器抬起过早,则可能发生下列现象:轿厢上行时,先出现下沉;轿厢下行时,会因为重力发生碰撞,然后建立励磁正常工作,这个时候,电动机可能会产生很大的轰鸣声,轿厢会感受到启动的振动。

③如果制动器抬起过晚,可能在轿厢上行时发生碰撞。

④制动器电流不足的典型现象有发出咔嚓声,拖动、过载颠簸,制动轮过热。

任务评价

电梯驱动装置的维护见配套实训工作手册实训15。

书证融通

一、判断题

1.当曳引机为弹性固定时,为防止电梯在运行时曳引轮产生位移,在曳引机和机架或上基础板的两端用压板、挡板、橡皮垫等定位。 (   )

2.减速器箱内油的温升不超过60℃,温度不超过85℃。 (   )

二、单选题

1.导向轮的位置偏差,在前后方向不应超过(   )mm,在左右方向不应超过(   )mm。

　A. ±3 ±2 　　B. ±3 ±1 　　C. ±2 ±3 　　D. ±1 ±3

2.导向轮与曳引轮的平行度偏差不应超过(   )mm。

　A. ±2 　　　B. ±1 　　　　C. ±3 　　　　D. ±4

3.导向轮的垂直度偏差应不大于(   )mm。

　A.0.5 　　　B.1 　　　　　C.2 　　　　　D.2.5

◇ 任务六　控制系统的检查及维护

任务导入

电梯的供电和控制线路是通过电线管或电线槽及电缆线,输送到控制柜(屏)、曳引机、井道和轿厢的。各类电梯的控制方式和线路多少差异较大,但管路或线槽的布置大致相同,接线的要求也基本相似。

任务实施

一 限位开关的维护

限位开关是防止轿厢超越端站撞顶或蹲底的第一级保护装置,应固定可靠,开关触点的接触应良好,开关碰轮转动应灵活。若限位开关失灵,轿厢行驶超越端站继续上升,直至极限位置,此时靠极限开关起第三级保护作用。

限位开关由上、下两个开关组成,分别装在强迫减速开关上、下方。当轿厢地坎超越上下端站地坎 50~100mm,而强迫减速开关又未能使电梯减速停止时,上限位开关或下限位开关动作,切断运行方向继电器电源,这时电梯只能应答层楼反方向召唤信号,并向相反方向运行。限位开关不论电梯运行速度快慢均设一个,起到限制轿厢超越行程的作用。限位开关以电梯在两端停平时,刚好切断顺向慢车控制回路为准。

(1)安全开关、限位开关在其动作时,不能造成自身的损坏或触点接地、短路等现象。

(2)维修人员应掌握一般低速电梯的终端保护装置的作用。第一级作为强迫减速开关,将电梯快速运行转为慢速运行;第二级应作为限位开关,在强迫减速开关未能使电梯减速,电梯越出顶层或底层位置后,上限位开关或下限位开关动作,迫使电梯停止。

(3)限位开关与碰板作用时应全面接触,沿碰板运行过程中,开关触点必须可靠动作,并且不使其受压过紧,以防损坏,同时注意限位开关碰轮的安装方向,以防损坏开关。

①检查上、下强迫减速开关,应动作灵活、功能可靠。

②检查上、下限位,应在极限开关动作前动作且可靠。

③检查极限开关,应在碰撞缓冲器之前动作且可靠。

④各开关动作应灵活可靠,各开关与碰板距离应适当,如有异常应立即处理。

二 控制柜(屏)的维护

控制柜由柜体和各种控制电器元件组成。早期的电梯控制柜中有断路器、接触器、继电器、电容器、电阻器、信号继电器、供电变压器及整流器等。目前,电梯控制单元大多由 PLC 和变频器组成或由全自动电脑板控制。

(1)控制柜内各部件表面应无杂质、灰尘,若有应用小毛刷清洁,如图 3-130 所示。

(2)各开关装置及保险标志明确,工作可靠,无异常。

(3)电子板插件应固定可靠,表面无积尘、异味,各指示灯工作正常,如图 3-131 所示。

(4)急停开关应手动测试 3 次以上,确认可靠后复位,如有异常应立即处理。

(5)门锁及安全回路应无短接现象,线槽盖板应齐全、严密,接地应良好;各接线端子,确保标志和编号清晰、接线紧固,无氧化及腐蚀现象。

(6)有故障检测功能的电梯,应检查故障记录并做相应处理。

(7)电气部件的工作状态及检测点的工作参数应符合产品说明要求。

(8)采用断相检查相序保护装置,确保可靠,如有异常应立即处理。

(9)采用错相检查相序保护装置,确保可靠,如有异常应立即处理。

(10)断开电源,看控制柜的机架是否有可靠的接地,并使接地电阻不大于4Ω。

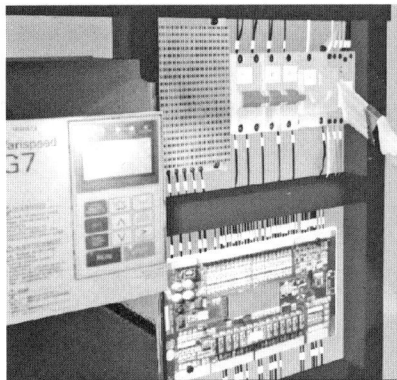

图3-130 检查控制柜内各部件表面

三 随行电缆的维护

(1)检查随行电缆,应无损伤,如图3-132所示。

(2)检查运行电缆长度,应一致,无打结、扭曲、交叉现象。

(3)当完全压缩缓冲器时电缆不得与底坑地面或轿底边框接触,如有异常应及时处理,如图3-133所示。

图3-131 检查电子板插件

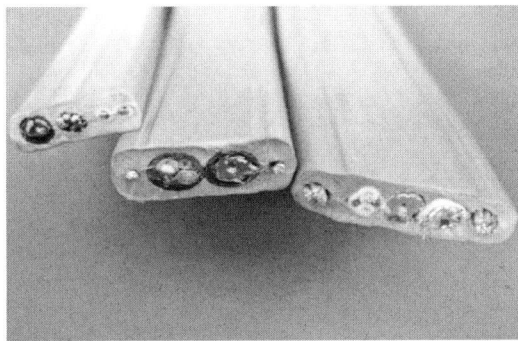

图3-132 检查随行电缆

图3-133 完全压缩缓冲器时检查电缆与底坑地面或轿底边框距离

任务评价

电梯控制系统的维护见配套实训工作手册实训16。

书证融通

一、判断题

1.强迫减速开关是防止电梯失控造成冲顶或蹲底的第二道防线。 (   )

2.限位开关是防止电梯冲顶或蹲底的第一道防线。 (   )

3.上限位开关或下限位开关动作,切断运行方向继电器电源,这时电梯只能应答层楼反方向召唤信号,并向相反方向运行。 （　　）

4.挂随行电缆前应将电缆自由悬垂,使其内应力消除。 （　　）

5.多根随行电缆运动部分不宜绑扎成排,以防电缆伸缩量不同导致电缆受力不均。

（　　）

二、单选题

1.终端限位保护装置的角钢伸出导轨的长度一般不大于(　　)。

　　A.200mm　　　　　　　　　　　　B.300mm

　　C.400mm　　　　　　　　　　　　D.500mm

2.当轿厢地坎超越上下端站地坎(　　),而强迫减速开关又未能使电梯减速停止时,限位开关动作。

　　A.50~100mm　　　　　　　　　　B.50~90mm

　　C.50~110mm　　　　　　　　　　D.50~120mm

3.极限开关一般用在交流电梯中,越过轿厢平层位置(　　)时起作用。

　　A.120mm　　　　　　　　　　　　B.130mm

　　C.140mm　　　　　　　　　　　　D.150mm

4.由底坑往上0.5m起至井道顶端安装的照明灯具,每两灯之间的间隔最大不应超过(　　),井道顶部0.5m内应设一盏照明灯具。

　　A.5m　　　　　　　　　　　　　　B.6m

　　C.7m　　　　　　　　　　　　　　D.8m

5.井道照明电压采用(　　)安全电压。

　　A.12V　　　　　　　　　　　　　　B.24V

　　C.36V　　　　　　　　　　　　　　D.50V

6.保证在轿厢蹲底或撞顶时不使随行电缆拉紧,在正常运行时不蹭轿厢和地面;蹲底时随行电缆距地面(　　)为宜。

　　A.150~200mm　　　　　　　　　　B.100~200mm

　　C.100~250mm　　　　　　　　　　D.120~200mm

◇ 任务七　限速器-安全钳的检查及维护

任务导入

　　限速器装置由限速器、限速器绳及绳头、限速器张紧装置等组成。限速器一般安装在机房内,限速器绳绕过限速器绳轮后,穿过机房地板上开设的限速器绳孔,竖直穿过井道总高,一直延伸到底坑中的限速器张紧轮并形成回路;限速器绳头处连接到位于轿厢顶的连杆系统,电梯正常运行时,轿厢与限速器以相同速度升降。当电梯出现超速,并达到限速器设定值时,限速器中的夹绳装置动作,将限速器绳夹住,使其不能移动,但由于轿厢仍在运动,两者出现相对运动,限速器绳通过安全钳操纵拉杆拉动安全钳制动元件,安全钳制动元件紧密地夹持住导轨,利用产生的摩擦力将轿厢制停在导轨上。安全钳使轿厢制停在导轨上的过程中,将轿厢、对重等所有的动能全部转换成摩擦力。限速器-安全钳示意图如图3-134所示。

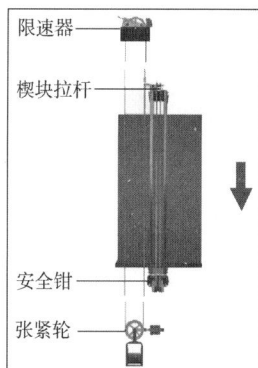

图3-134 限速器-安全钳示意图

任务实施

一 安全钳的维护

（1）检查安全钳钳口,应清洁、无杂物,钳块动作应灵活、无卡阻现象,如图3-135所示。

（2）联动装置各转动部位应加少量机油,确保动作灵活、无卡阻现象。

（3）检查钳块与导轨正面间隙,应大于3mm,与导轨两侧面间隙为2~3mm,如有超标应立即调整。

二 限速器的维护

（1）检查限速器,应运转灵活,无异常声音,铅封标记应齐全、无移动痕迹,如图3-136所示。

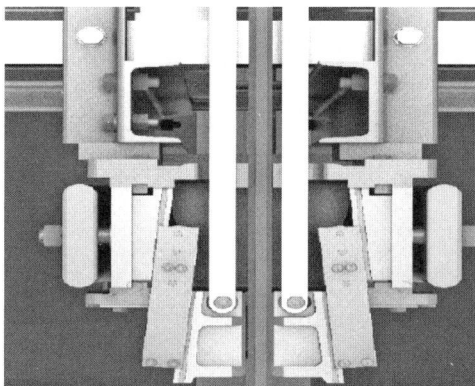

图3-135 检查安全钳钳口

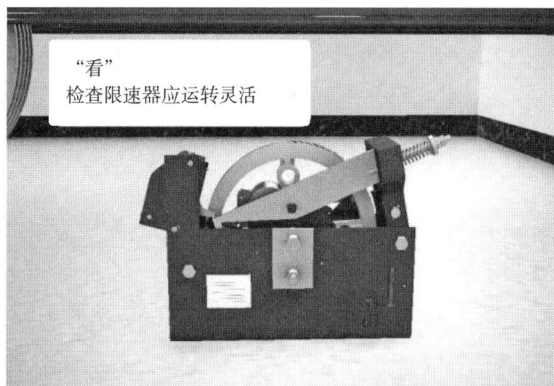

"看"
检查限速器应运转灵活

图3-136 检查限速器是否运转灵活

（2）检查限速器钢丝绳及绳槽,应无严重油污、磨损,无异常,如图3-137所示。

（3）检查限速器开关,应手动测试3次以上,确认可靠后复位,如有异常应立即处理,如图3-138所示。

（4）每半年限速器各活动部位用油枪注入少量机油,上下运行几次后,擦净油挂痕,如图3-139所示。

（5）手动模拟限速器-安全钳联动试验,应正常可靠,如有异常应立即处理。将电梯置于检修状态,人为使限速器动作,限速器开关动作,安全钳连杆动作,安全钳动作可靠,曳引轮打滑。

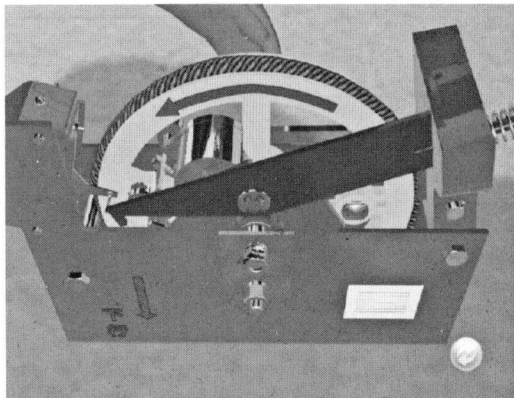

图 3-137　检查限速器钢丝绳及绳槽

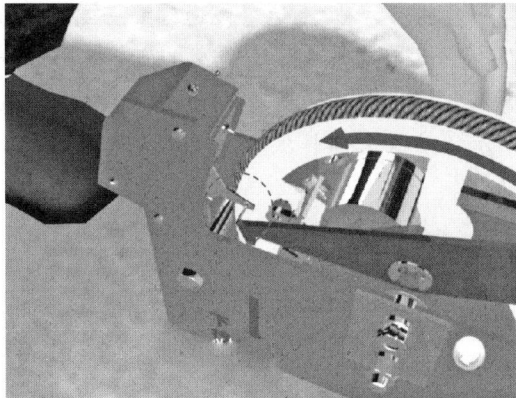

图 3-138　测试限速器开关

（6）用水平尺检查限速器,确保垂直度偏差不大于 0.5mm,如图 3-140 所示。

图 3-139　限速器各活动部位注入少量机油

图 3-140　检查限速器垂直度偏差

任务评价

电梯限速器-安全钳的维护见配套实训工作手册实训 17。

书证融通

一、判断题

1. 限速器绳应用张紧轮张紧,张紧轮(其配重)应有导向装置。　　　　　　（　　）

2. 在安全钳作用期间,即使制动距离大于正常值,限速器绳及其附件也应保持完整无损。

　　　　　　（　　）

3. 限速器绳应易于从安全钳上取下。　　　　　　（　　）

4. 限速器应是可接近的,以便于检查和维修。若限速器装在井道内,则应能从井道外面接近。　　　　　　（　　）

5. 限速器动作前的响应时间应足够短,不允许在安全钳动作前达到危险的速度。

　　　　　　（　　）

6. 若电梯额定速度小于或等于0.63m/s,轿厢可采用瞬时式安全钳。（　　）

7. 若额定速度大于1m/s,对重(平衡重)安全钳应是渐进式的,其他情况下可以是瞬时式的。（　　）

8. 安全钳楔块动作应同步,当安全钳动作后,只有将轿厢或对重提起,才能使安全钳释放。释放后的安全钳即处于正常操纵状态。（　　）

二、单选题

1. 限速器绳的公称直径不应小于(　　)。

　A.5mm　　　　　　B.7mm　　　　　　C.8mm　　　　　　D.6mm

2. 在轿厢空载或者载荷均匀分布的情况下,安全钳动作后轿厢地板的倾斜度不应大于其正常位置的(　　)。

　A.3%　　　　　　B.4%　　　　　　C.5%　　　　　　D.6%

3. 若电梯额定速度大于(　　)m/s,轿厢应采用渐进式安全钳;若电梯额定速度小于或等于(　　)m/s,轿厢可采用瞬时式安全钳。

　A.0.63　　　　　　B.1　　　　　　C.0.75　　　　　　D.1.15

4. 安全钳楔块与导轨侧工作面间隙一般为(　　),且间隙均匀,单楔块式间隙为0.5mm。

　A.2~3mm　　　　　　B.1~3mm　　　　　　C.2~4mm　　　　　　D.2~5mm

5. 安全钳钳口与导轨顶面间隙应不小于(　　),两间隙差值不大于0.5mm。

　A.2mm　　　　　　B.3mm　　　　　　C.4mm　　　　　　D.5mm

6. 瞬时式安全钳装置在绳头处的动作提拉力应为(　　),渐进式安全钳装置动作应灵活可靠。

　A.200~300N　　　　　　B.150~200N　　　　　　C.150~250N　　　　　　D.150~300N

◇ 任务八　缓冲器的检查及维护

任务导入

缓冲器位于行程端部,是用来吸收轿厢或对重动能的一种缓冲安全装置。一般缓冲器均设置在底坑内,如果缓冲器随轿厢或对重运行,则在行程末端应设有与其相撞的支座,支座高度至少为0.5m。

缓冲器分为蓄能型缓冲器和耗能型缓冲器两种,其结构图如图3-141所示。蓄能型缓冲器是指弹簧缓冲器,用于额定速度小于或等于1m/s的电梯。当缓冲器在受到冲击后,使轿厢或对重的功能和势能转化为弹簧的弹性变形能,利用弹簧的反力作用使轿厢或对重减速。耗能型缓冲器是为缓解轿厢或对重的冲击,消耗其功能,利用液体流动的阻尼作用原理设计的缓冲器。当轿厢或对重撞击缓冲器时,柱塞向下运动,压缩油缸内的油,使油通过节流孔外溢;在制停轿厢或对重过程中,启动能转化为油的热能,即消耗了电梯的动能,使电梯以一定的减速度逐渐停止下来。

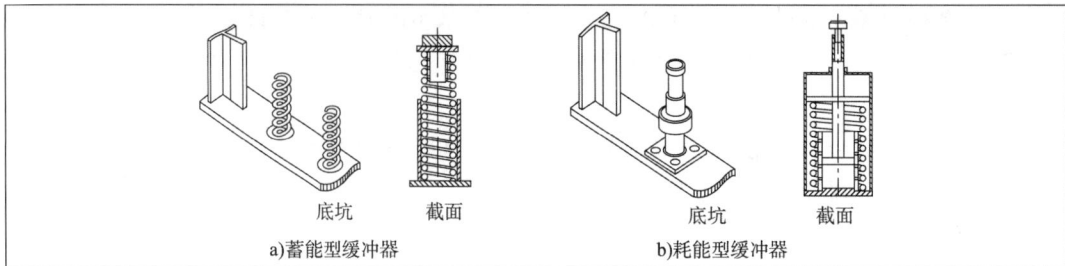

图3-141　缓冲器结构图

任务实施

一　耗能型缓冲器的检查及维护

（1）检查底坑,应清洁无积水、渗水、杂物,除电梯相关物品外不得放置其他物品。

（2）检查液压缓冲器充液量,充液量应适当,如有漏油或油量不够,应及时处理或加油,如图3-142所示。

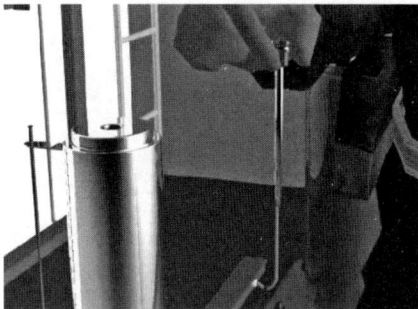

图3-142　检查液压缓冲器充液量

（3）检查液压缓冲器,应固定可靠,无生锈、腐蚀现象。

（4）使用油位量规检查缓冲器油位是否合适。如果缺少,应补充。

（5）检查液压缸壁和活塞柱是否生锈,有无污垢。清洁表面,如有锈蚀,使用砂纸打磨除锈。

（6）使用干净棉布蘸机油润滑活塞柱。

（7）检查缓冲器顶端有无橡胶垫块,如果没有,需要补上。

（8）检查缓冲器安装是否牢固、垂直。测量对重撞板与缓冲器的距离,耗能型缓冲器为150～400mm,距离超标时应及时调整。

（9）缓冲器年检:

①将一根100mm×100mm×2500mm的木梁放入底坑。

②轿厢内不能有人,也不能放任何物品。

③将木梁的一端放在缓冲器顶上,抓住另一端。

④电梯以检修速度下降。

⑤在轿厢碰到木梁前将轿厢停下。

⑥慢慢下降轿厢,用木梁推动活塞。要逐步加载,不要一步到位。

⑦检查缓冲器油是否外漏,活塞是否竖直下降。

⑧确定活塞受到的推压力是均匀的。

⑨上升轿厢,活塞应在90s内恢复到原来位置。

⑩通过油量检查孔检查油量,油量小于下限刻度线时应及时补充机油。

二　蓄能型缓冲器的检查及维护

（1）使用棉布蘸清洁剂清洁缓冲器上的灰尘和污垢。

（2）检查缓冲器上的油漆有无脱落、锈蚀。如果有，则使用砂纸除锈，然后补刷防锈漆。

（3）用测试手锤敲击缓冲器弹簧，检查弹簧上是否有裂痕。如果有，则需要修复或者更换。

（4）检查缓冲器固定螺栓是否牢固可靠。

（5）检查缓冲器安装是否垂直。

（6）如果安装两个缓冲器，需要检查两个缓冲器高度是否一致，如图 3-143 所示。

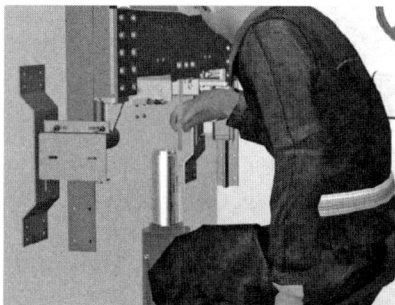

图 3-143　检查缓冲器高度

任务评价

电梯缓冲器的维护见配套实训工作手册实训 18。

书证融通

一、判断题

1.蓄能型缓冲器的行程应能承受轿厢重量与额定载重量之和（对重质量）的 2.5～4 倍的静载荷。　　　　　　　　　　　　　　　　　　　　　　　　　　　　　（　　）

2.缓冲器的行程不应小于 420mm。　　　　　　　　　　　　　　　　（　　）

二、单选题

1.用水平尺测量缓冲器顶面，要求其水平误差（　　　）。

A. <1‰　　　　　　　　　　　　　　　　B. <2‰

C. <3‰　　　　　　　　　　　　　　　　D. <4‰

2.作用于轿厢（对重）的缓冲器由两个组成一套时，两个缓冲器顶面应在一个水平面上，相差不应大于（　　　）。

A. 1mm　　　　　　B. 2mm　　　　　　C. 3mm　　　　　　D. 4mm

3.液压缓冲器的活塞柱垂直度：a 和 b 的差不得大于（　　　）。

A. 1mm　　　　　　B. 2mm　　　　　　C. 3mm　　　　　　D. 4mm

◇ 任务九　轿厢及外设装置的检查及维护

任务导入

轿厢是电梯的主要部件之一，主要由轿厢架和轿厢体等组成。其中，轿厢架是承重构架，由底梁、立柱、上梁和拉条组成。在轿厢架上还装有安全钳、导靴、反绳轮等。轿厢体由轿底、轿顶、轿门、轿壁等组成。在轿厢上安装有自动门机构、轿门安全机构等，在轿厢架和轿底之间还装有称重超载装置。在轿底框中间装有两个微动开关：一个在80%负重时起作用，切断电梯外呼载停电路；另一个在110%负重时起作用，切断电梯控制电路。碰触开关的螺钉直接装在轿底，只要调节螺栓的高度，即可调节超载量的控制范围。轿底称量装置实物图如图3-144所示。

任务实施

一　轿顶、轿壁和轿底称量装置的维护

（1）检查油杯油位，应在80%左右，如油量不够，应加注适量机油，如图3-145所示。

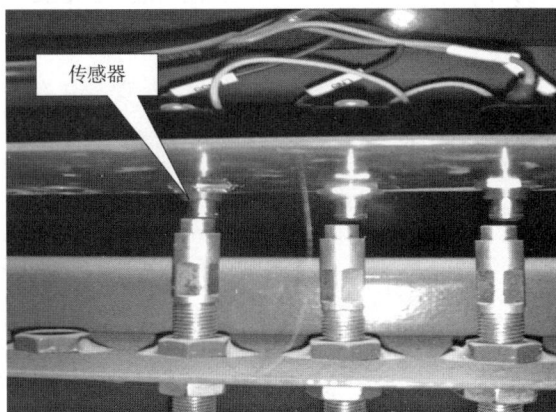

图3-144　轿底称量装置实物图

图3-145　检查油杯的油位

（2）检查油杯油芯表面，应无杂质、断芯。

（3）检查油杯安装位置，应正确、无破损，固定螺栓应无松动现象，如有异常应及时处理，如图3-146所示。

（4）轿厢称量装置安装要牢固，动作灵活，功能可靠。检查超载开关，应在电梯额定载重量110%时动作，满载开关应在电梯额定载重量时动作，如图3-147所示。

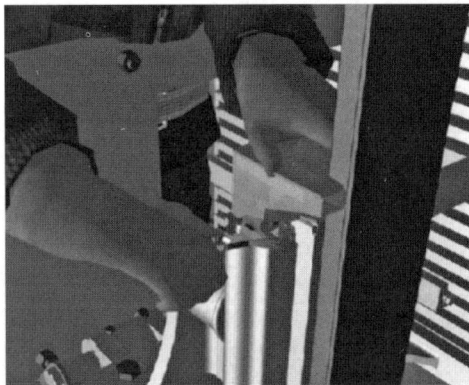

图3-146　检查油杯安装位置

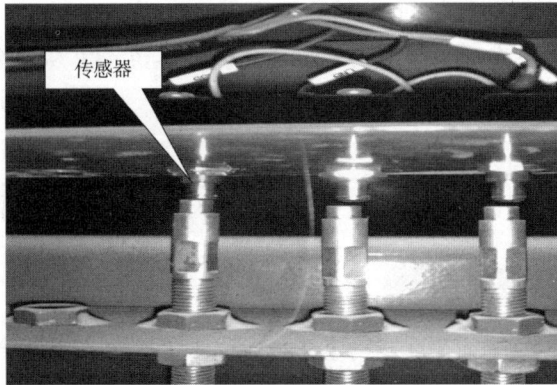

图3-147　检查称量装置

二 轿厢内及层站主要设备的维护

（1）检查各控制按钮，应灵活可靠、功能正常，如有异常应及时处理，如图 3-148 所示。

（2）逐层测试内指令按钮，应灵活可靠；检查按钮显示，应正确、清晰；检查其他控制按钮及开关，应灵活，功能应正常；检查显示器，应显示正确、清晰，无断点、少段现象，如图 3-149 所示。以上项目如有异常应及时处理。

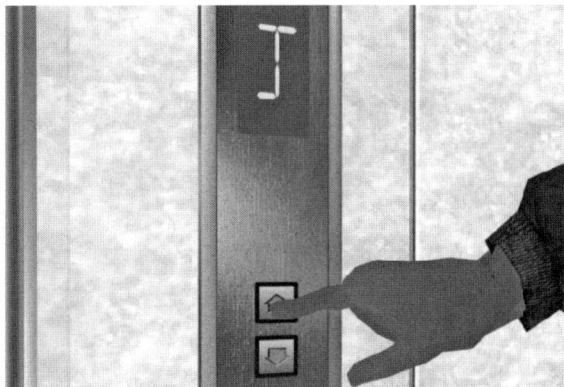
图 3-148　检查各控制按钮

图 3-149　检查显示器显示

三 呼梯盒的维护要求

（1）检查召唤按钮、显示器，应逐层测试，按钮动作应灵活可靠、功能正确，如图 3-150 所示。

（2）检查按钮指示，应显示正确、清晰。

（3）检查显示器，应显示正确、清晰，无断点、少段现象，如图 3-151 所示。

（4）如有消防开关，功能应正常，如有异常应及时处理，如图 3-152 所示。

图 3-150　检查召唤按钮、显示器

图 3-151　检查显示器

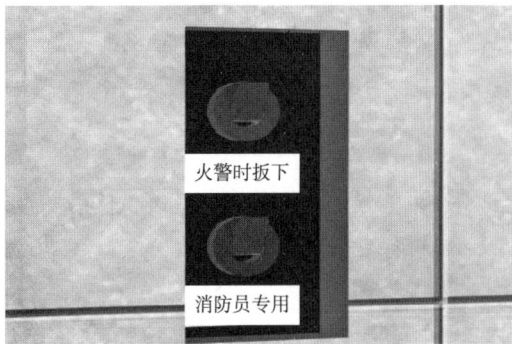
火警时扳下

消防员专用

图 3-152　检查消防开关

任务评价

电梯轿厢及外设装置的维护见配套实训工作手册实训19。

书证融通

一、判断题

1. 轿壁应具有的机械强度是用一个300N的力,均匀地分布在5cm²的圆形或方形面积上,沿轿厢内向轿厢外方向垂直作用于轿壁任何位置,轿壁应无永久变形,且弹性变形不大于15mm。 （　　）

2. 若距轿厢地板1.1m高度以下的部分也使用玻璃轿壁,则不管合同有无约定,都应在高度为0.9~1.1m处设置一个扶手。 （　　）

3. 护栏的入口应使人员能安全和容易地进入及撤出轿顶。 （　　）

4. 层门关闭后,门扇之间及门扇与立柱、门楣和地坎之间的间隙应尽可能小。对于乘客电梯,此运动间隙不得大于6mm;对于载货电梯,此间隙不得大于8mm。由于磨损,间隙值允许达到10mm。如果有凹进部分,上述间隙从凹底处测量。 （　　）

5. 对于铰链门,为防止其摆动到轿厢外面,应设撞击限位挡块。 （　　）

6. 若轿门是自动门且当轿厢停在层站平层位置,轿门保持在开启位置,则轿门可不设视窗。 （　　）

7. 当轿厢停在层站平层位置时,层门和轿门的视窗位置应对齐。 （　　）

二、单选题

1. 当轿顶外侧边缘至井道壁有水平方向超过(　　)的自由距离时,轿顶应设置护栏。

　　A. 0.1m　　　　　　　　　　　　　B. 0.2m

　　C. 0.3m　　　　　　　　　　　　　D. 0.4m

2. 护栏应装设在距轿顶边缘最大为(　　)的范围内。

　　A. 0.12m　　　　　　　　　　　　B. 0.13m

　　C. 0.14m　　　　　　　　　　　　D. 0.15m

3. 护栏应由扶手(　　)高的护脚板、位于1/2扶手高度处的中间栏杆组成。

　　A. 0.1m　　　　　　　　　　　　　B. 0.2m

　　C. 0.3m　　　　　　　　　　　　　D. 0.4m

4. 当护栏扶手外侧边缘至井道壁的水平自由距离小于(　　)时,扶手高度应大于0.7m。

　　A. 0.84m　　　　　　　　　　　　B. 0.85m

　　C. 0.86m　　　　　　　　　　　　D. 0.87m

5. 当自由距离大于0.85m时,扶手高度应大于(　　)。

　　A. 1.1m　　　　　　　　　　　　　B. 1.2m

　　C. 1.3m　　　　　　　　　　　　　D. 1.4m

6. 扶手外侧边缘和井道中的任何部件之间的水平距离不应小于(　　)。

　　A. 0.1m　　　　　　B. 0.2m　　　　　　C. 0.3m　　　　　　D. 0.4m

7. 开门刀端面和侧面的垂直偏差全长均不大于( ),并且达到厂家规定的其他要求。

A. 0.3mm   B. 0.4mm

C. 0.5mm   D. 0.6mm

8. 轿顶上需能承受两个人同时上去工作,其构造必须达到在任何位置能承受( )的垂直力而无永久变形的要求。

A. 1kN   B. 2kN   C. 3kN   D. 4kN

◇ 任务十　曳引媒介的检查及维护

任务导入

曳引钢丝绳是连接轿厢和对重装置的机件,并靠与曳引轮槽的摩擦力驱动轿厢升降,承载着轿厢、对重装置、额定载重量等质量的总和。电梯的曳引钢丝绳(复合曳引钢带)是电梯承重与驱动的重要零部件。曳引钢丝绳的直径、根数和安全系数标准确定之后,端接装置担负起强度、传导、拖动的重任。而端接装置是使钢丝绳能与悬挂或被悬挂点固定的过渡机件,俗称绳头,也叫绳头组合,如图3-153所示。

图3-153　曳引钢丝绳示意图

任务实施

曳引钢丝绳的维护步骤:

(1)曳引钢丝绳应符合规定要求,表面应无过多油污、杂质,如图3-154所示。

(2)检查曳引钢丝绳,如发现干枯或生锈现象,应用注有少量机油的油布涂抹,如图3-155所示。

图3-154　检查曳引钢丝绳表面

图3-155　用注有少量机油的油布涂抹钢丝绳

(3)检查曳引钢丝绳,应无断股、过量断丝和磨损现象,如有异常应立即处理,如图3-156所示。

(4)用拉力器测量各绳的张力,所测张力应均等,平均值偏差不超过5%,如有异常应立即处理,如图3-157所示。

图 3-156 检查曳引钢丝绳

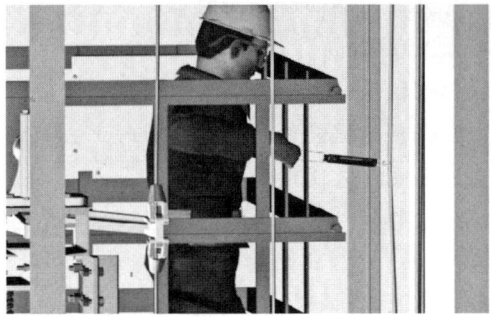

图 3-157 测量各绳的张力

任务评价

电梯曳引媒介的维护见配套实训工作手册实训20。

书证融通

单选题

1. 钢丝绳的公称直径不小于(　　　),钢丝绳或链条最少应有两根,每根钢丝绳或链条应是独立的。

    A. 5mm   B. 6mm

    C. 7mm   D. 8mm

2. 不论钢丝绳的股数有多少,曳引轮、滑轮或卷筒的节圆直径与悬挂绳的公称直径之比不应小于(　　　)。

    A. 20   B. 30   C. 40   D. 50

3. 钢丝绳与其端接装置的结合处,至少应能承受钢丝绳最小破断负荷的(　　　)。

    A. 50%   B. 60%   C. 70%   D. 80%

实践单元二　电梯的操作、常见故障处理及应急处理

教学引导

本单元学习电梯的开启和关闭,轿厢困人时如何进行救援,发生火灾或浸水时如何进行处理,突然停梯时故障的检查与处理,以及电梯门无法关闭时的处理方法。

◇ 任务一　电梯的开启和关闭操作

任务导入

在每天运营开始和结束,或检修工作开始和结束时,可能需要开启或关闭电梯,这是运营和维护人员最基本的操作,具体包括:

(1)电梯短时间关闭后的开启。

(2)电梯长时间关闭后的开启。

(3)短时间关闭电梯。

(4)长时间关闭电梯。

任务实施

一　电梯的开启

注意

在开启电梯(再次将电梯投入运行)之前,需要清楚电梯被停止的原因,确认电梯已具备运行的条件,确认无人在底坑内或轿顶上。

1.电梯短时关闭后的开启

在基站的层站召唤面板上有锁梯开关,将锁梯钥匙插入锁梯开关(图3-158)并将钥匙转

图 3-158　锁梯开关

至"RUN"(运行)位置,然后将钥匙拔出来,电梯即开启运行。

2. 电梯长时间关闭后的开启

如果电梯因长时间不使用而关闭,则一般情况下电梯主电源已断开,可按以下步骤进行开启操作:

(1)到电梯机房合上该电梯主电源开关,接通电源。

(2)到电梯轿厢所停靠的楼层,使用三角钥匙打开电梯门。

⚠ 警告

(1)当使用三角钥匙打开电梯门时,应特别注意保持正确的身体姿势。

(2)必须先确认电梯轿厢在本层后再进入,谨防坠落!

(3)打开操纵箱分门,合上门机开关,将"STOP/RUN"(停止/运行)开关打至"RUN"(运行)位置。

(4)将独立运行开关复位到正常状态,登记指令确认电梯正常运行。

(5)关闭操纵箱分门并确认锁紧。

⚠ 注意

当电梯的主电源连续关闭几天后,再次接通电源时应该先进行一次初始的运行,以确认电梯设备运转正常。

二　电梯的关闭

⚠ 注意

在关闭电梯时,应确保轿厢内无人。

1. 短时间关闭电梯

(1)召唤电梯以进入轿厢,确保轿厢内无人。

(2)登记轿厢内指令,操纵电梯运行到基站楼层。

(3)出梯,将锁梯钥匙插入锁梯开关并将钥匙转至"STOP"(停止)位置,电梯重新开/关门一次;当电梯再次关好门后,拔出钥匙。

2. 长时间关闭电梯

(1)召唤电梯以进入轿厢,确认轿厢内无人。

(2)使用分门钥匙打开操纵箱分门,通过独立运行开关将电梯切换到独立状态(不再响应外召)。

(3)登记轿厢内指令,操纵电梯运行到指定停靠的楼层。

（4）当电梯运行到指定停靠的楼层开门后，切断分门内的门机开关。

（5）将"STOP/RUN"（停止/运行）开关打至"STOP"（停止）位置，并锁紧分门，拔出分门钥匙。

（6）走出轿厢后手动将层门、轿门关闭，确认不使用三角钥匙无法从层站外打开电梯门。

（7）到电梯机房通过该电梯的主电源开关切断电源。

（8）离开电梯机房并确认机房门上锁。

🔔 警告

不要在轿厢内操纵箱分门和电梯轿门同时打开的情况下离开电梯。

任务评价

电梯开启操作见配套实训工作手册实训21，电梯关闭操作见配套实训工作手册实训22。

书证融通

1. 简述电梯的开启操作步骤。

2. 简述电梯的关闭操作步骤。

◇ 任务二　电梯困人的处理方法

任务导入

当突然停电时，或异常情况导致电梯安全回路断开时，都可能会将乘客困在轿厢中。电梯维护人员接到乘客被困报警后，应迅速赶到现场，并采用正确的处理方法安全地解救出被困乘客，主要包括：

（1）有机房电梯的救援。

（2）无机房电梯的救援。

任务实施

电梯困人的处理相关资源请扫描二维码。

电梯困人

🔔 注意

（1）当电梯困人时，救援工作必须由经批准的有资格的专业人员操作。

（2）救援操作至少需两人协同进行。

一　有机房电梯的救援操作

1. 赶往现场

接到乘客被困报警后，电梯救援人员应火速赶到现场（各地对于接到报警后赶到现场的时间规定有所不同)。

2. 调查轿厢状况并安抚乘客

(1)一人用三角钥匙打开顶层的层门并检查轿厢的位置:

①如打开层门时需要用很大的力,则表明电梯的轿厢可能已经停在顶层的开锁区域。

②轿厢处于两层之间,则关闭顶层层门,返回机房。

(2)另一人到机房通过内部通话装置安抚乘客,让乘客安静等待救援。

3. 切断动力电源

切断电梯的动力电源,设置断电警示牌,建立必要的监护,确保不会因他人误操作而合闸。保留轿厢照明电源,确保轿厢的正常照明。

观察曳引钢丝绳上的平层标记,再次复核轿厢的位置:

(1)轿厢在平层区域,转至步骤"7. 救援乘客"。

(2)轿厢不在平层区域,进行下一步。

4. 手动松闸操作

(1)确认层门、轿门都处于关闭状态。

(2)告知轿厢内乘客电梯将上下移动,请勿靠近轿门或试图扒开轿门。

(3)一人使用手动松闸扳手点动松开抱闸,观察轿厢是否在重力作用下移动。如果能够移动,则持续点动开、闭抱闸,使轿厢慢慢断续移动,并注意观察曳引钢丝绳上的平层位置标志,当轿厢移动到平层区域时,释放并取下松闸扳手,使制动器保持在抱闸制动状态。

🔔 注意

需持续点动开、闭抱闸,并注意轿厢移动速度,不要长时间松开抱闸,以免轿厢速度过快。

如松闸后轿厢静止不动,即轿厢、对重处于平衡状态,则需进行盘车操作(必须两人协同操作)。

🔔 说明

有些有机房电梯配置了紧急电动运行操作装置,其操作方法参见下文"6. 紧急电动运行"。

5. 手动盘车操作

手动盘车操作适用于配置手动盘车装置的有机房电梯。手动盘车操作具体如下:

(1)装上盘车手轮。

(2)一人使用手动松闸扳手松开抱闸。

(3)另一人使用盘车手轮使轿厢缓慢移动。

(4)注意观察曳引钢丝绳上的平层位置标志,当轿厢移动到平层区域时,释放并取下松闸扳手,使制动器保持在抱闸制动状态,然后取下盘车手轮。

6. 紧急电动运行

紧急电动运行适用于配置紧急电动运行操作装置的电梯。

紧急电动运行操作装置外形示意图如图 3-159 所示。

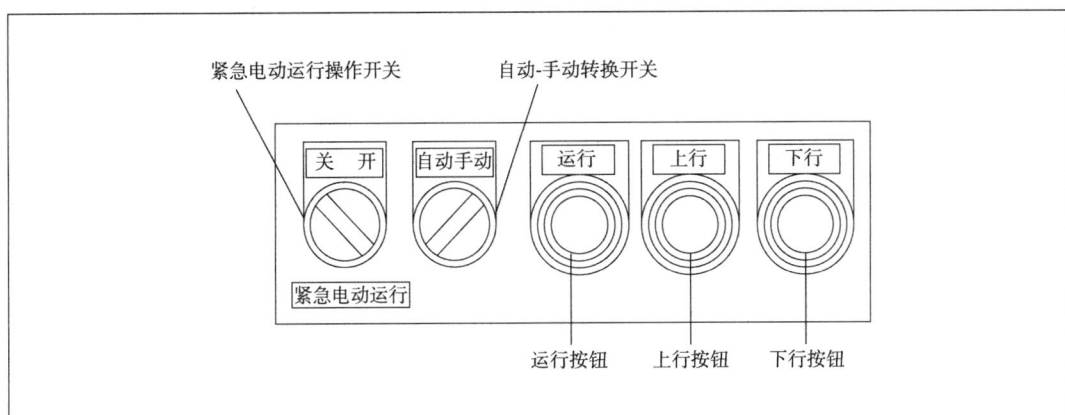

图 3-159　紧急电动运行操作装置外形示意图

提示

进行紧急电动运行时,会自动打开抱闸,无须手动松闸。

紧急电动运行操作如下:

(1)将自动-手动转换开关转至"手动"位置。

(2)将紧急电动运行操作开关转至"开"位置。

(3)若要上行运行,同时按"运行"按钮和"上行"按钮;若要下行运行,同时按"运行"按钮和"下行"按钮。

(4)注意观察曳引钢丝绳上的平层位置标志,当轿厢移动到平层区域时,将紧急电动运行操作装置转回"关"的位置,并切断电梯总电源。

7. 救援乘客

救援人员到达轿厢所在楼层,用三角钥匙打开层门门锁。在开启层门时,务必再次确认轿厢位置,并确认乘客在进出时是否存在坠落危险。

警告

如果轿厢不在合适的水平位置,千万不要让乘客攀爬或者跳出轿厢,因为可能存在乘客从轿厢与层站之间的缝隙中坠落的严重危险。此时应关闭轿门和层门,并在确保层门锁紧后,重复步骤 4~6 的操作。

在确认安全后,打开层门和轿门,放出被困的乘客,并关闭轿门、层门,确保层门锁紧。

8. 检查困人原因

检查电梯困人原因,在确认故障排除、功能恢复后,才能将电梯再次投入使用。

二 无机房电梯的救援操作

各厂家的无机房电梯产品救援操作方式各不相同,但均会在顶层层站附近(通常在层站召唤面板背面)设置紧急电动运行操作装置和电动或手动松闸装置。以下以某品牌无机房电梯为例介绍救援操作步骤。

1. 调查轿厢状况并安抚乘客

(1)用三角钥匙打开顶层层门。

救援人员到达顶层,打开顶层层门。如果需要用很大的力,则轿厢可能就在顶层。通过层门打开的缝隙确认轿厢是否在顶层平层区域。

(2)安抚乘客。

安抚乘客,消除乘客的忧虑。如果轿门被打开,应指导乘客将其关闭。

(3)确认轿厢位置。

①打开顶层层站检修面板。

②切断门机开关。

③如果轿厢在门开锁区域(门区指示灯亮),进入步骤4"解救乘客"。

④如果轿厢不在门开锁区域,而电源指示灯亮(表示电梯供电正常),进入步骤2"紧急电动运行操作"。

⑤遇既无电源指示灯,又不在门开锁区域内的情况,进入步骤3"制动器紧急松闸操作"。

2. 紧急电动运行操作

(1)将"自动-手动"切换开关设定为"手动"模式。

(2)同时按"上行"按钮和"运行"按钮。如果轿厢没有运行则尝试同时按"下行"按钮和"运行"按钮。

🔔 **注意**

轿厢移动时通过观察限速器钢丝绳检查轿厢的运动和速度,通过门区指示灯不断检查门区情况。

(3)如果轿厢仍然没有运行,则将紧急电动开关转至"开"位置,然后再次同时按"上行"按钮和"运行"按钮。如果轿厢没有运行则尝试同时按"下行"按钮和"运行"按钮。

(4)将轿厢运行至最近楼层的开锁区域后,进入步骤4"解救乘客"。

(5)如果按照上述步骤无法电动运行使轿厢移动,则进入步骤3"制动器紧急松闸操作"。

3. 制动器紧急松闸操作

(1)插入钥匙开关,切断主电源开关,然后拔下钥匙开关。

(2)将紧急松闸模式开关转至"开"位置。

(3)将应急照明开关转至"开"位置,观察限速器钢丝绳上的标记。

（4）按压紧急松闸按钮。轿厢一旦移动至门开锁区域,立即进行以下操作:

①松开紧急松闸按钮。

②将紧急松闸模式开关转至"关"位置。

（5）进入步骤4"解救乘客"。

4. 解救乘客

（1）检查主电源开关是否已切断,若未切断,则插入钥匙开关,切断主电源开关,然后拔下钥匙开关。

（2）关闭顶层层站检修面板。

（3）救援人员到达轿厢所在楼层,用三角钥匙打开层门门锁。在开启层门时,务必再次确认轿厢位置,并确认乘客在进出时是否存在坠落危险。

🔔 **警告**

如果轿厢不在合适的水平位置,千万不要让乘客攀爬或者跳出轿厢,因为可能存在乘客从轿厢与层站之间的缝隙中坠落的严重危险。此时关闭轿门和层门,并确保层门锁紧后,重复步骤2~3的操作。

在确认安全后,打开层门和轿门,放出被困的乘客。

（4）关闭轿门、层门,确保层门锁紧。

5. 检查困人原因

检查电梯困人原因,在确认故障排除、功能恢复后,才能将电梯再次投入使用。

任务评价

有机房电梯救援操作见配套实训工作手册实训23,无机房电梯救援操作见配套实训工作手册实训24。

书证融通

1. 简述有机房电梯的手动松闸和盘车操作。

2. 简述无机房电梯的紧急电动运行和制动器紧急松闸操作过程。

◇ 任务三　电梯火灾的处理方法

任务导入

火灾发生的位置不同,电梯所具有的消防功能不同,应急处理的情况也会有所不同。

电梯火灾的处理包括:

（1）电梯服务的楼层发生火灾时的应急处理。

（2）电梯井道或轿厢内发生火灾时的应急处理。

（3）相邻的建筑发生火灾时的应急处理。

🔔 **注意**

当发生火灾时，乘客禁止使用电梯！

任务实施

一 电梯服务的楼层发生火灾时的应急处理措施

对于配置不同消防功能的电梯，其应急处理措施有一定的区别。

1. 无消防功能的电梯

（1）当建筑物发生火警时，乘客应立即将电梯直接停到首层，或将电梯停于火灾尚未蔓延的楼层，从安全通道撤离。

（2）电梯管理人员将电梯置于"停止运行"状态，关闭层门并切断总电源。

2. 有火灾应急返回功能的电梯

（1）当建筑物发生火灾时，值班人员或电梯管理人员打碎电梯基站消防面板的玻璃，拨动消防开关，或电梯接收到火警信号时，不论电梯处于何种运行状态，均停止应答层站召唤和轿厢内指令，立即返回基站，开门将乘客放出，电梯停止运行。

（2）电梯管理人员关闭层门并切断总电源。

3. 有消防员专用功能的电梯

当消防员赶到现场后，在确认电梯的井道、机房处于正常状态时，为节省爬楼梯的时间，迅速携带器材赶赴火灾楼层，可以打碎电梯基站消防面板的玻璃，拨动消防按钮开关，启动设置有消防员专用功能的电梯运行。

🔔 **注意**

无消防功能的电梯中有许多安装在井道和轿厢上的电气部件都不防水，一旦消防水进入部件，会导致电气回路短路、电梯故障停梯，会使轿厢中的消防人员处于危险状态，因此，火灾时消防人员应尽量避免使用此类电梯，或者至少不使用和发生火灾的区域在同一防火分区的电梯。

4. 满足《消防员电梯制造与安装安全规范》（GB/T 26465—2021）要求的消防电梯

当发生火灾时，消防人员操作设置在消防员入口层的消防电梯开关，电梯停止应答层站召唤和轿厢内指令，立即返回消防员入口层，保持开门状态。消防人员进入电梯后控制消防电梯运行。

🔔 **说明**

《消防员电梯制造与安装安全规范》（GB/T 26465—2021）对消防电梯在建筑中的防火、

电梯电气部件防水等提出了相应的要求,在消防员控制下可用于消防和疏散。

二　电梯井道或轿厢内发生火灾时的应急处理措施

(1)立即在就近的层楼停靠,疏导乘客撤离。

(2)切断电源。

(3)使用层站的干粉灭火器灭火。

(4)共用井道中电梯发生火灾时,其余电梯应立即停于远离火灾位置,防止火灾蔓延。

三　相邻的建筑发生火灾时的应急处理措施

当相邻建筑发生火灾时,应立即停梯,以免因火灾造成停电而发生困人事故。

注意

电梯发生火灾(电梯服务的楼层发生火灾,或电梯井道或轿厢发生火灾)后,需对电梯部件进行全面检查,确认功能正常或经维修恢复功能后,才可再次投入使用。

书证融通

当电梯服务的楼层发生火灾时,对具有不同消防功能的电梯,分别描述其应急操作过程。

◇ 任务四　电梯浸水的处理方法

任务导入

电梯机房处于建筑物最高层,底坑处于建筑物的最底层,井道通过层站与楼道相连。机房会因屋顶或门窗漏雨而进水;底坑除会因建筑防水层处理不好而渗水外,还会因上下水管道、消防栓、家庭用水等的泄漏,有水从楼层经井道流入底坑;发生洪水时,井道、轿厢也会遭水淹没。由于电梯浸水可能造成短路和触电,除了要对水源进行控制及处理之外,还要对电梯采取应急措施。

电梯浸水的处理包括:

(1)电梯浸水时的应急处理。

(2)电气部件的检查。

任务实施

一　电梯浸水后的应急处理措施

(1)当底坑内出现少量进水或渗水时,应将电梯停在二层以上,停止运行,断开总电源。

（2）当楼层发生水淹而使井道或底坑进水时，应将电梯停放在最顶层，停梯断电，以防轿厢进水。

（3）当底坑、井道或机房进水很多时，应立即停梯，断开总电源开关，防止发生短路、触电事故。

（4）当电梯发生渗水时，应迅速切断漏水源，设法使电气设备不进水或少进水。

（5）对水渗电梯应进行除湿处理，如采用擦拭、热风吹干、自然通风、更换管线等方法，确保水渗消除，绝缘电阻符合要求，并经试验运行无异常后，方可投入使用。

（6）在恢复电梯运行时，确认无积水、短路现象后，方可使用。

二　电气部件的检查

电梯浸水后，必须着重对电气部件进行检查，以免造成短路、触电、电子元器件损坏、人员伤害。主要电气部件布置见表3-3，根据浸水的位置进行相关部件的检查。

主要电气部件布置　　　　　　　　　　　　　　　　　　　　　　　表3-3

位置	主要电气部件
机房（井道顶部位置）	控制柜、曳引机、限速器开关、称量装置（在机房或井道顶部位置时）
底坑	缓冲器开关、张紧轮开关、补偿轮开关、底坑停止装置、照明开关、插座
井道	终端限位开关、中间接线盒、井道安全门开关
层站	层门装置位置开关、门锁开关、层站召唤接口、层站显示接口、方向灯接口
轿厢	轿顶站、门机板、轿厢门机装置到位开关、轿厢门锁开关、轿顶安全窗开关、照明器具、轿顶接线箱、轿顶停止开关、轿顶操纵盒、称量装置（在轿顶或轿底时）、平层装置、再平层装置、操纵箱、轿厢安全门开关、安全钳开关

书证融通

1. 简述电梯浸水后的应急处理措施。
2. 尝试列出电梯浸水后各个位置需要检查的电气部件。

◇ 任务五　电梯突然停梯故障的处理

任务导入

电梯在正常运行过程中突然停梯，通常是由停电或安全回路不通所导致的。当电梯突然停梯时，除了要对轿厢内人员进行救援外，还要进行故障原因的检查和处理，确保电梯功能正常后才能再次投入使用。

电梯突然停梯故障的处理包括：

（1）停电引起停梯时的处理。

（2）安全回路不通引起停梯时的处理。

任务实施

一　停电引起停梯时的处理

（1）若为计划性停电，应提前将电梯停梯，以免引起困人事故。

（2）电梯突发性停电时对乘客进行救援也要断开电源开关，以防止突然来电引起轿厢的运动。

（3）若有多台电梯同时停电，应将电梯电源开关断开，待来电后依次送电，以免多台电梯同时送电电源容量不够。

二　安全回路不通引起停梯时的处理

当电梯安全回路不通时，电梯将不能启动或保持运行。当电梯突然停梯时，主要对以下安全回路中的电气装置进行检查。

1. 张紧轮开关动作

以下因素会导致张紧轮开关动作，引起安全回路不通：

（1）限速器钢丝绳伸长到设定值时。

（2）电梯轿厢突然大幅度上下晃动。

（3）有异物进入张紧轮使其开关动作，如进入底坑的老鼠。

对应的处理方法：

（1）收紧限速器钢丝绳，加强平时检查，在发现限速器钢丝绳伸长导致张紧轮下落至开关动作位置前及时处理。

（2）查找晃动原因并采取有针对性的处理措施。上述不使张紧轮下落至接近开关动作位置也是避免该异常情况出现的一个重要措施。

（3）采取防鼠措施。

2. 限速器开关动作

除超速外，机房内老鼠窜入限速器内也可能造成限速器开关动作，引起安全回路不通。同样，可以采取防鼠措施，在机房角落撒适当的灭鼠药物。

3. 门锁不通

电梯的轿门及每一层层门都关闭之后电梯才能启动或保持运行。如果轿门或任意一层层门没有关闭，就会导致门锁回路不通，电梯就不能运行。以下因素可能导致门锁回路突然断开，从而引起电梯的突然停梯：

（1）门锁触点积灰，导致接触不良。

层站处会有灰尘从层门落入井道，电梯运行时井道中的积灰也会被气流带动飞扬，时间久了可能积累覆盖在门锁触点表面，导致接触不良。

在平时的维护中，应加强门锁触点的清洁和检查。

(2)锁紧元件的啮合深度不足、门锁触点没有完全压紧,导致接触不良。

锁紧元件的啮合深度不得小于7mm,若啮合深度小于该值,可能由门锁触点压力不足导致接触不良。

对于啮合深度不足的门锁,应调整其至规定的啮合尺寸。

(3)门刀与门球配合间隙不当,导致门锁回路断开。

在安装各层层门门锁时,应使轿门门刀通过门球(层门门锁滚轮)时,门球位于门刀中间位置。如果个别门球的中心位置有偏移,使其偏向门刀的一侧,则该侧门刀与门球的间隙减小。当门刀越过该层门球时,运行过程的水平方向抖动,导致门刀接触门球,触动门锁触点,使门锁回路失电断开。

对于这种情况,需要调整门刀和门球的间隙,使其两侧的间隙均匀。一般是保持门刀位置不动,通过调整该层层门门球的位置来实现,因为如果调整了门刀的位置,那么所有层站门球的位置都要调整。

上述情况中,第(1)(2)种情况下门锁触点接触不良往往具有偶然性,且发生后可能很快消失;第(3)种情况由于电梯运行惯性的存在,门刀越过层门门球后,层门门锁又自动关闭。当上述情况发生后,由于门锁回路又恢复闭合状态,往往无法从安全回路中判断其状态。对于发生急停后安全回路并没有断开的情况,可以着重从上述几方面进行检查。

任务评价

电梯突然停梯故障操作见配套实训工作手册实训25。

书证融通

1.当安全回路不通引起停梯故障时,主要对哪些部件进行排查?

2.门锁不通的故障原因可能有哪些? 对应的处理方法有哪些?

◇ 任务六　电梯层门或轿门无法关闭故障的处理

任务导入

电梯的轿门及每一层层门都关闭之后电梯才能启动,如果轿门或任意一层层门没有关闭,电梯就不能运行。此时,应对层门或轿门进行相关检查,如有必要,应疏导乘客改乘其他电梯,将故障电梯停用。

若电梯在个别层站无法关门,通常是层门产生的故障;若电梯在所有层门或大多数层站均发生无法关门故障,则考虑是轿门门机装置存在异常。

电梯层门或轿门无法关闭故障的处理包括对以下部件或情况的排查:

(1)操纵箱和层站召唤按钮。

(2)层门和轿门地坎。

(3)光幕。

(4)层门装置和轿厢门机装置导轨。

(5)层门强迫关门装置。

(6)轿厢门机装置的关门到位开关。

(7)轿厢门机装置的门电机、门机控制器。

(8)风压状况。

任务实施

当电梯层门或轿门无法关闭时,进行以下方面的检查。

一 按钮

检查轿厢内操纵箱中开门按钮、停靠层站的与电梯运行方向相同的召唤按钮是否被长时间按下(如有人靠在上面或按钮卡住)。

二 地坎

检查层门或轿门地坎槽中有无杂物卡住,从而导致门板或门滑块运行到杂物处时无法继续关闭。如有杂物,应清除后重新关门。

三 光幕

检查光幕是否存在被遮挡(如污垢太多)、错位、接触不良及损坏的情况。

四 门导轨

检查门导轨上是否存在较厚的污垢。如果井道中有较多灰尘,时间久了可能在门导轨上积累较厚的污垢,门挂板上的滚轮运行到此处时,所需关门力变大,导致无法关门。如存在这种情况,则必须对门导轨进行清理。

五 层门强迫关门装置

检查层门强迫关门装置(尤其是采用钢丝绳连接重锤式的强迫关门装置)是否处于正常工作状态,避免某些原因强迫关门装置脱离正常工作位置导致门无法关闭。

六 关门到位开关

检查轿厢门机装置上的关门到位开关有无损坏或位置是否正确。如果关门到位开关位置不正确,则可能会导致关门未到位时即停止关门动作。如存在这种情况,应根据设计值进行调整。

七　门电机及门机控制器

检查门电机是否工作、门机控制器是否正常，进行门机自学习，确认故障是否消除。

八　风压

对于提升高度大（超高层建筑）的电梯，风压的叠加作用有些情况下会加剧超高层建筑的烟囱效应。比如在大风天，在建筑的主要入口迎风且由于人流因素处于长时间开敞的情况下，风的作用会显著地增大建筑首层大堂内的静压力，再叠加热压的作用，作用在首层大堂电梯门上的压力就会显著增大，导致所需关门力变大，若超出门电机力矩范围，会导致层门无法关闭；或者对于使用异步门刀的门机装置，层门在关闭的最后一段距离是依靠运动的惯性以及层门的强迫关门装置的作用来实现的，当风压大时，层门无法克服门滑块与门导轨滑槽的摩擦力，从而导致层门无法关闭。

对于这种情况，可在层门处施加一个外力来帮助关门，但主要应在建筑设计时就加以注意，通常首层外门采用密闭性更好的旋转门，加强围护结构的密封性，或者在电梯候梯厅设置前室或隔断，避免首层层门承受过大的风压。

任务评价

电梯层门或轿门无法关闭故障操作见配套实训工作手册实训26。

书证融通

当电梯轿门或层门无法关闭时，应着重对哪些方面进行检查？

参 考 文 献

［1］全国电梯标准化技术委员会.电梯技术条件:GB/T 10058—2023［S］.北京:中国标准出版社,2024.

［2］全国电梯标准化技术委员会.电梯主参数及轿厢、井道、机房的型式与尺寸 第1部分:Ⅰ、Ⅱ、Ⅲ、Ⅵ类电梯:GB/T 7025.1—2023［S］.北京:中国标准出版社,2023.

［3］全国电梯标准化技术委员会.电梯制造与安装安全规范 第1部分:乘客电梯和载货电梯:GB/T 7588.1—2020［S］.北京:中国标准出版社,2022.

［4］全国电梯标准化技术委员会.电梯制造与安装安全规范 第2部分:电梯部件的设计原则、计算和检验:GB/T 7588.2—2020［S］.北京:中国标准出版社,2022.

［5］全国电梯标准化技术委员会.电梯安装验收规范:GB/T 10060—2023［S］.北京:中国标准出版社,2024.

［6］全国电梯标准化技术委员会.电梯试验方法:GB/T 10059—2023［S］.北京:中国标准出版社,2024.

［7］中华人民共和国住房和城乡建设部.城市轨道交通工程项目规范:GB 55033—2022［S］.北京:中国建筑工业出版社,2023.

［8］毛怀新.电梯与自动扶梯技术检验［M］.北京:学苑出版社,2000.

［9］常国兰.电梯自动控制技术［M］.北京:机械工业出版社,2008.

［10］于磊.电梯安装与保养［M］.北京:高等教育出版社,2009.

［11］何峰峰.电梯和自动扶梯安装维修技术与技能［M］.北京:机械工业出版社,2013.

［12］杨永奇.城市轨道交通电梯系统运行与维护技术［M］.北京:中国铁道出版社,2013.

［13］李乃夫,陈继权.自动扶梯运行与维保［M］.北京:机械工业出版社,2017.

［14］石春峰.自动扶梯与自动人行道运行管理与维修［M］.北京:机械工业出版社,2018.

职业教育·城市轨道交通类专业教材
国家职业教育城市轨道交通专业教学资源库配套教材

城市轨道交通
电梯系统运行与维护
(第2版)
配套实训工作手册

班级：＿＿＿＿＿＿＿＿＿＿＿＿＿＿＿

姓名：＿＿＿＿＿＿＿＿＿＿＿＿＿＿＿

学号：＿＿＿＿＿＿＿＿＿＿＿＿＿＿＿

人民交通出版社
北　京

目　　录

实训1 自动扶梯开启操作

学　院		专　业				
姓　名		学　号				
小组成员		组　长				

巡视地点(车站)		位置		梯号		日期		成绩	

序号	操作内容		检查/操作结果	备注	分值 (分)	实训得分 (分)
1	一检查	踏板			5	
		扶手带				
		梳齿板				
		围裙板				
		围裙板与梯级间的间隙				
2	五确认	确认上、下出入口踏板及不锈钢装饰板	位置是否正确 是□　否□		5	
			外观有无破损 无□　有□		5	
		确认梳齿板和梯级、梯级凹槽内及梯级周边缝隙	有无缺齿 无□　有□		10	
			有无异物 无□　有□		10	
		确认自动扶梯周围的安全设施	三角区的护板有无破损 无□　有□		10	
			围栏有无破损 无□　有□		5	
			隔板及防护网有无破损 无□　有□		5	
		确认年审合格证、使用说明及警示标志牌	年审合格证 位置是否正确 是□　否□ 外观有无破损 无□　有□		10	
			使用说明位置是否正确 是□　否□ 外观有无破损 无□　有□		5	
			警示标志牌位置是否正确 是□　否□ 外观有无破损 无□　有□		5	
		确认紧急按钮状态	正常□　不正常□		5	

序号	操作内容	检查/操作结果	备注	分值（分）	实训得分（分）
3	钥匙插入报警开关,蜂鸣警示	警示□　未警示□		5	
4	确认自动扶梯梯级上及周围无人、无物 钥匙插入运行开关,选择运行方向 启动过程中,应一只手拧钥匙,另一只手置于紧急停止按钮处。 （当出现异常时应及时按动急停开关）	操作是否正常 是□　否□		5	
5	对自动扶梯试运转一周,再乘坐试用,检查自动扶梯踏板和扶手是否有异常。 （如有异常声响或振动,应立即按动"紧急停止"按钮,使自动扶梯停止运行,同时通知维修人员）	是否有异常 是□　否□		10	
6	确认无异常后,撤掉防护栏,乘客正常使用。 （如果试运转中按动了"紧急停止"按钮,在问题处理完毕后,必须将"紧急停止"按钮状态复原）				

【自我评价】

总结与反思：

实训人签字：

【小组评价】

该成员表现：

组长签字：

【教师评价】

该成员表现：

教师签字：

实训 2　自动扶梯关闭操作

学　　院			专　　业		
姓　　名			学　　号		
小组成员			组　　长		

巡视地点(车站)		位置		梯号		日期		成绩	

注意事项:

1.自动扶梯上有人时,除发生紧急情况外绝不能停止运行。

2.当自动扶梯运行时,一定要将钥匙拔出。

3.大雨等致使自动扶梯泡水或进水时,可能发生触电的危险,要将电源切断并中止运转。

4.自动扶梯恢复运转前,需专业人员确认后方可启动

序号	操作内容	检查/操作结果	备注	分值(分)	实训得分(分)
1	做好防护: 　　确认自动扶梯上无人、无物,在自动扶梯的上、下两端设置防护栏,防止乘客进入			10	
2	检查: 　　确认自动扶梯外观及运行情况无异常			10	
3	警示: 　　将钥匙插入"蜂鸣器和停止开关",转至"蜂鸣器"侧,蜂鸣警示,发出自动扶梯即将停止运行的提示。 　　注意:钥匙不要拔出			20	
4	确认自动扶梯梯级上及周围无人、无物,将钥匙转至"停止"侧,使自动扶梯停止运行并将钥匙拔出			10	
5	如果是在运营结束之后关闭自动扶梯,需要进行检查及清扫工作: 　　(1)清扫自动扶梯踏板。 　　(2)清扫扶手带。 　　(3)清扫梳齿板。 　　(4)清扫围裙板。 　　(5)清扫自动扶梯机房			50	

【自我评价】

总结与反思:

实训人签字:

【小组评价】

该成员表现:

组长签字:

【教师评价】

该成员表现:

教师签字:

3

实训3 自动扶梯运行方向转换

学 院			专 业		
姓 名			学 号		
小组成员			组 长		

巡视地点(车站)		位置		梯号		日期		成绩	

注意事项:

1. 必须在自动扶梯完全停止运行后,才能转换运行方向。

2. 自动扶梯上有人时,除发生紧急情况外绝不能停止运行。

3. 启动自动扶梯过程中,应一只手拧钥匙,另一只手置于"紧急停止"按钮处,以保证若有异常情况,可以立即按下"紧急停止"按钮。

4. 当自动扶梯运行时,一定要将钥匙拔出

序号		操作内容	检查/操作结果	备注	分值(分)	实训得分(分)
1	自动扶梯的停梯操作	做好防护: 确认自动扶梯上无人、无物,在自动扶梯的上、下两端设置防护栏,防止乘客进入			10	
		检查: 确认自动扶梯外观及运行情况无异常			10	
		警示: 将钥匙插入"蜂鸣器和停止开关",转至"蜂鸣器"侧,蜂鸣警示,发出自动扶梯即将停止运行的提示。 注意:钥匙不要拔出			10	
		确认自动扶梯梯级上及周围无人、无物,将钥匙转至"停止"侧,使自动扶梯停止运行。 注意:钥匙不要拔出			10	
2	自动扶梯的启动操作	警示: 钥匙转至"蜂鸣器"侧,蜂鸣数秒,发出警示			10	
		检查: 确认自动扶梯梯级上及周围无人、无物			10	
		启动: 钥匙插入运行开关,选择希望转换的运行方向			10	
		启动过程中,应一只手拧钥匙,另一只手置于紧急停止按钮处			5	
		试运转: 对自动扶梯试运转一周,再乘坐试用,检查自动扶梯踏板和扶手有无异常			5	

序号	操作内容		检查/操作结果	备注	分值（分）	实训得分（分）
3	变更引导文字或标志	若乘降口有引导文字表示运行方向，一旦转换运行方向，引导文字或标志应做相应的变更			10	
		确认无异常后，撤掉防护栏，乘客正常使用			10	

【自我评价】

总结与反思：

实训人签字：

【小组评价】

该成员表现：

组长签字：

【教师评价】

该成员表现：

教师签字：

实训 4 自动扶梯的日常维护

学 院		专 业	
姓 名		学 号	
小组成员		组 长	

巡视地点(车站)		位置		梯号		日期		成绩	

注意事项:

1. 穿戴劳保用品,挂警示牌做好准备。

2. 开启层门进入轿厢之前,要注意轿厢是否停在该层。

3. 严禁在层门开启的情况下,按检修按钮来开动电梯做一般行驶

序号		维护项目	完成情况	备注	分值(分)	实训得分(分)
1	清洁	上、下机房			1	
		活动前沿板的缝隙			1	
		扶手导轨			2	
		梯路导轨			2	
		扶手带			2	
		扶手带托辊			2	
2	润滑	梯级链条			2	
		主驱动链条			3	
		扶手驱动链			3	
		张紧站轴承			3	
		减速器			4	
3	调整	主机、扶手链条			5	
		张紧站弹簧			5	
		制动距离			5	
		抱闸检测开关			5	
		扶手带的挠度			5	
4	检查	各类安全开关			5	
		扶手带			5	
		润滑油嘴和油路			5	
		梳齿			5	
		空心轴套			5	
		梯级与围裙板间隙			5	
		内壁板			5	
		下机房			5	
		前围裙板(出入口)			5	
		制动距离			5	

【自我评价】

总结与反思:

实训人签字:

【小组评价】

该成员表现:

组长签字:

【教师评价】

该成员表现:

教师签字:

实训 5　自动扶梯驱动主机的维护

学　院		专　业							
姓　名		学　号							
小组成员		组　长							

巡视地点(车站)		位置		梯号		日期		成绩	

序号	维护项目		完成情况	分值 (分)	实训得分 (分)
1	维护前工作准备	工具及材料准备		10	
		穿戴安全防护用品,包括长袖工作服、工作帽、安全鞋			
		设置安全防护栏及安全警示标志			
		将主开关定于"关"位置上并上锁,由专人看护			
		将检修盒插在自动扶梯上(下)机房控制柜的接口上			
2	检查驱动装置运行状态	驱动主机有无异常振动和噪声		5	
		减速器有无异常振动和噪声		5	
		电动机的热敏电阻是否正常		5	
		驱动主机通风孔处有无堵塞,如有堵塞,需清理外壳上的灰尘及杂物		5	
3	利用温度传感器检查电动机的温度是否过高	(自动扶梯运行4~5h后,停止运行) 打开前沿板,用手触摸电动机,是否过烫		5	
		自动扶梯环境温度是否过高		5	
		电动机运转频率是否稳定,功率是否正常		5	
		电动机壳体表面的温度应在80℃以下		5	
4	持分贝仪检查电动机部分有无异常声音及振动	电动机是否有异常声音和振动,运行噪声应低于68dB		5	
5	持活动扳手对驱动装置的功能进行检查	检查方法: 用手感触其运转是否平稳		5	
		切断自动扶梯主电源,用手检查连接螺栓有无松动,查看螺栓紧固线有无位移			
		驱动装置固定是否良好,是否移位		5	
		驱动装置的固定螺栓有无变形或剪切			
		底座、减速器、电动机的固定螺栓是否紧固		5	
		驱动链张紧螺栓是否紧固		5	
6	检查驱动轴	主轴是否漏油(若漏油应调整和更换油封)		5	
		输出轴有无窜动(有窜动应调整)		5	
		联轴器尼龙销有无磨损(有磨损、断裂需要更换)		5	

序号	维护项目		完成情况	分值（分）	实训得分（分）
7	检查轴承是否有异常，如有异常，查明情况，更换轴承	检查轴承温度，不得超过95℃（电动机每运行2500h检查一次）		5	
		滚动轴承每月添加一次油脂			
		滚动轴承每年进行一次清洗更换			
8	利用油尺检查减速器油量	检查方法： 将油尺清洁后，插入减速器，观察油尺标记油量刻度		5	
		油量应该在油尺的上、下标尺之间 （油少应予以补充，油多则应松开减速器下面的排油螺栓进行排油）			
		检查是否漏油 （检查在油封、排油螺栓等处有无泄漏）			
		减速器内油质是否清澈，有无明显杂质或者变质 （如有异常，应安排更换新油）			

【自我评价】

总结与反思：

实训人签字：

【小组评价】

该成员表现：

组长签字：

【教师评价】

该成员表现：

教师签字：

实训6 自动扶梯制动器及附加制动器的维护

学 院			专 业		
姓 名			学 号		
小组成员			组 长		

巡视地点(车站)		位置		梯号		日期		成绩	

序号	维护项目	检查/操作结果	备注	分值(分)	实训得分(分)
1	制动机械装置清洁和润滑,动作灵活			10	
2	主机制动器动作可靠			10	
3	检查制动带磨损情况,制动衬厚度应≥1.5mm			20	
4	制动带松开时不应摩擦制动盘			10	
5	制动触点功能可靠			10	
6	制动带监控器:清洁感应面,功能可靠			10	
7	附加制动器:清洁和润滑,功能可靠			10	
8	测量制动距离,空载向下运行制动距离如下: 0.5m/s,0.2~1.00m; 0.65m/s,0.3~1.30m; 0.75m/s,0.35~1.50m			20	

【自我评价】

总结与反思:

实训人签字:

【小组评价】

该成员表现:

组长签字:

【教师评价】

该成员表现:

教师签字:

实训7 自动扶梯主驱动链的维护

学　院				专　业						
姓　名				学　号						
小组成员				组　长						

巡视地点(车站)		位置		梯号		日期		成绩	

序号	维护项目	检查/操作结果	工具	分值 (分)	实训得分 (分)
1	主驱动链张紧,松边下垂量为10~15mm			25	
2	主驱动链表面油污清理和润滑		清洁布、吸尘器、毛刷、润滑油	25	
3	主驱动链保护装置,链条滑块应清洁,厚度≥13mm		钢板尺、扳手	25	
4	主驱动链断裂开关功能可靠,开关间隙为2mm			25	

【自我评价】
总结与反思:

实训人签字:

【小组评价】
该成员表现:

组长签字:

【教师评价】
该成员表现:

教师签字:

实训 8 自动扶梯梯级的维护

学　院			专　业	
姓　名			学　号	
小组成员			组　长	

巡视地点(车站)		位置		梯号		日期		成绩	

注意事项:

1. 当出现梯级齿与梳齿碰撞现象时,应立即停梯。

2. 需要更换梯级装饰条时,要正确选择型号

序号	维护项目	检查/操作结果	备注	分值(分)	实训得分(分)
1	检查梯级和踏板清洁度。 要求:梯级和踏板表面清洁,无异物卡阻,无油污			10	
2	梯级齿、梯级装饰条应完好,若有损坏则应及时更换			10	
3	梯级运行过程中,无异常响声			10	
4	梯级齿与梳齿间隙合适,不碰撞			10	
5	梯级间隙照明应完好无损,梯级之间间隙应<2mm			20	
6	梯级、踏板与围裙板任一侧水平间隙≤4mm			15	
7	梯级、踏板与围裙板水平间隙两侧之和≤7mm			15	
8	梯级缺失保护开关动作可靠			10	

【自我评价】

总结与反思:

实训人签字:

【小组评价】

该成员表现:

组长签字:

【教师评价】

该成员表现:

教师签字:

11

实训 9 自动扶梯梯路的维护

学　　院			专　　业		
姓　　名			学　　号		
小组成员			组　　长		

巡视地点(车站)		位置		梯号		日期		成绩	

注意事项:不要润滑导轨,油和灰尘的波浪状积聚会引起梯级"跳跃"噪声

序号	维护项目	检查/操作结果	工具	分值(分)	实训得分(分)
1	梯级滚轮和梯级导轨应清洁,运行工况良好			20	
2	梯级链润滑,运行工况良好			10	
3	梯级链滚轮运行工况良好			10	
4	梯级轴衬清洁、润滑		螺丝刀、内六角扳手、检修开关	10	
5	梯级与导轮的间隙≤0.5mm,无明显撞击		螺丝刀、塞尺	20	
6	梯级塌陷开关动作可靠,检查梯级塌陷保护装置,应保证开关动作距离≤4mm		螺丝刀、钢板尺	20	
7	梯级链张紧开关动作可靠		螺丝刀、钢板尺	10	

【自我评价】
总结与反思:

实训人签字:

【小组评价】
该成员表现:

组长签字:

【教师评价】
该成员表现:

教师签字:

实训 10 自动扶梯梳齿板的维护

学　院			专　业				
姓　名			学　号				
小组成员			组　长				
巡视地点(车站)		位置		梯号		日期	成绩

序号	维护项目	检查/操作结果	备注	分值（分）	实训得分（分）
1	梳齿板应完好无损。 （如果2根相邻或3根不相邻的齿断裂,应及时更换梳齿板）			20	
2	梳齿板固定螺栓有无松动			20	
3	用毛刷对梳齿板下面的尘土等进行清除			10	
4	当梳齿板梳齿与踏板面齿槽啮合深度≥6mm时,间隙≤4mm			20	
5	当梳齿板梳齿与胶带齿槽啮合深度≥4mm时,间隙≤4mm			20	
6	梳齿板开关动作可靠			10	

【自我评价】

总结与反思:

实训人签字:

【小组评价】

该成员表现:

组长签字:

【教师评价】

该成员表现:

教师签字:

实训 11　自动扶梯扶手装置的维护

学　院		专　业				
姓　名		学　号				
小组成员		组　长				
巡视地点(车站)		位置		梯号		日期		成绩	

注意事项:

1.一旦发现扶手带有滞停或异速情况,应立即维修,不得带"病"运行,否则扶手带和驱动轮表面将磨损,此时必须更换新件。

2.检查扶手带温升是否正常时,应在运行一段时间后用手触摸

序号	维护项目	检查/操作结果	分值(分)	实训得分(分)
1	扶手带入口处保护开关动作灵活可靠		5	
2	利用转速计进行扶手带同步检查: 检查扶手带在运行时的状态,与梯级速度允许偏差为0%～2%		10	
	无抖动、速度不均等现象		5	
3	扶手带表面清洁,无毛刺、机械损伤,温升正常		5	
4	扶手带出入口处居中,运行无摩擦		5	
5	扶手带导向块和导向轮应清洁、完好无损,与扶手带内侧底部无摩擦		10	
6	扶手带内侧凸缘处无损伤,滑动面清洁		10	
7	扶手带托轮和滑轮群应无损伤,托轮转动平滑		10	
8	扶手带断带保护开关功能正常		10	
9	扶手带速度监控器功能正常,感应面应清洁		10	
10	扶手带张紧度、张紧弹簧负荷长度应符合技术要求		10	
11	护壁板应完好平整,无翘起、无凹陷		5	
12	扶手带照明应完好无损		5	

【自我评价】

总结与反思:

实训人签字:

【小组评价】

该成员表现:

组长签字:

【教师评价】

该成员表现:

教师签字:

实训 12 电梯门系统的维护

学 院				专 业			
姓 名				学 号			
小组成员				组 长			

巡视地点(车站)		位置		梯号		日期		成绩	

注意事项:

1. 穿戴劳保用品,挂警示标志牌,做好准备,在基站和轿厢内放置"正在维修,请勿乘坐"的围栏。
2. 开启层门进入轿厢之前,注意轿厢是否停在该层。
3. 严禁在层门开启的情况下,按检修按钮来开动电梯做一般行驶

序号	维护项目	检查结果	备注	分值(分)	实训得分(分)
1	关闭层门后,检查层门、层门外套外观是否完整、清洁,有无划痕			5	
2	使用棉抹布擦拭层门、层门外套			5	
3	层门自闭功能正常,用层门钥匙开锁释放后能自动复位			5	
4	门锁触点应清洁,接触良好			5	
5	自动门在开启和关闭时应平稳无振动,换速准确			5	
6	层门、轿门的门扇之间、门扇与门套之间、门扇与地坎之间的间隙≤6mm(货梯≤8mm)			5	
7	在水平滑动门开启方向,以150N的力施加在最不利点上时,间隙应≤30mm			5	
8	层门、轿门运行不应卡阻、脱轨、在行程终端时错位			5	
9	在轿门自动驱动层门的情况下,当轿门在开锁区域以外时,每个层门都应有自动关闭层门装置,且工作有效			5	
10	采用重锤式自动关闭装置应有防止重锤坠落的措施			5	
11	动力操纵的自动门应有防止门夹人的保护装置,且工作有效			5	
12	每个层门都应有紧急开锁装置,并能用钥匙打开层门,开锁后能自动复位			5	
13	锁紧元件及其附件应耐冲击,用金属材料制造或加固			5	
14	锁紧装置与安全触点元件间应是直接的、防止误动作的连接			5	

15

序号	维护项目	检查结果	备注	分值（分）	实训得分（分）
15	门锁锁钩、锁臂、动触点应动作灵活			5	
16	在电气安全装置动作之前,锁紧元件最小啮合长度为7mm			5	
17	层门与轿门的锁闭应满足要求		□在正常运行和轿厢未停止在开锁区域内时,层门应不能打开 □如果一个层门或轿门（多扇门中的任一扇门）打开,电梯应不能正常启动或继续正常运行 □应有检查关闭位置的电气装置[《电梯制造与安装安全规范 第1部分:乘客电梯和载货电梯》（GB/T 7588.1—2020）规定的除外]。如层门门扇由间接机械连接,未被锁住的门扇也应有这种电气装置	15	
18	消防开关动作后,外呼和内选信号无效,轿厢应直接回到指定撤离层,将轿门打开			5	

【自我评价】
总结与反思:

实训人签字:

【小组评价】
该成员表现:

组长签字:

【教师评价】
该成员表现:

教师签字:

实训 13　电梯对重系统的维护

学　院		专　业	
姓　名		学　号	
小组成员		组　长	

巡视地点(车站)		位置		梯号		日期		成绩	

注意事项：

进出底坑时,必须确保安全。按照要求,确认门锁开关、底坑紧急停止开关全部有效后,方可进入底坑

序号	维护项目	检查结果	备注	分值(分)	实训得分(分)
1	对重距缓冲器的距离	□对重:耗能型缓冲器应为 150～400mm □对重:蓄能型缓冲器应为 150～400mm		50	
2	如果对重(平衡重)由重块组成,应当可靠固定			50	

【自我评价】

总结与反思：

实训人签字：

【小组评价】

该成员表现：

组长签字：

【教师评价】

该成员表现：

教师签字：

实训14　电梯导向系统的维护

学　院			专　业			
姓　名			学　号			
小组成员			组　长			

巡视地点(车站)		位置		梯号		日期		成绩	

注意事项：

1.穿戴好绝缘防护服。

2.安全进入轿顶。

3.检查完成后,收拾工具,清理现场

序号	维护项目	检查结果	备注	分值（分）	实训得分（分）
1	导靴油杯吸油毛毡齐全,油量适宜,保证油质			20	
2	靴衬、滚轮无变形、脱落			20	
3	导轨支架固定无松动			30	
4	用塞尺测量导靴间隙并记录			30	

【自我评价】

总结与反思：

实训人签字：

【小组评价】

该成员表现：

组长签字：

【教师评价】

该成员表现：

教师签字：

实训 15　电梯驱动装置的维护

学　　院			专　　业	
姓　　名			学　　号	
小组成员			组　　长	

巡视地点(车站)		位置		梯号		日期		成绩	

注意事项：

1.穿戴好绝缘防护服。

2.断开机房总电源并挂上"有人工作,请勿合闸"的警告标志牌。

3.若电动机运行时间过长,等冷却后再操作

序号	维护项目	备注	分值（分）	实训得分（分）
1	曳引机 □曳引机工作应无异常 □曳引机油量应适当 □曳引机除蜗杆伸出端外应无渗漏 □曳引轮应有符合标准的颜色标志 □同一机房多台电梯的曳引机应有编号区别		40	
2	曳引轮 □曳引轮空载垂直偏差≤2mm □曳引轮满载垂直偏差≤2mm □导向轮空载垂直偏差≤2mm □导向轮满载垂直偏差≤2mm		30	
3	制动器 □应动作灵活 □应工作可靠 □制动时两侧闸瓦应紧密、均匀地贴合在制动轮工作面上 □松闸时制动轮与闸瓦不应发生摩擦 □切断制动器电流至少应由两个独立的电气装置实现 □当电梯停止时,如果其中一个接触器的主触点未打开,最迟到下一次方向改变时,应防止电梯再运行 □制动轮和闸瓦表面应清洁无油污		30	

【自我评价】

总结与反思：

实训人签字：

【小组评价】

该成员表现：

组长签字：

【教师评价】

该成员表现：

教师签字：

实训 16 电梯控制系统的维护

学　　院			专　　业	
姓　　名			学　　号	
小组成员			组　　长	

巡视地点(车站)		位置		梯号		日期		成绩	

注意事项:

操作前,务必断电、挂牌、上锁,做好准备之后,进入机房

序号	维护项目	检查结果	备注	分值(分)	实训得分(分)
1	每台电梯应配备供电系统断相、错相保护装置,该装置在电梯运行中断相时也应起保护作用(对变频变压控制的电梯,断相保护功能应有效)			20	
2	电气元件标志、导线端子编号、接插件编号应清晰			20	
3	电气元件标志、导线端子编号、接插件编号应与技术资料相符			10	
4	电气元件工作无异常			10	
5	动力与控制线的分隔及保护无异常			10	
6	设备接地与绝缘: (1)易于意外带电的部件与机房接地端连通性应良好,之间的电阻值不大于 0.5Ω (2)在 TN 供电系统中,严禁电气设备外壳单独接地			20	
7	电梯轿厢可利用随行电缆的钢芯或芯线作为保护线,采用电缆芯线作为保护线时不得少于 2 根			10	

【自我评价】

总结与反思:

实训人签字:

【小组评价】

该成员表现:

组长签字:

【教师评价】

该成员表现:

教师签字:

实训 17 电梯限速器-安全钳的维护

学 院			专 业		
姓 名			学 号		
小组成员			组 长		

巡视地点(车站)		位置		梯号		日期		成绩	

注意事项:

1.穿戴好绝缘防护服。

2.在基站和轿厢内放置"正在维修,请勿乘坐"围栏。

3.维护完毕,收拾工具,清理现场

序号	维护项目	检查结果	备注	分值（分）	实训得分（分）
1	限速器销轴部位润滑,转动灵活			10	
2	限速器轮槽清洁无油污			10	
3	限速绳清洁无油污			10	
4	限速器夹绳钳口无磨损,应有足够的夹持力			10	
5	安全钳传动机构应灵活			10	
6	安全钳钳座固定无松动			10	
7	安全钳楔块与导轨间隙均匀,动作一致			10	
8	安全钳封记应完好			10	
9	应设有在安全钳动作之前或同时动作时使曳引机停止转动的电气开关			10	
10	开关工作应可靠有效			10	

【自我评价】

总结与反思:

实训人签字:

【小组评价】

该成员表现:

组长签字:

【教师评价】

该成员表现:

教师签字:

实训 18　电梯缓冲器的维护

学　院			专　业		
姓　名			学　号		
小组成员			组　长		

巡视地点(车站)		位置		梯号		日期		成绩	

注意事项：

1. 将电梯提升到下端站以上至少两层,安全进入底坑。

2. 进入底坑前应验证门锁、急停开关,确认全部有效后方可进入

序号	维护项目	检查结果	备注	分值（分）	实训得分（分）
1	缓冲器固定无松动			10	
2	缓冲器开关动作后电梯不能运行			10	
3	轿厢在两端站平层时,轿厢、对重的撞板与缓冲器顶面间的距离应符合要求	□轿厢:耗能型缓冲器应为150～400mm □轿厢:蓄能型缓冲器应为200～350mm □对重:耗能型缓冲器应为150～400mm □对重:蓄能型缓冲器应为150～400mm		30	
4	轿厢、对重装置的撞板中心与缓冲器中心的偏差应符合要求	□轿厢的撞板中心与缓冲器中心的偏差不大于20mm □对重装置的撞板中心与缓冲器中心的偏差不大于20mm		30	
5	液压缓冲器应符合要求	□安装垂直 □油位正确 □柱塞无锈蚀 □液压缓冲器应设有在缓冲器动作后,未恢复到正常位置时使电梯不能正常运行的电气安全开关		20	

【自我评价】

总结与反思：

实训人签字：

【小组评价】

该成员表现：

组长签字：

【教师评价】

该成员表现：

教师签字：

实训 19 电梯轿厢及外设装置的维护

学　院		专　业			
姓　名		学　号			
小组成员		组　长			

巡视地点(车站)		位置		梯号		日期		成绩	

注意事项:

1.进入轿顶前,必须按下轿顶"紧急停止"开关,将"检修/正常"开关转换到"检修"位置,开启照明装置,放入工具,再进入轿顶,关闭层门。

2.进入轿顶后,手要扶在牢固的部位,注意头顶上方的建筑物、井道四周的各种附属物及对重

序号	维护项目	检查结果	备注	分值(分)	实训得分(分)
1	轿顶应设检修控制装置、照明、电源插座,并有相应标志			10	
2	一旦进入检修运行,应取消正常运行(包括任何自动门操作)、紧急电动运行、对接操作运行。只有再一次操作检修开关,才能使电梯重新恢复正常工作			10	
3	轿厢检修运行应依靠一种持续按压按钮,防止误操作,并标明运行方向,轿厢速度应≤0.63m/s			10	
4	如轿顶设有安全窗,应有电气保护装置			10	
5	有一个或两个轿厢人口没有设轿门的电梯必须设安全窗			10	
6	导向滑轮应设置防护装置(保护罩和挡绳装置)			10	
7	轿厢内应装有紧急报警装置			10	
8	轿厢内应装有应急照明			10	
9	当电梯行程＞30m时,在轿厢和机房之间应设置固定有效的对讲系统或类似装置			10	
10	轿厢内操纵按钮应动作灵活、信号显示清晰、控制功能正确有效			5	
11	轿厢超载装置或称量装置应动作可靠			5	

【自我评价】

总结与反思:

实训人签字:

【小组评价】

该成员表现:

组长签字:

【教师评价】

该成员表现:

教师签字:

实训 20 电梯曳引媒介的维护

学　院			专　业		
姓　名			学　号		
小组成员			组　长		

巡视地点(车站)		位置		梯号		日期		成绩	

注意事项：

1.曳引钢丝绳张力测量时，将轿厢停放在整个楼层高度的3/4处。

2.用拉力计依次测量每根钢丝绳的拉力时，每根钢丝绳要拉伸相同的距离

序号	维护项目	检查结果	备注	分值（分）	实训得分（分）
1	曳引绳不应有过度磨损、断股等缺陷			10	
2	断股数不应超过报废标准			10	
3	钢丝绳公称直径减少7%时应报废			10	
4	钢丝绳张力与平均值偏差均不大于5%			10	
5	弹簧、螺母、开口销等部件无缺损			10	
6	曳引钢丝绳层站标记			5	
7	当电梯额定速度大于2.5m/s时，应使用带有张紧轮的补偿绳，并装有检查张紧状态的电气开关，张紧轮应有防止绳子脱槽的装置和防止异物落入的防护罩			10	
8	当电梯额定速度大于3.5m/s时，应有防跳装置，并通过电气装置保护			10	
9	电气装置和防护措施应可靠、有效			10	
10	补偿绳(链)不应有过度磨损等缺陷			10	
11	绳(链)端固定应可靠，部件不应缺损			5	

【自我评价】

总结与反思：

实训人签字：

【小组评价】

该成员表现：

组长签字：

【教师评价】

该成员表现：

教师签字：

实训 21 电梯开启操作

学　院		专　业					
姓　名		学　号					
小组成员		组　长					
巡视地点(车站)		位置		梯号		日期		成绩	

注意事项:

1. 在开启电梯(再次将电梯投入运行)之前,需要清楚电梯被停止的原因,并已具备运行的条件。

2. 需确认无人在底坑内或轿顶上。

3. 不要将锁梯钥匙遗留在锁梯开关上。

4. 使用三角钥匙打开电梯门时应特别小心,保持正确身体姿势,以防坠入井道。

5. 打开层门后必须先确认电梯轿厢在本层后再进入,以防坠入井道

序号	操作项目	操作内容	检查结果	备注	分值(分)	实训得分(分)
1	开启前基本情况的确认	(1)确认电梯停运原因	□正常停运 □检修停运 □故障停止 □已具备开启条件 □不具备开启条件	**警告**:因检修停运、故障停止且不具备开启条件时,严禁后续操作	5	
		(2)确认底坑、轿顶是否有人	□底坑无人 □轿顶无人	**警告**:若底坑或轿顶有人,严禁后续操作	5	
		(3)确认电梯关闭时间	□短时关闭(2天及以下) 转至操作项目"短时关闭后的开启" □长时间关闭(3天及以上) 转至操作项目"长时间关闭后的开启"		5	
2	短时关闭后的开启	(1)将锁梯钥匙插入基站层站召唤面板上的锁梯开关			5	
		(2)将锁梯钥匙转至"运行"(RUN)位置	□锁梯开关已转至"运行"(RUN)位置		5	
		(3)拔出锁梯钥匙	□锁梯钥匙已拔出	**警告**:不要将锁梯钥匙遗留在锁梯开关上	5	

序号	操作项目	操作内容	检查结果	备注	分值（分）	实训得分（分）
2	短时关闭后的开启	(4)确认电梯正常运行	□层站召唤响应呼梯	**提示**:若层站召唤不响应呼梯,说明电梯未能正常运行,需进行其他检查	5	
3	长时间关闭后的开启	(1)到电梯机房,确认电梯主电源断开情况	□电梯主电源处于断开状态 □电梯主电源处于接通状态	**警告**: (1)使用三角钥匙打开电梯门时应特别小心,保持正确身体姿势! (2)必须先确认电梯轿厢在本层后再进入,若轿厢不在本层,禁止进行后续操作!	10	
		(2)接通电梯主电源(主电源处于断开状态时): 合上该电梯主电源开关,接通电源	□电梯主电源已接通		10	
		(3)到电梯轿厢所停靠的楼层,使用三角钥匙打开电梯门,确认轿厢停靠在本层	□轿厢停靠在本层		10	
		(4)打开操纵箱分门,合上门机开关	□门机开关已接通	**提示**:若电梯无法运行或有异常,需记录异常情况的说明,并进行其他检查	10	
		(5)将"停止/运行"开关转至"运行"位置	□已转至"运行"位置		5	
		(6)将独立运行开关转至"正常"位置	□已转至"正常"位置		10	
		(7)操纵箱登记指令,上、下全程运行一次	□电梯正常运行 □无法运行或有异常记录异常说明:		10	

【自我评价】

总结与反思:

实训人签字:

【小组评价】

该成员表现:

组长签字:

【教师评价】

该成员表现:

教师签字:

实训 22 电梯关闭操作

学　院		专　业	
姓　名		学　号	
小组成员		组　长	

巡视地点(车站)		位置		梯号		日期		成绩	

注意事项：

1. 在关闭电梯时,必须确保轿厢内无人。
2. 不要将锁梯钥匙遗留在锁梯开关上。
3. 不要在轿厢内操纵箱分门和电梯轿门同时打开的情况下离开电梯。
4. 关闭电梯后必须确保层门关闭,否则将会产生人员坠落的危险

序号	操作内容		检查结果	备注	分值(分)	实训得分(分)
1	短时间关梯(2 天及以下)	(1)召唤电梯,进入轿厢,确保轿厢内无人		**注意**:在关闭电梯时,必须确保轿厢内无人	5	
		(2)登记轿厢内指令,操纵电梯运行到基站楼层		**警告**:不要将锁梯钥匙遗留在锁梯开关上	5	
		(3)出梯,将锁梯钥匙插入锁梯开关,并将钥匙转至"停止"(STOP)位置			5	
		(4)拔出锁梯钥匙			5	
		(5)确认层门已关闭		**警告**:必须确保层门关闭,否则将会产生人员坠落的风险	10	
2	长时间关梯(3 天及以上)	(1)召唤电梯,进入轿厢,确保轿厢内无人		**注意**:在关闭电梯时,必须确保轿厢内无人	5	
		(2)使用分门钥匙打开操纵箱分门,通过独立运行开关将电梯切换到独立状态(不再响应外召)		**警告**:(1)不要在轿厢内操纵箱分门和电梯轿门同时打开的情况下离开电梯!	10	
		(3)登记轿厢内指令,操纵电梯运行到指定楼层			5	

序号		操作内容	检查结果	备注	分值 (分)	实训得分 (分)
2	长时间关梯(3天及以上)	(4)到达指定楼层平层开门后,切断分门内的门机开关		(2)必须确保层门关闭,否则会产生人员坠落的危险	10	
		(5)将"停止/运行"开关转至"停止"位置	□已转至"停止"位置		5	
		(6)锁紧分门,拔出分门钥匙	□分门已锁,钥匙已拔出		5	
		(7)走出轿厢,手动将层、轿门关闭;不使用三角钥匙,确保徒手无法打开层门,以确定层门的关闭与锁紧	□层门已关闭、锁紧		10	
		(8)到电梯机房,通过该电梯的主电源开关切断电源	□电梯主电源已断开	**注意**:若电梯机房门未锁,会导致非授权人员进入,存在人员伤害和设备损坏的风险	10	
		(9)离开电梯机房并确认机房门上锁	□电梯机房门已锁		10	

【自我评价】
总结与反思:

实训人签字:

【小组评价】
该成员表现:

组长签字:

【教师评价】
该成员表现:

教师签字:

实训 23   有机房电梯救援操作

学　院				专　业				
姓　名				学　号				
小组成员				组　长				
巡视地点(车站)		位置		梯号		日期	成绩	

注意事项:

1. 救援操作至少需要两人协同进行。

2. 使用三角钥匙打开电梯门时应特别小心,保持正确的身体姿势,以防坠入井道。

3. 切断电梯的动力电源后,应设置断电警示标志牌,建立必要的监护,确保不会因他人误操作而合闸。

4. 手动松闸需持续点动开、闭抱闸,以免轿厢速度过快。

5. 盘车手轮取下后,须放至原规定位置。

6. 如果轿厢不在合适的位置,千万不要让乘客攀爬或者跳出轿厢,以免产生乘客从轿厢与层站之间的缝隙中坠落井道的严重危险。

7. 救援完成后,要确保轿门、层门关闭,且轿门锁紧。

8. 救援完成后,必须检查电梯困人原因,在确认故障排除、功能恢复后,才能将电梯再次投入使用

序号	操作内容		检查结果	备注	分值(分)	实训得分(分)
1	调查轿厢状况并安抚乘客	(1)一人到达机房,通过内部通话装置安抚乘客,让乘客安静等待救援		提示:救援操作至少需两人协同进行	5	
		(2)另一人操作如下: ①用三角钥匙打开顶层的层门,检查轿厢的位置。 ②若打开层门时需要用很大的力,表示电梯的轿厢可能已经停在顶层的平层区域。 ③前往机房	□轿厢在顶层平层区域 □轿厢不在顶层平层区域			
2	切断动力电源,复核轿厢位置	(1)切断电梯动力电源	□动力电源已切断	警告:确保不会因他人误操作而合闸!	5	
		(2)设置断电警示标志牌	□断电警示标志牌已设置	注意:保留轿厢照明电源,确保轿厢的正常照明	5	
		(3)观察曳引钢丝绳上的平层标记,再次复核轿厢的位置	□轿厢在平层区域转至操作项目"6.救援乘客" □轿厢不在平层区域继续后续操作项目	注意:需持续点动开、闭抱闸,并注意轿厢移动速度,不要长时	5	

序号	操作内容		检查结果	备注	分值(分)	实训得分(分)
3	手动松闸	(1)确认层门、轿门都处于关闭状态		间松开抱闸,以免轿厢速度过快! **提示**:若执行松闸的人员无法同时观察到曳引钢丝绳上的平层标志,需由另一人观察并提醒执行松闸的人员	5	
		(2)告知轿厢内乘客电梯将上下移动,请勿靠近轿门或试图扒开轿门			5	
		(3)一人装上手动松闸扳手,点动松开抱闸,观察轿厢是否在重力作用下移动	□轿厢能够移动 继续后续操作 □轿厢无法移动 配置手动盘车时,转至操作项目"4.手动盘车";配置紧急电动运行装置时,转至操作项目"5.紧急电动运行"		5	
		(4)若轿厢能够移动,持续点动开、闭抱闸,使轿厢慢慢断续移动。 同时观察曳引钢丝绳上的平层位置标志,确认轿厢移动到平层区域后,停止松闸操作	□轿厢已移动到平层区域		5	
		(5)取下松闸扳手,使制动器保持在抱闸制动状态	□松闸扳手已取下 转至操作项目"6.救援乘客"	**提示**:松闸扳手取下后,须放至原规定位置	5	
4	手动盘车	(1)安装盘车手轮	□盘车手轮已安装	**注意**:需持续点动开、闭抱闸,并注意轿厢移动速度,不要长时间松开抱闸,以免轿厢速度过快! **提示**:两人动作要协调,松闸时盘车,抱闸时停止盘车;可以喊出"1、2、1、2"	5	
		(2)一人使用手动松闸扳手点动松开抱闸,另一人使用盘车手轮使轿厢缓缓移动。	□轿厢已移动到平层区域			

序号	操作内容		检查结果	备注	分值（分）	实训得分（分）
4	手动盘车	同时观察曳引钢丝绳上的平层位置标志,确认轿厢移动到平层区域时,停止松闸操作		或"开、闭、开、闭"之类的口号,便于动作的协调一致		
		(3)取下松闸扳手,使制动器保持在抱闸制动状态	□松闸扳手已取下	**提示**:松闸扳手取下后,须放至原规定位置	5	
		(4)取下盘车手轮	□盘车手轮已取下 转至操作项目"6.救援乘客"	**提示**:盘车手轮取下后,须放至原规定位置	5	
5	紧急电动运行	(1)将"自动/手动"转换开关转至"手动"位置	□"自动-手动"转换开关已转至"手动"位置		5	
		(2)将操作开关转到"开"位置	□操作开关已转至"开"位置		5	
		(3)若要向上运行,同时按"运行"按钮和"上行"按钮;若要向下运行,同时按"运行"按钮和"下行"按钮			5	
		(4)注意观察曳引钢丝绳上的平层位置标志,将轿厢移动到平层区域	□轿厢已移动到平层区域		5	
		(5)将操作开关转至"关"的位置	□操作开关已转至"关"位置		5	
		(6)切断电梯总电源	□总电源已切断 转至操作项目"6.救援乘客"		5	

序号		操作内容	检查结果	备注	分值（分）	实训得分（分）
6	救援乘客	(1)到达轿厢所在楼层,用三角钥匙打开层门门锁,确认轿厢位置	□轿厢在平层位置继续后续操作 □轿厢不在平层位置关闭层门、轿门,并确保层门锁紧后,重复操作项目"3.手动松闸"开始的操作	**警告:** (1)务必再次确认轿厢停靠在本层站! (2)如果轿厢不在合适的位置,千万不要让乘客攀爬或者跳出轿厢,以免产生乘客从轿厢与层站之间的缝隙中坠落井道的严重危险	5	
		(2)在确认安全后,打开层门和轿门,放出被困的乘客		**警告:**救援完成后,必须检查电梯困人原因,在确认故障排除、功能恢复后,才能将电梯再次投入使用	5	
		(3)关闭层门、轿门,并确保层门锁紧	□层门和轿门已关闭,层门已锁紧			

【自我评价】

总结与反思:

实训人签字:

【小组评价】

该成员表现:

组长签字:

【教师评价】

该成员表现:

教师签字:

实训 24　无机房电梯救援操作

学　院			专　业		
姓　名			学　号		
小组成员			组　长		

巡视地点(车站)		位置		梯号		日期		成绩	

注意事项：

1. 救援操作至少需要两人协同进行。

2. 使用三角钥匙打开电梯门时应特别小心,保持正确身体姿势,以防坠入井道。

3. 如果轿厢不在合适的位置,千万不要让乘客攀爬或者跳出轿厢,以免产生乘客从轿厢与层站之间的缝隙中坠落井道的严重危险。

4. 救援完成后,要确保轿门、层门关闭,且轿门锁紧。

5. 救援完成后,必须检查电梯困人原因,在确认故障排除、功能恢复后,才能将电梯再次投入使用

序号	操作内容		检查结果	备注	分值(分)	实训得分(分)
1	调查轿厢状况并安抚乘客	(1)用三角钥匙打开顶层层门。如果需要用很大的力,轿厢可能就在顶层。通过层门打开的缝隙确认轿厢是否在顶层平层区域			5	
		(2)安抚乘客,消除乘客的疑虑。如果轿门被打开,应指导乘客将其关闭	□轿门处于关闭状态		5	
		(3)打开顶层层站检修面板			5	
		(4)切断门机开关	□门机开关已切断			
		(5)确认轿厢位置及电梯供电状态	□轿厢在开锁区域(门区指示灯亮)　转至操作项目"4.解救乘客"　□轿厢不在开锁区域,但电源指示灯亮　转至操作项目"2.紧急电动运行"　□轿厢不在开锁区域,且电源指示灯不亮　转至操作项目"3.制动器紧急松闸"		5	
2	紧急电动运行	(1)将"自动/手动"切换开关设定为"手动"模式	□切换开关已转至"手动"模式	**注意**:轿厢移动时通过观	5	

序号	操作内容		检查结果	备注	分值（分）	实训得分（分）
2	紧急电动运行	（2）同时按"上行"按钮和"运行"按钮。如果轿厢没有运行则尝试同时按"下行"按钮和"运行"按钮	□电梯能够移动 转至本操作项目4 □电梯不能移动 继续后续操作	察限速器钢丝绳检查轿厢的运动和速度（速度不要过快），通过门区指示灯不断检查轿厢是否到达门区	5	
		（3）将紧急电动开关转至"开"位置	□紧急电动开关已转至"开"位置		5	
		（4）再次同时按"上行"按钮和"运行"按钮。如果轿厢没有运行则同时按"下行"按钮和"运行"按钮	□电梯能够移动 转至本操作项目4 □电梯不能移动 转至操作项目"3.制动器紧急松闸"		5	
		（5）将轿厢运行至最近楼层的开锁区域	□轿厢已运行至开锁区域（门区指示灯亮） 转至操作项目"4.解救乘客"		5	
3	制动器紧急松闸	（1）插入钥匙开关，切断主电源开关	□主电源开关已切断		5	
		（2）拔下钥匙开关	□钥匙开关已拔下		5	
		（3）将紧急松闸模式开关转至"开"位置	□紧急松闸模式开关已转至"开"位置		5	
		（4）将应急照明开关转至"开"位置，用于观察限速器钢丝绳上的标记	□应急照明开关已转至"开"位置		5	
		（5）按压紧急松闸按钮。注意观察，轿厢一旦移动至开锁区域，立即松开紧急松闸按钮	□轿厢已到开锁区域（门区指示灯亮）		5	
		（6）将紧急松闸模式开关转至"关"位置	□紧急松闸模式开关已转至"关"位置 继续操作项目"4.解救乘客"		5	

序号		操作内容	检查结果	备注	分值（分）	实训得分（分）
4	解救乘客	（1）确认主电源开关已切断	□主电源开关已切断	**警告：**（1）务必再次确认轿厢停靠在本层站！（2）如果轿厢不在合适的位置，千万不要让乘客攀爬或者跳出轿厢，以免产生乘客从轿厢与层站之间的缝隙中坠落井道的严重危险	5	
		（2）关闭顶层层站检修面板	□顶层层站面板已关闭		5	
		（3）到达轿厢所在楼层，用三角钥匙打开层门门锁，确认轿厢位置	□轿厢在平层位置继续后续操作 □轿厢不在平层位置关闭层门、轿门，并确保层门锁紧后，重复操作项目"2.紧急电动运行"开始的操作		5	
		（4）在确认安全后，打开层门和轿门，救出被困的乘客		**警告：**救援完成后，必须检查电梯困人原因，在确认故障排除、功能恢复后，才能将电梯再次投入使用	5	
		（5）关闭层门、轿门，并确保层门锁紧	□层门和轿门已关闭，层门已锁紧		5	

【自我评价】

总结与反思：

实训人签字：

【小组评价】

该成员表现：

组长签字：

【教师评价】

该成员表现：

教师签字：

实训 25　电梯突然停梯故障操作

学　院			专　业		
姓　名			学　号		
小组成员			组　长		

巡视地点(车站)		位置		梯号		日期		成绩	

注意事项:

1. 若发生困人事故,救援时需注意救援操作单中的注意事项。

2. 安全回路不通引起停梯故障后,需确定原因并排除故障,并经试验运行无异常后,方可投入使用

序号	操作内容		检查结果	备注	分值(分)	实训得分(分)
1	判断突然停梯的原因	确定电梯突然停梯的原因	□停电引起停梯 转至操作项目"2.停电引起停梯的处理" □安全回路不通引起停梯 转至操作项目"3.安全回路不通引起停梯的处理"		10	
2	停电引起停梯的处理	(1)断开电梯总电源	□电梯总电源已断开	**注意**:电梯突发性停电时对乘客进行救援要断开电梯总电源,以防止突然来电引起轿厢的运动	10	
		(2)根据电梯困人的处理方法救援乘客	□已完成乘客救援	**注意**: (1)若为计划性停电,应提前将电梯停梯,以免引起关人事故。 (2)若有多台电梯同时停电,应将电梯电源开关断开,待来电后依次送电,以免多台电梯同时送电电源容量不够	10	
		(3)恢复电梯供电	□电梯总电源已接通		10	

序号	操作内容		检查结果	备注	分值（分）	实训得分（分）
3	安全回路不通引起停梯的处理	（1）断开电梯总电源	□电梯总电源已断开	着重依次对以下安全回路中的电气装置进行检查，直至排除故障	10	
		（2）根据电梯困人的处理方法救援乘客	□已完成乘客救援		10	
		（3）检查张紧轮开关是否动作	□张紧轮开关动作 原因： □故障已排除 □张紧轮开关未动作	**注意**：安全回路不通引起停梯故障后，需确定原因并排除故障，经试验运行无异常后，方可投入使用	10	
		（4）检查限速器开关是否动作	□限速器开关动作 原因： □故障已排除 □限速器开关未动作		15	
		（5）检查门锁回路是否断开	□门锁回路断开 原因： □故障已排除 □门锁回路导通正常		15	

【自我评价】
总结与反思：

实训人签字：

【小组评价】
该成员表现：

组长签字：

【教师评价】
该成员表现：

教师签字：

实训 26　电梯层门或轿门无法关闭故障操作

学　院			专　业		
姓　名			学　号		
小组成员			组　长		

巡视地点(车站)		位置		梯号		日期		成绩	

注意事项:若电梯层门、轿门无法关闭需要停止运行,必须采取措施加强防护,以防发生坠入井道的危险

序号	操作内容		检查结果	备注	分值(分)	实训得分(分)
着重依次对以下部件和情况进行检查,直至排除故障						
1	按钮的检查	(1)轿厢内操纵箱中开门按钮的检查: 是否存在被长时间按下(如有人靠在上面或卡住)的情况	□操纵箱按钮故障 故障描述: □故障已排除 □操纵箱按钮正常		5	
		(2)层站召唤按钮的检查: 检查停靠层站与电梯运行方向相同的召唤按钮是否存在被长时间按下(如有人靠在上面或卡住)的情况	□召唤按钮故障 故障描述: □故障已排除 □召唤按钮正常		10	
2	地坎的检查	(1)轿门地坎检查	□轿门地坎槽中有杂物 故障描述: □杂物已清除 □轿门地坎正常		5	
		(2)层门地坎检查: 检查门无法关闭的层站的层门地坎	□层门地坎槽中有杂物 故障描述: □杂物已清除 □层门地坎正常		5	
3	光幕的检查	检查光幕是否存在被遮挡(如污垢太多)、错位、接触不良及损坏的情况	□光幕装置故障 故障描述: □故障已排除 □光幕装置正常		10	
若以上检查未能排除故障,需疏导乘客改乘其他电梯,将故障电梯停用,继续后续排查						
4	层门装置的检查	(1)层门装置导轨的检查: 检查门无法关闭的层站的层门装置导轨	□层门装置导轨有污垢 故障描述: □污垢已清除 □层门装置导轨正常		10	
		(2)层门强迫关门装置的检查: 检查门无法关闭的层站的层门强迫关门装置的状态,如是否存在脱离正常工作位置等情况	□层门强迫关门装置故障 故障描述: □故障已排除 □层门强迫关门装置正常		10	

序号	操作内容		检查结果	备注	分值（分）	实训得分（分）
5	轿厢门机装置的检查	（1）轿厢门机装置导轨的检查	□轿厢门机装置导轨有污垢 故障描述： □污垢已清除 □轿厢门机装置导轨正常	**说明**：进行门机自学习，判断门电机、门机控制器故障是否消除	5	
		（2）轿厢门机装置关门到位开关的检查： 关门到位开关是否损坏或位置是否正确	□关门到位开关故障 故障描述： □故障已排除 □关门到位开关正常		10	
		（3）门电机的检查： 检查门电机工作是否正常	□门电机故障 故障描述： □故障已排除 □门电机工作正常		10	
		（4）门机控制器的检查： 检查门机控制器是否正常	□门机控制器故障 故障描述： □故障已排除 □门机控制器工作正常		10	
6	风压导致的故障的排查	（1）确认发生无法关闭情况的层站是否处于最高层或最低层附近	□不在最高或最低层站附近 非风压导致的故障 □在最高或最低层站附近 继续后续操作	**说明**：风压导致无法关门的情况仅出现在高层建筑中，需要在建筑设计时就加以注意，以上仅为临时处理措施，需向相关部门申请技术支援，加以彻底解决	5	
		（2）关闭候梯厅附近建筑物的门，如酒店大堂入口处的门	□建筑物的门已关闭		5	
		（3）在层门外人工施加关门力帮助关门	□门已关闭			

【自我评价】
总结与反思：

实训人签字：

【小组评价】

该成员表现：

组长签字：

【教师评价】

该成员表现：

教师签字：

ISBN 978-7-114-20026-7